旅游服务与管理专业“十三五”规划系列教材
国家示范院校专业建设项目成果

形体训练

XINGTI XUNLIAN

主　编 张　强
副主编 王卓识　安　涛

形体训练以提高服务行业人员的体质和形体素质为主导，以改善和塑造身体形态、培养高雅气质和风度为目标
通过基础理论和实践的结合阐明形体训练的科学原理与基本姿态练习的方法、服务行业从业人员的职业形体要求

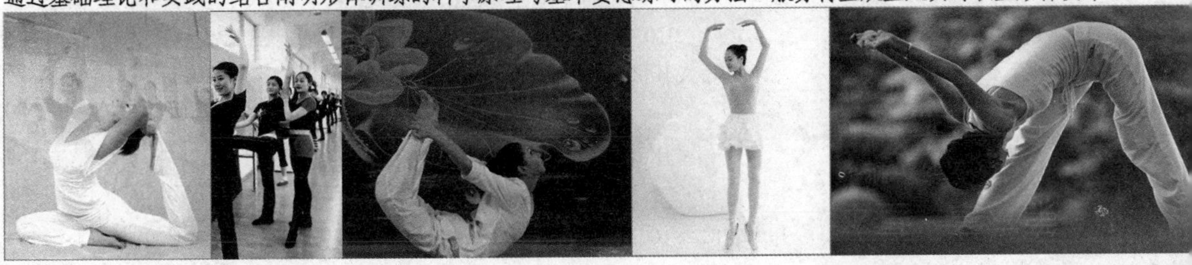

中国商业出版社

图书在版编目(CIP)数据

形体训练／张强主编. －北京:中国商业出版社,
(2019.9 重印)
ISBN 978－7－5044－7777－4

Ⅰ. ①形… Ⅱ. ①张… Ⅲ. ①形体－健身运动
Ⅳ. ①G831.3

中国版本图书馆 CIP 数据核字(2012)第 210151 号

责任编辑:于印辉

中国商业出版社出版发行
010－63180647 www.c－cbook.com
(100053 北京广安门内报国寺 1 号)
新华书店经销
涿州市荣升新创印刷有限公司印刷

* * * * *

开本:787×1092 毫米 1/16 印张:12.5 字数:290 千字
2018 年 9 月第 2 版 2019 年 9 月第 3 次印刷
定价:32.80 元

* * * *

(如有印装质量问题可更换)

总　序

随着中国经济发展的日新月异，人们的生活方式和生活观念也在悄然发生变化，在工作之余，越来越多的人们也把休闲旅游度假作为一种时尚生活。同时，人们也认识到，通过休闲旅游不仅可以让人身心放松，还可以增加见识，增长知识。正可谓："行万里路，读万卷书"。因此，未来我国更加需要大量旅游服务管理专业人才来为人们进行专业引导和服务，旅游市场大有可为。

放眼世界，各国旅游业经历了持续快速的发展，旅游业已成了世界上最大规模的产业，越来越多的旅游目的地对旅游者开放，使旅游业成为了世界经济发展的重要推动力。即使在国际金融危机爆发的大背景下，旅游业虽然受到一定重创，但该产业的产值仍然占全球 GDP 9.4 个百分点，为世界提供了 2.35 亿个工作岗位。世界每 11.8 个工作中，就有 1 个是旅游业提供的。就全世界范围而言，旅游业已成为世界上最重要的绿色产业之一。长远来看，旅游在推动世界经济发展中保持领先的角色。同时在保障就业和消除贫困方面，旅游业必定有更大贡献。

再就我国旅游业来看，虽然起步较晚，但发展迅猛。2009 年底，国家又出台《国务院关于加快发展旅游业的意见》(国发[2009]41 号)，将旅游业定为全国战略支柱产业。2012 年 10 月 1 日施行的节假日小客车高速费通行给旅游业带来良好的发展机会。再者，旅游业是关联性很强的产业，直接或间接带动相关联的产业和部门多达 100 多个，其产业关联效应明显。目前全国已有 20 多个省、区、市都把旅游定为支柱产业来优先重点发展。2013 年 10 月 1 日起中国首部《旅游法》正式施行，也有利于旅游行业整体规范健康发展，从此中国旅游业也进入依法治理，依法维权的新时代。相信，有政府的重视将使旅游业在国民经济增长和社会和谐发展方面扮演更加重要的角色。因此，我们特邀请全国部分旅游院校的领导和专家，齐聚北京，针对当前旅游业的发展和人才培养方面，进行了研讨，从而组织编写了本套教材。

本套教材在编写过程中主要突出以下几个特点：

1. 针对性

本套教材为旅游院校教材，针对当前的旅游从业人员的特点，安排教材内容和体系，采取课堂教学和实际操作、校外指导相结合的教学方式，从而使授者易教，学者易学。

2. 实用性

本套教材在编写之初就本着"必需"、"实用"为宗旨，既参考以前出版的教材内容，进行"取舍"，又参考教育部教学大纲以及国家旅游局导游资格考试的新标准设置各科内容。使学生通过系统学习之后，能在掌握基础知识同时又能在工作中发挥实际作用。

3. 创新性

本套教材在内容编排上，努力在总结专家学者经验的基础上，又吸收和借鉴如德国的双元制教学模式、澳大利亚的TAEF模式、加拿大的CBE教学模式、瑞士旅游酒店管理教学模式等国外先进的教学模式，进行编写。打破传统教材从概念到概念的写法。同时每本教材都配备PPT课件，以方便课堂教学。

诚然，本系列教材是示范院校教育教材改革与创新的阶段性成果，难免有不足之处，恳请广大专家、读者提出宝贵意见，以便日后修订，使之不断完善。

旅游服务管理专业教材编委会

前　言

提高服务行业从业人员的体质和形体素质，改善和塑造身体形态、培养高雅气质和风度是培养旅游服务管理专业人才的基础工作之一。我们编写的这本《形体训练》，通过基础理论和实践的结合阐明形体训练的科学原理与基本姿态练习的方法、服务行业从业人员的职业形体要求，并介绍了当今最为流行的形体健身与塑身项目、器械形体训练的动作等。在练习方法的选择上力求简单易行，能使练习者根据自身的机能情况，有针对性地进行各种练习，科学地制定和采用适宜的运动方法，以改善身体各部位的围度比例，弥补形体的缺陷和不足，使身体各部位得到匀称协调发展。

本书可作为职业教育和应用型本科相关课程用书，也可作为服务行业从业人员，尤其是空乘人员、礼仪接待人员、饭店管理人员等的学习参考用书。

本书由北京市工贸技师学院张强同志任主编，北京市工贸技师学院王卓识、安涛老师任副主编。各章编写人员如下：知识篇第一、二、三、四章由张强编写；知识篇第五章及实践篇第六、七章由王卓识编写；实践篇第八、九章由安涛编写，全书最后由张强总纂。

在本书的编写过程中，我们拜读了国内外许多专家和学者的相关著作，并借鉴了其中部分内容，同时广泛听取了形体老师的意见和建议，在此对各位专家学者及形体老师表示衷心的感谢！由于时间和水平所限，书中疏漏与不当之处，敬请专家学者和广大读者批评指正。

编　者

2019 年 9 月

目 录

知识篇

第一章　形体训练概述

第一节　形体训练的概念

形体是指人体结构的外在表现，具体地讲就是人体的外形。

人体的形态美，主要包括人体的容貌美、身材美、肤色美和气质美。人体头面部的外观形态组成了一个人的容貌，人体躯干和四肢所组成的外观形态构成了人的身材，包裹人体的皮肤的质地和颜色构成了人的肤色，人的神情特征和肢体语言特征构成了人的气质。

形体训练是以运动人体科学理论为基础的，通过徒手或利用各种器械，运用专门的动作方式和方法，以改变人的形体的原始状态，提高灵活性，增强可塑性为目的的形体素质基本练习。同时也是提高人的形体表现力为目的的形体技巧训练。

形体训练可以采用各种徒手练习，如徒手体操、姿态操、韵律操、健美操、瑜伽、健身跑以及各种舞蹈动作，也可以采用不同的运动器械进行各种练习，如把杆、绳、圈带、球、踏板、肋木、哑铃，以及其他健身器械。

形体训练的动作方式和内容是多种多样的，但基本的内容离不开基本姿态练习、基本素质练习和基本形态控制训练。形体训练简单易行、适用性强，能有效增强人们的体质，增进健康，改善人们的体型、体态，陶冶情操。

著名的美学家朱光潜先生说："人体以它生动、柔和的线条与轮廓，有力的体魄与匀称的形态，滋润、光泽、透明的色彩，成为大自然中最完美的一部分，标志着我们这个星球上最高级生命的尊严。"这段活精辟地反映了我们追求人体美的价值。

第二节　形体训练的特点

健康是美丽的基础，只有健康、充满活力、朝气蓬勃的身体，才能拥有身材美、容貌美、肤色美和气质美。形体训练具体有以下特点。

一、自然性和节奏性

自然性是指在人体自然状态下的运动规律和人体运动的自然法则。节奏性是指人体按照自然状态下的运动规律，以特定的频率和速度为主要形式的练习。以人体活动为主要形式的练习，在完成动作时，无论是上肢、下肢还是躯干动作都是根据人体运动的自然法则，从胸、腹的中线开始发力，传递到各部位来完成动作的，而且每个动作都有它的起点和终点，以及节奏和用力的分配规律。摆动、波浪和弹性动作是节奏运动的基本动作，也是形体训练的基本形式，肌肉紧张与放松是体现形体动作节奏性的关键。因此，形体训练的节奏在于内在节奏（呼吸和对音乐的理解）与外在节奏（动作大小、快慢交替、强弱）的有机统一，各种形体动作按照音乐的速度、幅度的对比和变化，形成节奏的完美统一，并充分表现出形体训练以自然性动作为基础的协调的节奏运动这一特点。

二、全面性和针对性

形体训练内容丰富、动作变化多样，各类动作的编排都是严格地按照人体的解剖部位，有目的地为达到身体匀称、均衡、协调、健美的发展而进行的。合理地选择内容，科学地进行锻炼，能全面增强人体运动系统、内脏系统和神经系统的功能，促进人体的正常发育和身体素质的全面发展。形体训练的针对性强，选择某一动作重点地锻炼身体的某一部位或专门针对某项身体素质进行练习，能进一步提高身体的全面发展水平。

三、优美性和艺术性

形体训练是在人体解剖学、运动生理学、运动心理学、运动训练学、体育美学、人体艺术造型学等学科的理论指导下进行的。其动作内容符合人体的生理和心理特点，各类动作不仅体现出优美性和艺术性，而且充分展现协调、韵律、优美等健美气质。

形体训练是追求人的身心美的艺术运动，它不仅能提高练习者的兴趣，而且能发展练习者的想象力和表现力，培养动作的节奏感，促进身心的全面发展，同时还能使练习者在训练中达到忘我的境界。练习者根据不同的音乐节奏和风格，创编出不同风格和形式的形体动作，使形体训练更富有感染力，并得以构成完美的艺术整体。

四、丰富性和普及性

形体训练动作简单易学,练习形式简便，可根据不同的要求、不同的年龄、身体条件和训练水平，选择不同的练习内容和方法，有目的、有针对性地进行练习，以达到增强体质、促进健康美、塑造美的形体的目的，因而深受人们的喜爱，也易于普及推广。

五、实用性和价值性

形体训练的实用价值主要体现在以下三个方面。

1. 提高体能素质，为学生的终身发展打下基础

健康、长寿、智慧是人类的美好愿望。每一个人要获得健康必需有一定的体适能。健康的体适能是健康的保证。因此，我们就必须做一些特别的运动训练来增进自己的体适能，来保持我们基本的健康状况。

“生命在于运动”，但是如何从运动的角度来促进健康一直是我们需要有所突破的问题。形体训练是以身体练习为基本手段，匀称和谐地发展人体，增强体质，促进人体形态更加健美的一种体育运动。可根据个人的实际情况选择不同的运动时间来进行，通过基本动作练习和强度不同的成套动作练习，对身体各关节、韧带，各主要肌群和内脏器官施加合理的运动负荷，对心血管功能、柔韧性、协调性、力量及耐力素质、体重、体脂等身体成分有十分显著的作用。例如，采用压、拉肩、下腰，体前、侧、后屈，压、踢、控腿等练习来发展柔韧性;采用舞蹈、徒手及成套动作练习来锻炼大脑支配身体部位同步运动的能力，体会各部位肌肉运动时的不同感觉，发展身体的协调性;采用健美操中的仰卧起坐、快速高踢腿、跳步等来发展力量和弹跳力素质，提高动作的速度和力度;采用跑跳操等练习来提高耐力素质，从而增强体能，

提高人体的防御能力，使生命力更旺盛、精力更充沛，学习和生活更有节奏，从而保持工作和学习的高效率。

2. 塑造时代需要的完美的外在素质，促进人的和谐发展

人体形体是世界上一种永远新鲜、永远洋溢着生命力的最动人的美。歌德曾经说过："不断升华自然的最后创造物就是美丽的人。"人的美丽直观的表现首先在于形体美。人类遗传学告诉我们，影响体型的因素是遗传和环境（营养、劳动、生活条件、体育锻炼）。遗传因素虽然生成了人的基本体型，但后天塑造却是完全可能的。特别在青春发育期，人体对环境因素的敏感性较强，是塑造体型的最佳时期。形体训练动作形式多，锻炼部位广泛。通过各种臂的摆动、绕环、波浪组合、姿态组合、腰腿的柔韧性组合、舞蹈组合、体育舞蹈练习，可以形成正确的身体姿态，并能发展身体的柔韧性和协调性。

健康的形体美，仅有健康美和静态美是不够的。从形体训练追求层次上看，动态美和整体协调美更能显示人的气质和魅力。动作美是形体美的一种表现形式，姿态美是通过动作表现出来的，而动作美在完成动作时应显示出姿态美。在形体训练动态美练习中强调步态、姿势、表情等形体语言，强调动作的节奏感和优美感。通过科学的形体训练，可以改变和改善不良体型，达到肌肉匀称、比例协调、举止得体、姿势优美、气质高雅的效果，可以说形体训练是一种特殊的人体雕塑艺术。

3. 塑造良好个人形象，提高职业素质

形象是当今社会的核心概念之一，人们对形象的依赖已经成为一种生存状态。个人形象主要是指容貌、魅力、风度、气质、化妆、服饰等直观的包括天生的外表感觉的东西，这是一种值得开发、利用的资源。

个人的人性特征、特质通过形象表达，并且容易形成令人难忘的第一印象。第一印象在个人求职、社交活动中会起到非常关键的作用。大学生是未来职场的主要力量，掌握职业礼仪的规范与标准，获得今后职业所需的悦目仪表和得体举止，对于各种工作和生活环境具有应变能力，才能在激烈的职业竞争中立于不败之地。

第三节　形体训练的作用

一、增强体质，净化心灵

形体训练是一门特殊的侧重于实践性的社会文化学科。首要功能是增强人们的体质，挖掘人体各种机能的潜力，加强免疫能力。早在18世纪，法国著名的思想家与哲学家伏尔泰就提出"生命在于运动"的名言。在古代，人们在与大自然的斗争中就用各种各样的自娱自乐的运动形式来强身健体、消灾祛病。《吕氏春秋·古乐篇》中记载：在远古阴康氏年代，天气阴霾多雨，河道壅塞不通，洪水泛滥，人们情绪忧郁，身体也逐渐衰弱，于是，有人就创造了健美的舞蹈让大家跳，舒展人们的筋骨，增强人们的体质，排除了"滞伏"、"郁淤"的潮湿阴沉之气，使人们恢复了健康。我国的传统医学和现代医学也都一致认为，适当的运动对人体大有裨益：一是促进骨骼和肌肉的生长，使身体健康匀称地发展；二是调节心神，强化各脏腑组织

的协调功能；三是增强“心主血脉”和“肺主气”的功能；四是增强脾胃功能，有助于饮食的消化和吸收；五是能促进体内的新陈代谢，是代谢功能恢复最积极的措施。这种既增强体质，又使青春常驻的功能运动，正是人们普遍追求的。

形体训练从表面上看，只是一般的健身运动，实质上是一种高级的艺术化的运动。其训练的内容，主要是由经过提炼、组织、美化、节律化的人体动态造型的一系列运动组成。参与者在优美的旋律伴奏下，自身形体在有节奏的律动下，充分感受自我的存在、生命的活力，感受到自我展示的形体之美、气质神韵之美、节律之美和力量之美。在这种内情外化的运动过程中，同时获得了自身精神和肉体的融会和美感，进入身心合一、内外交融的美妙境界。所以说，形体训练是一种美好和谐的运动，既锻炼身体又净化心灵。

二、鉴赏愉悦，陶冶情操

形体训练在培养人们追求美、塑造美的形体同时，在提高自身艺术修养，追求高尚的情操和培养审美情趣等方面，有着不可替代的重要作用。

在现代社会里，人们利用闲暇时光去积极投身于各种有利于健康的文化活动、健身运动中。在学校和文化公益场所，积极推广强身健体的形体训练已成为一种时尚。人们在亲身参加这些创造美的运动中，把内心的美好情感充分地表现出来，并给自己身心带来愉悦和审美感受。形体训练激发人们向往更高、更美好的境界，引导人们追求崇高的理想和情操，这一功能是语言文字难以表达的。所以说，只有自己的积极参与，才能有这种感受。优美动人的外形，不但能营造一个美好的氛围，同时从外在形态直至精神内涵都能得到愉悦和陶冶，使自己变得更美好、更善良、更崇高。这种审美的感受在人们的社会实践和社会生活中起着巨大的作用，它促进人的全面发展，帮助人们改造现实，是现代人自身修养、自我娱乐的最好形式。

三、增进友谊，交流感情

形体训练的各个部分，从外部形态看，是各种动作和姿态的交替展现；从内部结构上看，它是一种以人体动态造型为主来表现和抒发人们美好情感的文化形式。人们在优美的音乐伴奏下，通过人体的律动，相互传达和递增情感，相互激励对美好的追求；同时加深了人与人之间的理解和融合，强化了整体的凝聚力。我国许多少数民族在他们的传统节日里举行的活动中，除了祭祀祖先、祈求和庆贺等内容外，还有诸如集体鼓、民族武术这些运动，以此沟通本民族群众、本民族与其他民族间的情感，增加了解，增进友谊，加强民心的内部凝聚力。并通过一年一年的反复，将民族精神一代传一代，使之不断得到更新和发展。而且通过各民族运动会，突破民族和国度的界限，让世界对我国各民族有了进一步的了解，增进了我国各民族和世界各民族间的友情。这种人体形象的律动文化，在传播中华民族古老文明和友好感情方面，发挥了重要的作用。

四、美化社会，认识世界

在当今社会，社会发展很快，对人才的综合素质要求越来越高。作为高职高专毕业生，要使自己适应社会需求，在激烈的人才竞争中得到社会的认可，除了具备一定的专业知识和技能外，还需要拥有健美的形体和高雅的气质，以及具备现代人的举止礼仪风范。形体训练课程正是本着这个目标而开设的，学生在学习过程中，可以进一步了解现代丰富多彩的社会生活以及生活中人们的情感变化，可以帮助学生正确认识现实生活，以健康的心态对待生活，以健美的身体实现自我，获得一定的社会效益，为社会营造美好的氛围。这就是形体训练的重要社会功能，在审美、创造美的活动中认识生活、了解世界、创造美好未来。

所以说，形体训练作为人体语言文化在审美愉悦性和社会功能性方面有独特的作用。它的双重特征有：健身美体，提高人们的精神境界；开阔视野，满足人们的审美需要：美化心灵，美化社会。形体训练不再只是宣传教化的简单形式，而是有了更为广阔的活动天地，逐渐反映出其本质功能，全面发挥了修养自身、鉴赏愉悦、情感交流、认识生活的功能。形体训练进一步密切了人和社会的关系，使人们在社会生活中寻找自己的立足点，闪耀出更加富有个性的光彩。

第四节　形体训练的基本内容和要求

一、形体训练的基本内容

1. 基本姿态练习

人的基本姿态是指：坐、立、行。基本姿态练习就是在通过进一步改变身体形态的原始状态，提高形体动作的协调性，增强坐立姿态（坐姿）、站立姿态（站姿）、行走姿态（行姿）的规范。从而获得健康、自然、匀称、美丽的身体，当这些基本姿态呈现在人们眼前时会给人一种感觉，如身体形态所显示的端庄、挺拔与高雅，给人的印象是赏心悦目的美感（包括日常活动的全部）。俗话说，坐有坐相，站有站样。但是一个人若是光有好的体型，而不注意自己的基本姿态，也不会让人觉得健美的。自古以来就有“站如松，坐如钟，行如风，卧如弓”的说法，实则是对人基本姿态的形象比喻和健美的要求。由于一个人的姿态具有较强的可塑性，也具有一定的稳定性，通过一定的训练，可以改变诸多不良体态，如斜肩、含胸、松胯、行走时屈膝晃体，步伐拖沓等。

2. 基本素质练习

形体基本素质练习是形体训练的最重要内容之一，在练习中可采用单人练习和双人配合练习两种形式。通过大量的练习，可对人体的肩、胸、腰、腹、腿等部位进行训练，以提高人体的支撑能力和柔韧性。为塑造良好人体形态，改善形体的控制力打下良好的基础。形体基本功练习的内容较多，在训练时，应本着从易到难，从简单到复杂的原则；同时也要注意自己和配合者的承受能力，不能超负荷，以免发生伤害事故。

3. 基本形态控制练习

基本形态控制练习是对练习者身体形态进行系统训练的专门练习，是提高和改善人体形态控制能力的重要内容。是通过徒手、把杆、双人姿态等大量动作的训练，进一步改变身体形态的原始状态，逐步形成正确的站姿、坐姿、走姿，提高形体动作的灵活性。这部份练习比较简单，个别动作要求比较严格，训练必须从严要求，持之以恒。

三、形体训练的要求

1. 训练前必须做好准备活动。

2. 训练时要穿有弹性的紧身服装或宽松的休闲服、体操鞋、舞蹈鞋或健身鞋。

3. 训练时不能佩戴饰物，以免发生伤害事故。

4. 训练要有计划有步骤，循序渐进，切忌忽冷忽热、断断续续。要持之以恒，力求系统地掌握形体训练的有关知识和方法。

5. 要保持训练场的整洁和安静。

6. 在做器械练习时，要有专人指导和帮助，特别是联合器械的运用，要注意训练的安全。

7. 在训练中和训练后要注意补充适当的水，同时要注意饮食营养的合理搭配。

第五节　形体训练的原则

一、全面性原则

1. 全面性原则的含义

全面性原则是指形体训练中要采用各种手段和方法，使身体各部分的各种机能、各种能力都得到全面协调的发展。

2. 全面性原则的要求

(1)要正确认识全面性原则在形体训练中的重要意义，认识局部和整体的关系，并贯彻到形体训练的全部过程中。

(2)要使身体各部位的肌肉都得到全面发展，必须在训练中注意上下肢体的练习、躯干部位的练习以及各自形体中不足部位的练习。

(3)要运用多种方法、内容和手段，使身体各部位都得到发展。每一种练习，对身体的作用都有一定的局限性，而内容、手段的多样化，既可以保证身体训练的全面性，又可以提高练习者的兴趣和积极性。

二、从实际出发原则

1. 从实际出发原则的含义

从实际出发原则，是指形体训练中从自身的身体条件和客观外界实际出发，科学地选择练习的内容、方法及练习的负荷，从而使形体训练更符合自己的实际情况，这样才能收到良好的效果。

2. 从实际出发原则的要求

(1)首先需要对自己有一个正确的认识，了解自己的实际情况，这样才能发挥优势，弥补不足。

(2)要拟定一个符合自己实际情况的目标，以便使自己在练习时目标明确，自觉刻苦训练，尽快达到目标。

(3)选择自己喜爱的训练方法和手段，这不仅可以提高练习效果，而且可以充分体验到形体训练的快乐。

(4)通过一段时间的形体训练，对自己身体的变化和运动机能的提高及时做出总结。

(5)形体训练的内容、方法、手段的运用要有针对性，针对自己的薄弱环节，有侧重点地进行练习，这样练习的效果会更好。

三、循序渐进性原则

1. 循序渐进性原则的含义

循序渐进性原则是指在形体训练中，目标的制定、内容的选择、方法的运用、负荷大小的安排要由易到难，由浅入深，逐步提高。

2. 循序渐进性原则的要求

(1)目标的制定不宜过高，应是在一定时间的训练后能够达到和实现的，这样可以强化练习的动机，提高自信心。

(2)训练内容及方法的选择、运用、安排要由易到难，由浅入深，逐步提高。

(3)训练内容及负荷要循序渐进，区别对待，因材施教。

四、不间断性原则

1. 不间断性原则的含义

不间断性是指要坚持多年系统和持续不断的科学性训练。如果中断训练，在短时间获得的技术能力和形体变化，将会逐渐消退。只有经过长时间训练，才能保持已经提高的机能和形体发生的良好变化。

2. 不间断性原则的要求

(1)在选择练习的内容、方法和手段时，要考虑它们的内在联系和系统性，以保证其内容、手段和方法的连贯性。

(2)形体训练贵在坚持，不是一朝一夕之事，它是人一生的追求和梦想。只有长年坚持不懈，才能收到良好的效果。

第二章　形体美的评价标准

第一节　人体的形体之美

一、形体美的内涵

形体，指人身体的形态，由体格、体型、姿态三个方面构成。体格指标包括人的高度（身高、坐高等）、体重、围度（胸围、腰围、臀围、臂围、腿围、颈围等）、宽度（肩宽、骨盆宽等）、长度（上、下肢长度等）等。其中，身高主要反映骨骼的生长发育情况；而体重主要反映骨骼、肌肉、脂肪等重量的综合情况；胸围则反映胸廓的大小及胸部肌肉的生长发育状况。因而，身高、体重和胸围被列为人体形态变化的三项基本指标。

体型是指身体各部分的比例，如上、下身长的比例，肩宽与身高的比例，各种围度之间的比例等。体型主要取决于骨骼的组成与肌肉的状况。达·芬奇说过："美感完全建立在各部分之间的神圣的比例上。"由此可见，体型美主要取决于身体各部分发展的均衡与整体的和谐。

姿态是指人坐立、行走等各种基本活动的姿势。人体的姿势主要是通过脊柱弯曲的程度、四肢和手足以及头的部位等来体现。姿势正确、优美，不仅体现人的形体美，还反映出一个人的气质和精神面貌。可以说，它是展示人的内在美的一个窗口。

由形体构成的要素不难看出，形体美是一种综合的整体美。它既包含了人体外表形状、轮廓的美，又包含了人体在各种活动中表现出来的体态美。所谓形体美，就是健壮体格、完美体型、优美姿态融会而成的并展现出来的和谐的美。

人体的形态美是遵循传统美和时代美相结合的准则，并依据人们日常生活和艺术活动中所呈现出美的身体线条、姿态、造型、手势、言谈举止、行为，及修饰、发型、化妆等众多的形态仪容，进行集中、梳理，经过筛选、提升，按照美的规律进行研究和规范，逐步形成系统的、科学的、实用的理论和训练方法。再通过较系统的实际训练使学生了解和掌握社会工作和生活中各种形态所应有的美的规律动作，然后通过自我认知和调节，逐步纠正以往所形成的不良形态和习惯，呈现出美的形态和良好素质，展示优美的气质和风度。

二、形体美的基本特征

人体形体美的基本特征可归纳为动态美、静态美、音韵美、修饰美和气质美。它们各具特有的美的特征，相互又有机地联系形成统一的整体美，从而达到自然美与社会美的统一，动态美与静态美的统一，音韵美与动静态美的统一，内在美与修饰美的统一和局部美与整体美的统一。

"外修内悟，内修外展"是人体形体美理论和实践相结合的指导原则。通过系统的理论知识学习和有关动态美、静态美的形体训练，引导学生发挥潜在智能，培育发现美、认识美、创造美的能力，提高整体和谐美的意识，并在自身协调中，塑造良好的形象，体现自身美的价值。

一般来说，人体形体美是通过四个阶段逐步达到应有的目标和效应。第一阶段为"了解规律，认识自我”，即学习理论知识；第二阶段为“遵循规律，调整自我”，即确立良好的形态美的概念，并进行自我练习；第三阶段为“运用规律，形成自我”，即将确立的良好形态运用到实际工作和生活中并形成习惯；第四阶段为“掌握规律，展示自我”，即能自如地层示具有自我个性特色的良好形态。

形体美是人本质力量在体育运动实践这个特定领域中的感性显现，它反映的是人自身与运动的审美关系。由于形体美是以人为审美对象，以人体运动为主要手段，因此，它是人的本质力量在自身的直接展示、确证和实现。具体而言，形体美就是人的身体曲线美，是指人的躯体线条结合人的情感和品质，并通过形象、姿态展现于欣赏者眼前的一种美。形体美是由视觉器官所感知的空间性的美，其特点是感知身体外轮廓线，线的运动可以构成具有广度和厚度的空间形体。点动成线，线动成画，画动成体。

形体美有人的形体美和物的形体美之分，物的形体美纯属外表之美，而人的形体美则是外在与灵魂的契合，形体美是由内向外散发的美，真正的美是肉体与精神的结合，而精神之美则又包括了温柔、情爱、雅量、娴静等因素。因此，形体美不但要展现体形美、姿态美和动作美，还要充分展现精神美。体形美是一种自然的美，比较集中地表现在比例均衡、对称、和谐等形式上。女性以柔美和秀美的曲线为美，男性以粗犷强壮和威严为美，每个人都希望自己的体形匀称、协调、健美，这也是人们不断追求的形体美的目标。姿态是指一个人在静止或活动中所表现出来的身体姿势和举止神情。姿态美是指人体在空间运动和变化的样式，优美的身体姿态与造型，就像一首诗述说着人的内心与外在世界。动作美是运动中健康能力、器官系统机能、表现能力和精神风貌的体现，是形体美的一种表现形式，它的美不仅来自于各种舞姿和体育运动，还来自于人们日常生活的动作。

英国著名哲学家培根说：“相貌的美高于色泽的美，而秀雅合适的动作美又高于相貌的美，这是美的精华。”形体美、姿态美、动作美是形体美的核心，体形的完美和正确的身体姿态可以促进人体外形的完美，这在某种程度上反映了有机体机能的完美程度，也反映一个人的精神面貌和气质。形体训练是练习者通过对形体的认知，运用科学的健身理念与方法，通过各种身体练习以增进健康、增强体质、塑造体型、培养姿态、陶冶情操，它是一个有目的、有计划、有组织的教育过程。

形体，指人身体的形态、体态，由体格、体型、姿态三个方面构成。

(1)体格指标包括人的身高、体重、胸围等。其中，身高主要反映骨骼的生长发育状况，而体重反映骨骼、肌肉、脂肪等重量的综合变化状况，胸围则反映胸廓的大小及胸部肌肉的生长发育状况。所以，身高、体重、胸围被列为人体形态变化的三项基本指标。

(2)体型是指身体各部分的比例，如躯干上下之间的比例，身高与肩宽的比例，胸围、腰围、臀围之间的比例等。体型主要决定于骨骼的组成与肌肉的状况。著名画家达·芬奇说过：“美感完全建立在各部分之间神圣的比例关系上。”由此可见，体型是否美，主要取决于身体各部分发展的均衡与整体的和谐统一。

(3)姿态是指人坐、立、行等各种基本活动的姿势。人体的姿势主要通过脊柱弯曲的程度，四肢、手足以及头的部位等来体现。正确、优美的姿势不仅反映着人的形体美，还能反映出一个人的精神面貌与气质。可以说，姿态是展示人的“内在美”的一个重要窗口。

综上所述，形体美的含义是：由健美体格、完美体型、优美姿态，良好气质融会而成，并充分展现出来的和谐的整体美。

第二节　影响形体美的因素

一、身高和体重

人的体型美，主要取决于身高与体重的比例是否协调。一般而言，身高较多地依赖于遗传，而体重以及受体重制约的胸围、腰围、臀围等则受后天的影响较大。因此，塑造体型美，就必须遵循人体生长发育的规律，在遗传因素所允许的范围内，根据自身的条件，通过控制肌肉和脂肪这两个可变的因素，消除多余脂肪，增长肌肉，从而使身体协调、匀称。

二、姿态美

姿态美与体型美关系密切。在日常生活中，体型美需要通过优美的姿态来展现。例如，躯干正直的人与腰部松垮的人自由站立时给人的观感就有明显差异。前者由于良好的姿态可以充分表现体型美，而后者由于腰部塌下、腹部挺出、肌肉松弛，只会给人体型不美的感觉。

形成姿态美，脊柱是关键，因此，应特别注意脊柱形态的形成，培养正确的坐、立、行的基本姿势。

形成姿态美，还必须通过严格的形体训练，建立正确姿势的动力定型并矫正不良的、错误的姿势。

三、动作美

动作美是形体美的一种表现形式，动作美之中蕴含着姿态美。姿态有动有静，如坐、立、卧、蹲表现出静态时的姿势，而走、跑、跳等就表现出动态时的姿势。无论是静态还是动态，都要在完成动作时轻松、协调、准确、敏捷、高效率，这样才能显示出动作美。

四、气质美

气质，是人的高级神经活动类型特点在行为方式上的表现。在日常生活中，通常指人的典型而稳定的个性特点、风格和气度。由此可见，气质美似虚非虚，看似无形，实则有形，反映在一个人对待现实生活的态度、个性、自我调整能力和言行特征等方面。它既可能展示人的端庄、典雅，也可能表现出人的猥琐和俗气。正由于气质美是内在美自然、真实的流露，所以它可以使体型美、姿态美、动作美达到更高的境界，使人具有永久的魅力。

气质的形成，虽与人的体质、神经类型、遗传等生理特征有关，但最终要受后天的环境（自然环境、社会环境）家庭条件、文化教育、自身修养的影响。因此，只有在加强形体训练，提高体型美、姿态美、动作美的同时，全面提高自己的文化素养、道德修养、美学素养，才能具有气质美。

五、营养

营养是影响形体美的重要因素。美的形体是通过训练得到的，没有科学合理的营养，就不能保证人的正常生长发育。训练后，不能及时地补充营养，也就无法弥补由于训练所造成的能量损耗，形体训练的效果也就无从谈起。只有保证科学合理地营养补充，才有可能获得美的形体。

第三节　形体健美的标准

1. 健美体型评分标准

正常人形体健美的标准可以用几个参数来体现。

经过多年的研究和在健身房对上万名学员的测定，有关专家初步建立了健美体型评分标准，即胸围、腰围，身高、体重指数(表 2－1)。

表 2－1　　**健美体型评分标准**

指数	胸围(cm)－腰围(cm)		身高(cm)－体重(kg)	
性别	男	女	男	女
优秀	30	26	95	100
良好	20	18	100	105
及格	15	14	105	110
不及格	15 以下	14 以下	90 以下 105 以上	95 以下 110 以上

例 1：一成年知识分子胸围为 86 厘米，腰围为 74 厘米，身高为 165 厘米，而体重为 52 公斤，他的体型如何？

答：胸围－腰围＝12 厘米(胸围、腰围指数)，不及格！

身高－体重＝113(身高、体重指数)，不及格！

此人体型不合格，应该加强全身特别是上体肌力锻炼，以增加体重和力量，同时要适当注意有氧训练和节制晚餐以减少腰围。

在知识分子中这种体型的男子很多。他们长期坐在办公室或实验室，很少从事体力劳动，加之缺少运动，体型逐渐变成中间(躯干)大、四肢细，胸不厚、背不阔的状况，对于这种体型的人，应采取特殊的“双管齐下”的方法，既要加强全身肌力，特别是上身，如：胸、肩、背、臂的训练，又要锻炼腰、腹，减少腰围。

例 2：某宾馆公关部一位女士胸围 85 厘米，腰围为 77 厘米，身高 158 厘米，体重为 65 公斤，她的体型健美吗？

答：胸围－腰围＝8 厘米(胸围、腰围指数)，不及格！

身高－体重＝93 厘米(身高、体重指数)，不及格！

经过一个月的综合循环练习和节制晚餐，该女士进步明显，她的胸围增加了 1 厘米，而腰围却减了 7 厘米，体重也减轻了 4 公斤，经查表计算出她的胸围、腰围指数为 16，身高、体重指数为 97，均达到及格标准，体型也有了根本的变化，她非常满意，表示要“让健美形体训练伴我终生”。

2. 健美人体体围标准

形体美是人体健美的主要内容之一，而形体健美在很大程度上取决于身体各部位体围的尺寸和相互间的比例。

身高——主要反映人体骨骼的发育程度。

体重——反映人体发育状况的重要整体指标。

胸围——是人体厚度和宽度最有代表性的测量值，扩展胸围与肺活量有关。

腰围——反映一个人的腰背健壮程度和脂肪状况。

上臂围——反映一个人肱三头肌和肱二头肌的发达程度。

大腿围——反映一个人股四头肌及股后肌群的发育状况。

臀围——反映一个人骨盆大小和髋、臀部肌肉的发达程度。

下面将分别介绍"韦德"健美男学员标准和男子一般健美体围标准。"韦德"健美学员标准较高，因为他们通常经过1~3年的健美训练，可达到初级以上健美运动员的要求(表2-2)。

表2-2　"韦德"健美男学员标准

身高(cm)	体重(kg)	上臂放松围(cm)	胸平静围(cm)	颈围(cm)	腰围(cm)	大腿围(cm)	小腿围(cm)
155	65	39	103	39	71	55	38
160	75	40.5	110	40.5	76	56.5	39.5
165	80	41.5	115	41.5	78.5	58	40
170	85	43	118	42.5	79.5	59.6	40.5
175	90	44.5	121	43	82	62	41.5
180	95	45	124	44.5	83	63.5	42
185	105	45.5	126	45.5	84	65	43

男子一般健美体围标准要求较低，特别是身高和体重对应关系偏低，这是考虑我国目前的国情。当前营养状况一般，所以，上述体围标准是一般性的，随着国民经济情况的好转还应制订相应健美体围标准(表2-3)。女子的体围标准，目前胸围、臀围大体相同，这也是从我国目前女子很少从事肌力训练的现状出发的，今后女子"扩展胸围"，这项指标还应有所提高(表2-4)。

表 2-3 男子一般健美体围标准

身高(cm)	体重(cm)	胸围(cm)	扩展胸围(cm)	上臂围(cm)	大腿围(cm)	腰围(cm)
153~155	50	94	97	32	45	65
155~157	52	94	98	32	49	65
157~160	54	95	99	33	50	66
161~163	56	95	101	33	51	66
163~166	59	98	102	34	52	68
166~169	61	100	103	34	53	69
169~171	63	100	104	35	53	69
171~174	65	102	105	35	54	70
174~177	67	103	107	36	55	71
177~180	70	103	108	36	55	72
180~183	72	104	109	37	56	72

表 2-4 女子一般健美体重围标准

身高(cm)	体重(kg)	扩展胸围(cm)	臀围(cm)	腰围(cm)
152~154	47.5	88	88	58
154~158	48.5	88	88	58
158~161	50	89	89	59
161~163	51.5	89	89	60
163~166	53	90	90	60
166~169	54.5	90	90	61
169~171	56	92	92	61
171~174	58	92	92	62
174~176	60	94	94	64
176~178	62.5	96	96	66

3. 人体各部位健美的标准

形体健美不仅反映人体的外表，还反映出人的精神面貌。各行各业的人都离不开形体健美，健与美协调组合，是整个社会美化的部份。

形体美的基础，不是华丽的衣衫，而是健康、协调的体型。

现代青年尤其是女性，决不能以苗条、柔软、纤细，甚至病态为美；而是结实精干、肌肉强健，富有区别于男子的曲线美，既不失女性妩媚，又能承受生活负担和担当起社会工作。

综合中外美学家对人体体型健美的见解，可归纳成以下几条标准：

(1)骨骼发育正常，关节灵活自然，不显粗大凸起，体态丰满而不显肥胖臃肿。匀称是关键。

(2)骨骼均衡发达，皮下脂肪适当。

(3)五官端正，与头部配合协调，眼大有神。

(4)双肩对称，男宽阔，女圆浑。肩部不沉积脂肪，略外展，下沉。

(5)脊柱正位垂直，曲度正常。

(6)男子胸廓隆起厚实，正面和背面看略成“V”型；女子胸部丰满而不下坠，侧视有明显曲线，微挺胸拔背。

(7)腰细而结实，微成圆柱形，腹部扁平，腰部比胸部略细小1/3；男子有腹肌垒块隐现。直立时，腰部要上立。

(8)臀部圆满适度，略上翘，有弹性。

(9)两腿修长，腿部线条柔和，小腿腓部突出，跟腱长，正侧观有屈曲感，体现敏捷与活力。

(10)踝细，足弓较高。

对于女性，肌肤的美也同样重要。肌肤美的标准是红润而有光泽，皮质表面光洁、细腻、柔韧，富有弹性，给人以容光焕发，富有朝气，这无疑会增加女性的魅力。

4. 姿态美的标准

这里要介绍站、行、走、卧等姿态的最基本要求。

(1)站

正确健美的站姿应该是头、颈、躯干和脚的纵轴在一条垂直线上，挺胸、收腹、梗颈，两臂自然下垂，形成一种优美挺拔的体态，人在站立时要做到挺、直、高，这样，人体脊柱的曲线美也就表现出来了。

(2)行

除保持站立时正确优美的姿态外，还要做到躯干移动正直、平稳，又不僵硬呆板；两臂自然下垂，摆动协调；膝盖正对前方，脚尖微外侧，行走落地时从脚跟过渡到前脚掌，两脚后跟几乎在一条直线上，两脚交替前移的弯曲程度不要太大，步伐稳健均匀。年青人不要养成走路时双肩斜、垂头窝胸、膝椎弯曲等不良姿势，长期下去，不但形象难看，还会造成脊柱后凸或侧弯、驼背的畸型，并会影响心肺功能。

(3)坐

优美的坐姿与站、行一样，仍然要保持挺胸、收腹。四肢的摆放也要规矩端正，不能摆得太开太大，更不能翘起“二郎腿”，东倒西歪。养成良好坐姿，对于青少年发展健美的体型和保护视力都有好处，青少年要多坐硬椅子，少坐沙发，对形成正确坐姿有好处。

(4)卧

良好的卧姿能使心血管、呼吸系统在安静状态的工作中起到保证作用，并有助于消除肌肉的疲劳。人在实际睡眠中往往翻来覆去地变换姿态。为避免心脏受高压，一般为右侧卧，为避免局部受压发麻甚至出现痉挛的现象，仰卧也是较好的，不要把手放在胸上，以免压迫心脏使睡眠不宁或做恶梦。睡前要注意的事是：晚饭不要吃得太饱，睡前勿喝浓茶，室内空气要流通，睡前要用热水洗脚，不要躺在床上看书。

第三章　形体训练的科学基础

第一节　形体训练的运动解剖学依据

形体训练是以人体科学为基础，通过身体的各种练习，锻炼健康体魄，塑造优美形体，训练仪态仪表，培养道德品质的锻炼过程。从人体生理角度来看，形体训练所需要的姿态、动作技巧，都是通过身体各部位的关节、肌肉、韧带的协同配合得以完成的。如果说训练运用自如的身体是形体表现的基础，那么人体解剖学就是基础的基础。没有人体解剖知识作为依据的形体训练，很容易陷入盲目性或经验主义的误区，使身体的运动不符合人体结构的客观规律，从而导致身体的损伤和疾病并影响动作技能技巧的掌握。因此，首先必须了解人体解剖学和生理解剖学基础知识，了解人体形态结构和生理功能的关系，懂得人体肌肉的合理结构、功能和特性，才能更好地掌握形体训练的方法，为更好地安排针对性的练习打下良好的理论基础。

形体解剖学是研究正常人体形态结构、主要功能及其发展规律在形体训练中发生变化的科学。形体解剖学是从人体解剖的角度来探索形体训练的科学性，研究形体训练对人体形态结构和生长发育的影响，探讨人体结构的机械运动和肢体运动规律的一门新兴的学科。它为人体结构的机械运动和肢体动作的技术技巧提供科学依据。

人体是一个有机的整体。它是由各个局部构成的，局部与局部之间、局部与整体之间彼此联系，相互制约，构成一个有生命活动的整体结构。在生命运动中，整体功能状况可以反映在局部，而局部功能状况也会影响人的整体活动。

形体解剖学认为人体结构决定其功能，功能活动影响其结构。开展形体训练活动不仅可以依据人体形态结构来分析人体的功能，还可以通过有意识地改变功能条件或增加功能活动量等方法使人体相应的组织、器官结构产生有益于健康和健美的变化。

人体的结构与功能是矛盾的统一体。当确立某一结构的一部分为某种性质时，必有与之相对应的部分成立。例如，肌肉中有屈肌就会有伸肌，有扩张肌就会有括约肌；内脏运动神经中有交感神经就有副交感神经。功能相反的结构双方同时存在，以保证人体正常的生命活动。

人体结构是发展变化的。人类活动由初级到高级，由四肢着地到双足直立，经历了漫长的衍化过程，人类还将继续完善自己。了解和掌握人体结构发展变化的规律，探索和创造最优化的方法，以促进人体结构既优美又良好地变化。

人体结构受社会环境的影响。人不仅是自然人，要受自然的影响；人还是社会人，要受到社会的影响。作为社会活动内容一部分的形体训练对人体结构有明显的影响。由于经济发展，生活水平的提高，形体训练已成为普通人瘦身或塑身的一般途径。所以，学习解剖学知识，用科学的方法指导形体训练，对促进人体结构的良好发展具有指导性意义。

一、人体解剖学基本术语

(一)人体解剖学姿势

两眼向前平视，双足并拢，足趾向前，上肢下垂于躯干两侧，手掌朝前，直立。这个姿势是国际统一的人体解剖学姿势。人体解剖学姿势是准确描述器官位置和分析人体运动的参考体。

(二)人体的基本切面

1. 冠状面(额状面)

沿左右方向，与前后方向垂直，将人体分为前后两部分的切面。

2. 矢状面

沿前后方向，与左右方向垂直，将人体分为左右两部分的切面。其中，将人体分为左右对称两部分的矢状面，称为正中面。

3. 水平面

与地面平行的切面。

(三)人体的基本轴

1. 冠状轴(额状轴)

左右平行于水平面，与矢状面垂直的轴。

2. 矢状轴

前后平行于水平面，与冠状面垂直的轴。

3. 垂直轴

上下方向垂直于水平面的轴。

(四)人体的方位术语

为了表达运动时人体各部位以及各器官空间位置的关系，解剖学规定了下列方位术语。

1. 上与下

靠近头顶的称为上，靠近足底的称为下。

2. 前与后

靠近腹侧的称为前，靠近背侧的称为后。

3. 内侧与外侧

靠近正中面的称为内侧，远离身体正中面的称为外侧。

4. 内与外

对有空腔器官而言，接近内腔者称为内，远离内腔者称为外。

5. 近侧端与远侧端

以躯干为参考体，四肢靠近躯干的一端为近侧端，四肢远离躯干的一侧端为远侧端。

6. 尺侧与桡侧

前臂的内侧称为尺侧，前臂的外侧称为桡侧。

7. 胫侧与腓侧

小腿的内侧称为胫侧，小腿的外侧称为腓侧。

8. 浅与深

以体表为参考体，靠近体表的称为浅，远离体表的称为深。

9. 手背与手掌

手分为手背和手掌两个面，与手相应的面称为手背面和手掌面。

10. 足背与足底

足分为足背和足底两个面，与足相应的面称为足背面和足底面。

二、人体运动生理学特点

人体的各种运动，都是在神经系统的支配下肌肉收缩作用于骨骼的结果。即运动是以骨为杠杆，关节为枢纽，肌肉的收缩为动力而实现的。也就是说，形体训练是在大脑神经的支配下通过人体运动系统去完成的。神经系统包括脑、脊髓等中枢神经系统和遍布全身的周围神经系统，而大脑皮质则是高级中枢神经。凡是记忆、分析、判断等思维活动都要通过它起作用。它是支配、调节全身各器官系统，保证人体各机体的统一以及人体与周围环境统一的主要机构。人体的运动系统主要是由肌肉、骨骼、关节等部分组成。人体运动大致要经过以下几个步骤:即中枢神经发出信号传给执行这一信号的运动神经系统，再由运动神经系统把信号传给有关的肌肉，这些肌肉的伸展与收缩，牵动了有关骨骼、关节，促使人体按照发出的信号有节奏、有先后运动次序地去完成各种技巧动作。从生理学的角度讲，掌握和完成一个动作，从不会到会，从会到娴熟，它经历了泛化、分化、巩固三个相互联系和不可分割的阶段。各阶段时间的长短，是根据各人的素质条件和运动的繁难程度而不同。素质能力强的人对动作的接受和掌握相对较快，同时，简单的动作也较容易形成“动力定型”，难度较大的动作则要经过一个复杂的生理运动过程，对动作的形成相对较慢，特别是对素质能力较差的人来说更是如此。

泛化阶段的各种现象，是指刚刚接触动作时的各种生理反应，这些反应是通过教师讲授与示范和练习者的直观感觉所获得的感性知识。练习者在做动作之前，先把这些感性知识传给神经(也叫感觉神经)渠道，再传给大脑皮质，引起大脑皮质神经细胞的强烈兴奋，在这同时大脑皮质神经也可以发生抑制。兴奋和抑制是两种不同的细胞功能，既能抑制又能兴奋，兴奋的细胞按照大脑皮质的指令去调动有关肌肉工作，该抑制的细胞就处于暂时的休息状态，在需要时再进行工作。兴奋的细胞也能发生抑制，抑制的细胞也能发生兴奋。泛化阶段经常会出现不该工作的细胞组织参加了工作，或者是不该抑制的细胞抑制了，由此导致动作的不准确、不连贯、不协调、笨拙等泛化现象。这些现象对于初学者是正常的、必然的学习过程。学习动作时的泛化阶段，获得对动作的第一印象非常重要，它对以后的训练起着决定性的作用。因为，最初学习动作时有一个清楚的正确认识和理解，对缩短泛化阶段能起到积极的作用，并尽快过渡到分化阶段。如果练习者所获得的第一感性知识不准确或不够准确，那么泛化阶段的过程就会拖长，时间越长，动作就越不准确，或者是时好时坏，有时甚至形成不好的动作习惯，难以改正。

分化阶段是在纠正错误动作，建立正确概念的过程中，在神经反射过程中逐渐建立起“分化抑制”。大脑皮质的神经细胞，该产生反应的就兴奋，就去工作，不该反应的就加以抑制。这样兴奋与抑制分明，在练习中身体就会协调一致，动作干净利落，姿态准确无误。当然还要经过严格要求、刻苦训练的过程，才能将正确的概念刻印在大脑皮质中，并使正确的痕迹逐渐深化，形成或初步形成技巧动作的动力定型。

巩固阶段就是在分化的基础上再经过反复的刻苦练习。对每个动作都要经过一个由量变到质变的过程，才能达到巩固的目的。只有巩固了，才能运用自如。另外，动力定型留在大脑皮质的痕迹并不能一劳永逸，它也会逐渐消退，而且肌肉素质能力是不练自退。所以练习者要持之以恒，不间断地练习，使动力定型铭刻在大脑皮质中。

三、人体运动系统功能特点

人体得以实现各种各样的运动和维持各种优美的姿势，主要依靠运动系统完成。运动系统由骨、关节和骨骼肌三部分组成。骨通过关节连结构成骨骼，对人体起支持和运动杠杆的作用。关节是运动的枢纽，约束环节做各种转动。骨骼肌通过收缩和舒展，牵动骨以关节为枢纽进行运动。骨骼肌是实现人体运动的动力器官，通过神经系统的精确调节，骨骼肌的活动才能随心所欲。骨骼肌是运动系统的主要部分，骨和骨连结是运动的被动部分。

形体训练给运动系统带来适应性的变化。它使肌肉的结缔组织增厚，使肌腱和韧带中的细胞增殖，使肌肉的初长度增加，使肌肉中的肌糖元、肌球蛋白、肌动蛋白和肌红蛋白的含量增加，使肌纤维中的脂滴和肌膜上的脂肪减少。它改善骨骼的结构，利用肌肉对骨的牵拉作用，使骨的表面隆起显著，骨密度增厚，骨小梁配布更符合力学规律。它增强了关节的稳固性也提高了关节的灵活性。形体训练中常采用“全幅练习”，通过在肌肉收缩之前，预先使肌肉和关节周围的软组织充分拉长，即力量练习从肌肉充分拉长位置开始，并在尽量缩短的位置上结束的一种练习。它使运动发生在关节的整个运动幅度范围内，使活动关节周围的肌肉都得到了很好的伸缩，也使得肌肉力量性和伸展性的发展能同步地在一种练习中进行。

（一）运动的杠杆——骨

骨主要由骨组织构成，具有一定的形态结构和功能。骨骼构成了人体的支架，为骨骼肌提供了附着面。骨是运动的杠杆，它既承担着人体的重量，又在神经系统调节下，当肌肉收缩时可牵引骨绕关节的运动轴产生各种类型的运动。骨还起着保护内脏器官的作用。

正常成年人全身有206块骨头，但其中只有177块直接参与随意运动。多数骨左右相应成对。人体骨骼包括颅骨、脊柱、肋骨、胸骨、上肢骨、下肢骨，其中躯干骨、上肢骨和下肢骨及其骨连结是决定体形最主要的因素之一，它关系到人体各部分的比例。骨骼发育完好，比例得当，是体形美的基础。

脊柱处于人体中轴地位，具有支持体重、传递压力、增加弹性、缓冲震荡、保护脊髓和内脏的作用。脊柱整体有很大的活动范围，但相邻两块椎骨之间的运动则有限。整个脊柱可沿冠状轴做前屈、后伸运动，沿矢状轴做侧屈运动，沿垂直轴做回旋运动。脊柱各部位运动性质和范围，取决于关节突、关节面的方向和形状，椎体的形态，椎间盘的厚、薄等因素。这些因素在10岁到25岁之间，有较大的可塑性，特别是青少年时期新陈代谢旺盛，骨质内的水分和有机质多，矿物质少，骨松质多，骨密质少，因而骨富有弹性，可塑性大。这一时期是提高脊柱柔韧的最好时期，只要经过全面的形体训练，整个脊柱的活动幅度会明显超过一般人。若在这一时期，不注意身体正确姿势的培养和全面的锻炼，脊柱则容易产生病理性弯曲，长期如此则会变成固定姿势，同时由于不正确的姿势下，脊柱的营养血管受到挤压，从而严重影响脊柱的发育。此外，在不正确的姿势下，胸部受到压迫，对心肺的活动也会产生不良影响。因此，脊柱是躯干的大梁，经常加强椎骨活动，对形成正确的身体姿态有着重要作用。

（二）运动的枢纽——关节

骨与骨之间借结缔组织相连称为关节或骨连结。关节的主要结构为关节面及关节面软骨、关节囊、关节腔，缺少其中任何一种就不能称为关节。关节的作用主要是关节软骨具有弹性，能减缓震动和防止骨关节面的磨损。关节囊外层局部增厚形成韧带，内层滑膜能分泌滑液，可润滑关节面，减少关节运动时软骨关节之间的摩擦，并能营养关节软骨。关节腔有加固关节的重要作用。

1. 人体运动的形式

人体的运动是以关节为枢纽而进行着的环节运动。人体的头、躯干和四肢，以一个关节轴的转动而进行人体部分的运动，称为一个运动环节。由若干个运动环节独立运动又彼此按一定的顺序衔接起来，完成一个形体动作，称为运动链。人体运动是复杂多变的，通过解剖分析，可以分解出所有人体运动都是在三个基本面上绕三个基本轴的环节运动。由此，人体运动可归纳为屈伸、内收外展、旋转（回旋）、环转四种形式。

（1）屈和伸

①垂直屈伸：运动环节在矢状面内绕冠状轴的运动叫垂直屈伸。一般向前的运动为屈，向后的运动为伸，但膝关节和足关节的屈伸运动方向相反。骨盆的前倾为屈，骨盆的后倾为伸，运动时两骨腹侧面互相靠拢，夹角变小或角度增大。

②水平屈伸：运动环节在水平面上绕垂直轴的运动叫水平屈伸。例如，上臂（或大腿）在肩关节（或髋关节）处外展90°后，向前运动叫水平屈；向后运动叫水平伸。

（2）外展和内收

运动环节在冠状面内绕矢状轴运动称为外展和内收。运动时四肢游离端向躯干正中线靠拢或离开正中线。一般远离正中面为外展，靠近正中面为内收。头和脊柱侧向，称为左侧屈或右侧屈；骨盆侧向，称为左侧倾或右侧倾。

（3）旋转（回旋）

运动环节在水平面内绕自身垂直轴运动叫旋转或回旋。一般向前向内转动叫旋前或内旋，向后向外叫旋后或外旋。头、脊柱和骨盆的旋转，称为向左旋转或向右旋转。

（4）环转

运动环节以近侧端的关节为支点，远侧端做圆周环转运动，环节运动轨迹为一个圆锥体，称为环转。凡具有在冠状轴和矢状轴上活动的关节，均可以做环转运动。

2. 影响关节运动幅度的解剖学因素

关节运动幅度是指运动环节绕某一关节运动轴，从动作的开始至结束所进行的最大转动范围，通常用角度来表示。关节运动幅度是评定柔韧素质的重要指标之一，也影响和决定着形体训练动作完成的质量。

（1）关节头与关节窝之间的面积差。面积差越大，关节运动幅度越大；反之则较小。

（2）关节囊的厚薄与松紧度。关节囊薄而松弛，关节运动幅度较大；反之则较小。

（3）韧带的多少与强弱。韧带少而弱，关节运动幅度较大；反之则较小。

（4）关节周围的骨结构。关节周围的骨突起小，关节运动幅度较大；骨突起大，则越大幅度较小，如股骨大转子。

（5）关节周围肌肉的体积与肌肉的伸展性。关节周围肌肉的体积小、伸展性好，关节运动幅度就较大；反之则较小。

（6）原动肌的力量与对抗肌的协调放松能力。原动肌的力量大，对抗肌的协调放松能力强，关节运动幅度较大；反之则较小。

以脊柱的运动为例。脊柱作为一个整体，可进行屈、伸、侧屈、旋转、环转运动。在进行屈伸运动时，脊柱的生理弯曲有明显变化。脊柱的运动往往是数个椎骨同时进行的，幅度也是数个椎骨运动的叠加。脊柱的运动幅度受关节突、关节面的方向、椎间盘的厚薄、韧带的松紧度、棘突的长短和方位、相邻的骨连结及肌肉的影响。因而各部的运动幅度也不尽一致。由于颈椎关节突、关节面较水平，因此屈伸范围幅度较大，前屈运动幅度最大，旋转运动范围约90°，比胸上部小，比腰部大。胸部关节突、关节面和棘突的方向均近于冠状位且两侧连结肋骨，因此屈、伸、侧屈运动幅度较小。胸上部的旋转运动较胸下部明显。腰部椎间盘大而厚，关节突、关节面近于矢状位，因此，屈伸运动的幅度较大，旋转和侧屈的运动幅度较小。

此外，年龄、性别、训练水平，以及时间、天气等因素也会对关节运动的幅度有影响。如少儿比成年人大；女生一般比男生大；训练水平高者比训练水平低者大；寒冷和早晚关节运动幅度较小。

关节运动幅度的大小，是肌肉工作能力能否充分发挥的前提之一（人体主要关节运动幅度可参见表3－1）。关节运动幅度大，不仅保证动作的协调性，而且对优美身体形态的形成具有重要的意义，同时还可以防止运动损伤。

表3－1　人体主要关节的运动幅度表

名称	关节运动	运动轴	运动幅度(°)	动作举例
肩关节运动	屈伸	冠状轴	110～140	前后摆臂动作
	外展内收	矢状轴	90～120	飞翔动作
	旋内旋外	垂直轴	90～120	提襟手动作
	环转	多轴	(360)	摇臂动作
肘关节的运动	屈伸	冠状轴	135～140	摊掌动作
	旋前旋后	垂直轴	140～180	翻掌动作
桡腕关节的运动	屈伸	冠状轴	约150	按掌动作
	外展内收	矢状轴	约60	手腕上下提压动作
	环转	多轴	(360)	小五花动作
髋关节的基本运动	屈伸	冠状轴	140	前后踢腿动作
	外展内收	矢状轴	45	侧抬腿动作
	旋内旋外	垂直轴	40～50	芭蕾脚位动作
	环转	多轴	(360)	腿部划圈动作
膝关节的运动	屈伸	冠状轴	130～150	蹲动作
	旋转(屈膝时)	垂直轴	约50	射燕动力腿动作
踝关节的运动	屈伸	冠状轴	50～80	勾、绷脚动作
脊柱的运动			颈部胸部腰部	
	屈伸	冠状轴	130　105	腹背运动
	侧屈	矢状轴	70	体侧运动
	旋转	垂直轴	30　100　35	体转运动
			75　40　5	
	环转	垂直轴	360	腰绕转

（三）运动的动力——骨骼肌

运动系统中叙述的肌肉均属横纹肌，又称骨骼肌。骨骼肌是运动系统的动力部分，它的收缩受人的意志所支配。即肌肉在神经系统支配下牵引附着的骨，使关节产生转动并产生各种形体动作。如果没有骨骼肌的收缩，人体不可能产生任何主动运动。

骨骼肌在人体的分布很广，全身有400～600块肌肉，占人体重量的40%（女性为35%）

左右，四肢肌占全身肌肉总量的80%左右，其中下肢占50%，上肢占30%。

人体各部分由于机能不一，骨骼肌发达程度也不一样。为了保持良好的站立姿势，背部、臀部、大腿前面和小腿后面的肌肉较发达。由于上下肢分工不同，下肢起支撑和位移作用，因而下肢肌肉较粗大，上肢抓握动作多，故上肢肌肉数量多但较细小。同时由于语言、思维和表情活动的发展，呼吸肌、喉肌、舌肌和表情肌的机能也有很大的分化。每块肌肉都是一个器官，主要是由骨骼肌组织构成，还有丰富的血管、神经。肌腹是肌肉的中间部分，是由肌纤维组成。肌腱是肌肉附着于骨骼上的部分，一般位于肌肉的两端，由致密结缔组织组成。人体骨骼肌大体可分为短肌、长肌、阔肌和轮匝肌四类。短肌多位于两个相邻的椎骨之间，它的收缩幅度不大，但收缩强，并能持久。长肌大多呈菱形，中间膨大部分为肌腹，两端缩小，并延伸成腱。有些长肌一端分为两个、三个、四个肌头，这些肌肉分别称为二头肌、三头肌和四头肌。由于长肌纤维的排列多与肌的长轴平行，收缩时肌肉明显缩短，并引起大幅度的运动，因此长肌多分布于四肢。阔肌分布很广并有大量肌纤维，可整体或部分收缩，从而完成多种多样的动作。轮匝肌位于裂孔的周围，肌纤维是环形的，收缩时关闭裂孔。

肌肉物理特性具有伸展性、弹性和防止肌肉快速缩短或拉长的黏滞性。

1. 伸展性和弹性

肌肉在外力的作用下可以被拉长，这种特性叫做伸展性；当外力解除后，被拉长的肌肉又能恢复原状，这就是弹性。肌肉的伸展性和弹性来自肌肉内各种组织结构。弹性有助于肌肉产生更大的收缩力。有针对性地训练可以发展肌肉的伸展性和弹性，这对增大动作的幅度、增强关节的柔韧性、预防肌肉拉伤很有好处。

2. 黏滞性

肌肉的黏滞性是肌肉在收缩和舒张过程中，肌肉组织内部及肌肉与其他组织之间摩擦阻力的外在表现。这种黏滞性会妨碍肌肉的快速收缩。气温、体温低时，黏滞性增大。这是为什么在形体训练中特别强调要充分做好准备活动的原因。

根据人体的骨骼结构和肌肉的生理特性表明，下肢肌在支撑和移动身体以及良好站姿展现方面起着重要的作用。上肢肌是人体器官中最灵活的部分，在形体训练中能加大动作的协调性和灵活性。躯干肌能支持脊柱和胸廓正常运动，并协助内脏器官工作，对上体优美的形态控制起着重要的作用。表情肌收缩可表现各种表情。形体训练增强了关节周围的肌肉力量，加大了关节的稳固性。系统的柔韧练习还可以增大关节囊周围的肌腱、韧带和肌肉的伸展性，从而使形体动作舒展优美。

儿童少年骨骼肌发育尚未健全，肌肉的重量小于成人。肌组织中水分较多，蛋白质较少，肌肉内所含的肌纤维较细，所以肌肉的收缩性和弹性较差。随着年龄的增长，肌肉内的水分逐渐减少，蛋白质、脂肪等相对逐渐增加，肌腱增粗，因此肌肉的收缩性和弹性随之提高，但灵活性和柔韧性降低，在形体训练中需着重注意限制脂肪剩余、堆积，使形态发生变化，同时注意加强灵活性和柔韧性的练习，使身体姿态更舒展大方。

四、解剖学知识在形体训练中的应用

形体训练首先要有一个良好的站立姿态，在正确的站立姿态下，进行擦地、踢腿、蹲、压腿等基本功以及各种组合造型练习，用以观察形体的专门素质是否有所改善和提高。只有专门素质的不断提高，才能较快地调理身体的外形，使之更加优美。

形体的专门素质应该概括为力量、柔韧性、稳定性和控制能力，人体的协调性、灵活性和耐力。

力量是指身体或身体某部分用力的能力，这种能力是人体肌肉收缩或紧张时所表现出来的。有力量则动作控制力强、速度快，易于掌握各种复杂的动作。反之，力量差则腿伸不直、踢不高、支撑能力差、稳定性不强，不能稳健地呈现身体形态。

柔韧性也称软度，柔韧性好动作幅度大，身体的外部形态就舒展优美感人。柔韧性是由人体各个关节的运动幅度大小所决定，对于关节囊紧、关节周围韧带多、肌肉和软组织体积大的不利因素，可以通过基本功的训练获得改进。

力量和柔韧性是最重要的素质，它们涉及其他专门素质的提高。形体训练中的每一个动作，与增强专门素质能力都有密切的关系。常用的训练方法有以下五种。

1. 正确的站立姿势

没有好的站，就没有好的蹲；没有好的蹲，就不会有好的跳，也不可能塑造优美的身体外形。因此，建立起一个良好的站立姿势，仍是形体训练的首要条件。

良好的站立姿势，必然是头部端正，两眼平视，颈、肩放松，挺胸、收腹、双腿伸直，两臂自然下垂。

练习中容易出现的问题如下：

(1)颈、肩紧张。有些学生在训练中，全身各部位都能符合站立姿势的要领，只是不会放松颈和肩。由于人体的脊柱是由 26 块椎骨和 23 个椎间盘组成，它不是一根棍，而是形成几段弯曲。人的颈、头部重量大约 4 ~ 5 千克。梗着颈部，不仅形态不美，还会使头、颈部的重量传至骶骨时，人体容易产生前倾，致使人体重心不易落在支撑腿上。

(2)臀部后撅。正常人站立时，脊柱的骶骨区域是向后突的，在形体训练中，如果忽视收紧腹部肌肉，不论臀部肌肉是否收紧，都会出现不同程度的“撅臀”现象。撅着臀部不仅体形难看，还会增加腰椎的前突，腰椎前突的增加可使体重的传导不经过椎间盘，而经过椎间关节(后关节)，椎间关节是不负重的，经久的负重会引起椎间关节的劳损。因此，形体训练中必须强调收紧腹肌的重要性，用力收紧腹直肌，可使向前下方倾斜的骨盆端立起来，从而促使组成骨盆后壁的骶尾骨向前方弯曲，这样臀部就不会撅起了。要收紧腹肌就不能运用腹式呼吸，多数时间运用胸式呼吸，如此，腹肌才能收紧，人才有提气的感觉。

(3)稳定性差。人喜爱站立时，人体的总重心位置一般是在身体正中面上的第三骶椎前方 7 厘米处，若两脚左右开立或弓箭步，其重心垂直线落在两脚支撑面中间。因而，脚的支撑面积加大，人体的稳定性也愈大；相反，支撑面小，稳度也小。因此，在形体训练中要掌握人体重心的变化规律，并能保持人体的稳定性。

2. 擦地

做擦地练习时，上身要直立，腰背肌、腹肌和臀肌必须收紧。擦地的腿称为运动腿，运动腿可沿前、后、侧方向擦地。不论沿哪个方向擦地，膝关节都必须伸直，脚先从足跟开始并向足趾尖滑动。

正确的擦地动作，能够有效地锻炼到大腿肌肉群，足部的小肌肉群和足部的关节囊韧带、内外侧足弓。同时，小腿前群肌肉主动拉长，小腿后群肌肉主动收缩，末节趾骨端部点地时也能使小腿后部深层肌肉获得训练。这是形体训练不可缺少的基本功。

练习中容易出现的问题如下：

(1)“倒脚”。“倒脚”现象一般指支撑腿的前脚足外翻。在擦地练习时都采用“一位站立”，由于髋关节“不开”或人体重心不合理等原因，会出现“倒脚”现象。长期的“倒脚”擦地，会引起拇指外翻疾患，同时造成小腿外侧丰满隆起，像似“O”形腿。为此，在擦地时，要求两条腿前脚五个脚趾必须紧贴地面。

(2)点地。在擦地过程中，当脚沿着跟骨、跗骨间关节向前滑动时，足跟虽然抬起，前脚底部仍须贴在地上。最后要做到第3~5脚趾末节趾骨端点地，而不是趾甲顶部，更不是屈着末节趾间关节点地。向侧则是第1~5脚趾末节趾骨端点地。向后是第12脚趾末节趾骨端点地。

(3)紧、松结合。擦地练习时，脚有前行和返回两部分，当脚向前滑动时，腿与脚上的肌肉都必须收紧、绷直，而返回时，肌肉则需要逐渐放松。全身各部分肌肉只有收缩、松弛相互结合，才能增加肌肉的弹性，使肌力获得增长。

当运动腿向前、侧、后运动时，其转动轴是沿着髋关节进行的。因此，髋关节周围的有关肌肉和关节囊韧带均得到了锻炼。

向前擦地时，大腿前群肌肉主动收缩，大腿后群肌肉被动拉长。向后擦地，大腿前群肌肉被动拉长，大腿后群肌肉与臀部肌肉主动收缩，拉长了限制大腿后伸的髂股韧带。向侧擦地，一般都在大腿外展、外旋的情况下进行，为此，不仅锻炼了大腿的外展肌与臀肌，还训练了位于骨盆壁上的外旋肌及限制髋关节外旋的趾骨囊韧带。

(4)要重视支撑腿的作用。支撑腿的正确姿势，应该是支撑腿侧的髋关节和与其相应的骨盆保持稳定不动，膝关节伸直，脚可以放置不同的位置，但全脚掌必须紧贴地面，该侧下肢肌肉都处在紧张状态。当下肢固定后，肌肉的长度缩短不太显著，只能产生张力。这种长度没有多大改变而张力增加的收缩，生理学上称为等长收缩。等长收缩属于静力性工作，静力性工作能够较快地增加肌肉力量，由于肌肉工作时所产生的代谢废物排除困难，很容易引起疲劳。因此在练习中两侧下肢应轮换进行。只有坚强有力的主力腿，才能保证人体的稳定性，具有卓越的稳定性，才能做好各种形体动作。

3. 蹲

蹲的练习一般分为半蹲和全蹲。练习时，要求上体保持直立、收腹、收臀、膝关节的中心点对着脚的中脚尖，逐渐屈膝关节直至足跟不离开地面到最大限度为半蹲。继续下蹲，足跟离开地面，大小腿之间的距离最接近时为全蹲。在练习时，腿部应该具备有一种内在的对抗性力量，下蹲时，腿本身不愿意弯曲，但有一股力量强迫往下蹲。立起时，上身好像压着一付重担，腿部要用很大的力量才能推起来。

蹲的训练主要是围绕膝关节运动，下蹲时，大腿前群肌肉、小腿后群肌肉必然拉长。肌肉是富有弹性的，类似橡皮筋一样。拉得长能够弹得远，但是张力大比张力小的皮筋，使用的力量也要大、弹得也更远。所谓内在的对抗性力量，就是在下蹲过程中，腿部肌肉要主动收紧，而不是处在自然状态下拉长。

4. 踢腿

踢腿训练是在擦地的基础上进一步围绕髋关节的一种运动。目的是锻炼腿部力量、速度、髋关节的柔韧性和控制能力。因此是很重要的训练方法之一。

踢腿练习主要有正踢腿、侧踢腿和后踢腿。

(1)正踢腿

支撑腿充分伸直，挺胸、收腹、收臀，脚有稳定的支撑。运动腿绷脚面对着相应的眉梢向前踢，主要是屈髋关节肌肉用力。因此，髂腰肌、股直肌、缝匠肌、阔筋膜张肌和趾骨肌得到了锻炼。

要注意的是，在正踢腿时大腿前群肌肉主动收缩，位于大腿后面的对抗肌肉没有活动开或者准备不够时，放松能力会变得缓慢和不完全，直接影响动作的力量、灵活性、准确性和协调性。同时主动肌收缩的力量和活动时的动量，对不协调的对抗肌群必然产生过度的牵张，结果导致后群肌肉附着点的肌腱被拉伤。

为了防止上述伤害，首先要做好准备活动，将肌肉活动开，使支配肌肉活动的神经血管处于适宜的工作状态。这样，做踢腿时，就能改善对抗肌的协调用力，既增强了肌肉力量和关节的柔韧性，也防止拉伤。

(2)侧踢腿

单手扶把，运动腿向侧(外展)踢起。侧踢腿可发展臀大肌上部、臀中肌、臀小肌的能力，并能拉张限制大腿外展、外旋的趾骨囊韧带。

应注意在侧踢腿练习时，人的骨盆必然向对侧倾斜。为了控制重心的变化，需要调整脊柱腰段的侧弯，使人体总重心能尽量靠近该侧髋关节，这样能削弱髋部及其肌肉上的负荷量。

(3)后踢腿

单手扶把，运动腿向前绷脚面点地，在上身保持正直的状态下，向后方踢起。后踢腿是绕着髋关节转动轴使大腿伸展，发展臀大肌、股二头肌、半膜肌、半腱肌和大收肌的力量，并能拉张限制大腿后伸的髂股韧带。

大腿后伸的程度是有限的，一般只有15°~20°，但是向后踢腿就能达到90°，这是依靠腰骶部的补偿运动才能达到，这样便要增加腰骶部的负荷量，容易引起损伤；如果先将大腿外旋，再后踢，腰骶部承受的负荷量会有所减轻，限制大腿后伸的髂股韧带相对延长，腿不仅踢得高，也不至于伤腰。

5. 压腿、控腿(扶把练习)

人体端正直立，将运动腿置于把杆上，支撑腿伸直，重心在支撑腿上。它能训练髋关节的柔韧性，增强髋关节周围肌肉的控制能力和有效地掌握人体平衡。压腿时，人体向前压运动腿，增加髋关节柔韧性，同时也锻炼了位于脊柱两侧的肌肉和腰骶部的灵活性。

(1)正压腿、控腿

将运动腿足跟部放到把杆上，髋关节保持前屈90°左右，在足与髋关节两端固定的条件下，重力(压腿时包括上身的重量)必然集中在运动腿中间和方向朝下的膝关节上。由于青少年的生理特点，构成关节的骺软骨尚未骨化，关节的活动度有一定的可塑性，这时由于要求膝关节必须尽量伸直，而伸直的膝关节易于导致小腿轻微的向后滑动。在重力、关节活动可塑性和小腿向后滑动三种因素影响下，能够引起小腿暂时性的过度后伸。

(2)侧压腿、控腿

侧压腿、控腿能有效地锻炼髋关节外展的肌肉，既臀中肌、臀小肌和梨状肌的能力，并能拉长耻骨囊韧带。这些肌肉、韧带的增强，有利于髋关节的外展、外旋。侧压和控腿还能练习同一侧的腰、腹肌的力量及腰椎向两侧调节的功能；良好的腰椎调节功能，是塑造优美形态不可缺少的条件。

(3)后压腿、控腿

后压腿、控腿即髋关节后伸，一般人的运动幅度只能达到15°～20°，因为它受到坚固的髋股韧带的限制。但在青少年时期能够拉长这条韧带，同时锻炼了腰背肌力量。

第二节　形体训练的体育测量

在参加形体训练前，将自身的健康状况，生长发育的形态指标记录在卡片上(表3－2)。也就是将自己的身体形态、结构、机能、素质和健康状况等等，一系列各种属性或其特征做一种定性化和定量化的检查与评价。经过一段时间后，再测量上述指标，把测量的结果与锻炼前相比较，评定训练的效果，有的放矢地进行训练，并随时修订自己的训练计划，从而达到理想的锻炼效果，使自身的形体更加健美。在操作过程中务必做到测定方法统一，条件相同，力求准确无误，随时进行对比检查与评价。

表3－2　　**指标测量登记卡**

脉搏				
血压				
肺活量				
身高				
体重				
颈围				
肩宽				
胸围				
腰围				
臀围				
大腿围				
小腿围				
踝围				
大臂围				
前臂围				
手腕围				
上下身比例				

一、测量的内容

1. 身体健康状况

通常测量脉搏、血压和肺活量。

2. 身体姿势检查

直立姿势检查、脊柱形状检查、腿形检查。

3. 体型指标测量

体型指标测量的内容和顺序如下：身高、体重、颈围、肩宽、胸围、腰围、臀围、大腿围、小腿围、踝围、大臂围、前臂围、手腕围、上下身比例。

4. 身体成分测量(人体脂肪多少测量)

5. 身体素质测评

6. 人体体型测量

7. 机能状态自检

二、测量的方法

1. 身体健康状况

(1)脉搏测量法

脉搏是指动脉的搏动。脉搏频率，简称心率。测心率是评价心血管功能的一项重要指标。测量时，被测者坐着或平躺着，测量者以食指、中指和无名指的指端按住被测者腕部的桡动脉，以 10 秒钟为单位，连续测三个 10 秒钟，取平均值。运动时的脉搏(方法同安静时测量)则在运动结束后马上以 10 秒钟为单位，连续测 3 次，取平均值再乘以 6，即为每分钟脉搏次数。

在正常情况下，成年人安静时每分钟脉搏为 70 次左右(60 ~ 80 次/分钟)，通过长期的训练，也有安静时心率在 60 次/分钟以下的。这说明是心脏机能加强和提高的表现，也是心脏能量节省化和健康状况良好的标志。

(2)血压

血压是指心脏排出的血液在血管内流动时，对血管壁产生的压力，收缩时压力的最高值为收缩压，也叫高压;舒张时压力的最低值为舒张压，也叫低压。正常测量时要先静坐 10 分钟，正常人收缩压为 100 ~ 120 毫米汞柱，舒张压为 60 ~ 80 毫米汞柱。记录为收缩压、舒张压毫米汞柱(mmHg)。血压的高低不仅与心脏收缩力、心搏出量、外周血管阻力及血液黏滞度等因素有关，而且还与年龄有关。随着年龄的增长，血管壁的弹性下降，硬度增加。所以老年人的血压都比较高，一般收缩压为 95 ~ 160 毫米汞柱。

(3)肺活量的测量

人体尽全力吸气后，再尽全力呼出的气体总量，称为肺活量。肺活量可以用肺活量计测试。测量前先做 1 ~ 2 次深呼吸，然后尽量吸气再尽量呼气。在呼气时不能做任何附加动作，再一次呼吸，共测 3 次，取其中的一次最大值。成年人的肺活量一般为 3500 毫升。

2. 身体姿势的检查

优美的人体姿势给人带来美的享受，也能体现自身的魅力。但是在我们的日常生活中，鸡胸、驼背、挺肚、塌腰、“O”型腿、“X”型腿等，不正确的身体姿势大有人在，这类人不仅失去了人体的美感，还会影响骨骼的发育，影响心血管、呼吸、消化系统的正常功能，损害健康。身体姿势是由身体各部分相互间的位置决定的，它反映各种组织结构间的力学关系。正确的姿势不仅能表现出健康的精神面貌，优美的身体曲线，更重要的是它使身体各部分的空间位置处于最佳的省力状态，从而减轻肌肉韧带的紧张，减少疲劳。因此，在进行形体训练前，做必要的自我姿势检查，便于制定训练计划和有针对性地安排矫正方法，及时矫正。

(1)直立姿势检查

正确而优美的直立姿势应为：头正、颈直、开肩，上体自然挺拔，腰直微收小腹，两臂自然放松，腿自然伸直，重心在双脚上。

在对直立姿势进行检查时，要从两个方面进行观察，即从背后看，头、颈、脊柱和两足跟立在一条垂直线上，两肩的高度和两髋的高度都应当一致；从侧面看，头顶、耳前、肩、髋、膝外侧、外踝尖各点应在同一垂直线上，若发现有不符合上述标准时，说明姿势有缺陷，应及时矫正。

(2)脊柱形状检查

身体直立时，从背面看，脊柱应当是笔直的；从侧面看，脊柱外形呈四个生理弯曲，即颈段向前弯、胸段向后弯、腰段向前弯、骶段向后弯。如果从背面看脊柱不是笔直的，或从侧面看，颈、腰段弯曲过深或过浅，都属异常。脊柱若有异常弯曲，就必然影响直立姿势。

哪些情况易使脊柱形状异常呢？第一，脊椎骨发生病变损害，如脊柱结核、佝偻病、关节炎、小儿麻痹等疾病都会引起脊柱变形。第二，平时不良的坐姿、站姿、工作姿势等使背部肌肉用力不平衡，迫使身体长期处于某种特殊姿势。如很多学生习惯伏在桌上书写，成人长期伏案工作，经常从事弯腰工作等，都容易使脊柱的生理弯曲发生异常改变，而影响人体的自然美，影响身体发育和健康。

①脊柱前后弯曲的检查

脊柱前后弯曲的检查主要是测脊柱生理弯曲的颈弯和腰弯的深度。检查时脱去上衣，背靠一个宽约 5 ~ 10 厘米的立柱或背靠墙站立，头部保持正直，两眼平视前方，两肩胛骨间，骶部和足跟紧贴立柱或墙。检查者站在侧方，用直尺测量颈弯和腰弯距立柱或墙的距离。正常情况下，颈弯和腰弯的深度约在 3 ~ 5 厘米范围内(颈弯 3 ~ 4 厘米，腰弯 2 ~ 2.5 厘米)。也可用手指估测正常颈弯约 3 横指，腰弯约 2 横指。

由于脊柱前后弯曲的变化，在外观上可改变头颈与躯干相互间的位置，而形成不同的背形，即我们通常所说的驼背、直背、鞍背。通过测量检查就可判断背的形状。

正常背：颈弯和腰弯的深度在正常范围。

驼背：胸段后弯深度加大，似驼峰，腰弯小于 2 ~ 3 厘米。

直背：胸弯和腰弯均减小，背部平直。

鞍背：腰弯大于 5 厘米以上，形似马鞍。

②脊柱侧弯的检查

脊柱侧弯的检查主要测后背脊柱是否垂直。通常用两种方法：

第一种方法：重锤法。准备时，衣着短裤，赤背，用一根细绳的一端固定在头顶正中，另一端系一重锤自然下垂，以此检查侧弯的方向和弯曲的程度。检查时，首先目测重锤的细绳与脊柱是否保持一致，有无偏移现象。若有单纯向左或向右偏移，称为“C”型弯曲，若脊柱上段向左，下段向右，或正好相反，则称为“S”型弯曲。“C”和“S”型弯曲都属于异常脊柱。

当目测出有“C”型和“S”型弯曲时，就要进一步测量弯曲偏离的程度。偏离细绳不足1厘米者，不属侧弯，偏离1.1~2厘米为1度侧弯，偏离2厘米以上为2度侧变，偏离达5厘米以上为3度侧弯。最后根据侧弯是否可逆(可恢复正常)来判断侧弯性质。若尽力做体前屈，侧弯消失，则为习惯性侧弯，即1度侧弯;若不消失则为固定性侧弯，即2度侧弯。1度侧弯可以通过矫正体操进行矫正。

第二种方法:指压法。指压法是一种检查脊柱胸腰段有无侧弯的简便方法。检查时稍弓背坐好，另一人用一手拇指沿脊柱正中用力由上至下压，在背部留下一道红印，正常脊柱红印呈直线，脊柱侧弯则红印呈曲线，这样就可以判断是否正常。

(3)腿形检查

腿形是人体美的一部分，优美的腿形能表现出挺拔的姿态。

腿形的形成与幼年时骨骼生长发育有密切关系。长期过度不良的姿势和动作也会影响自己腿的形状。

在对腿形进行检查时，先两腿并拢直立(不可用力并腿)，然后根据两足跟或两膝之间的距离来判断腿的形状。

正常腿形:站立时，两足跟和两膝均能靠拢。

“O”型腿:两足跟并拢时两膝不能靠拢，且相距超过1.5厘米以上。

“X”型腿:两腿并拢时两足跟不能靠拢，且相距超过1.5厘米以上。

“D”型和“K”型腿，一侧膝正常，另一侧膝内翻为“D”，外翻为“K”型腿。

3.体型指标测量

体型指标的测量也就是对人体外部形态的测量，包括体重身高和围度。这些测量虽然简单，但只有科学的测量才能客观地反映人体的生长发育状况和体质水平，才能正确评价出形体训练的效果。值得注意的是，要熟悉测量方法;肢体围度测量要以测右侧为准。

(1)身高

将身高计放置于平坦的地面。测量身高时，受测者要赤脚，背靠立柱，成立正姿势，颈部、躯干、胯部和膝关节要充分伸直，脚跟并拢，两臂自然下垂。测试者站在受测者侧面，将水平板轻轻沿着柱下滑，当水平接触到受测者头顶时，水平板所指的刻度，即为身高。

(2)体重

测量体重时，要求受测者脱鞋，尽量穿单薄的衣裤，自然站立在体重计或磅秤的中央，身体要保持平衡，指针所指的刻度即为体重值。

(3)颈围

测量颈围时，受测者自然站立，两臂下垂，保持正常呼吸，头正直，颈部放松。测试者用软皮尺围绕受测者颈部的中间部分，即可得出颈部的围度。

(4)肩宽

测量肩宽时，受测者成直立姿势，上体保持正直，两臂自然下垂，不要挺胸或含胸，也不要耸肩或垂肩，用软皮尺测量两肩峰之间的距离。

(5)胸围

测量胸围时，受测者两脚左右分开与肩同宽，上体正直，两臂自然下垂保持自然呼吸。测试者面对受试者，将软皮尺围绕背部两肩胛骨下角线经腋下至胸前乳头上方第四肋骨处，即可测量出胸的围度，这称之为常态胸围。常态胸围测完后，挺胸站立，两手叉腰，两肘稍向前，背阔肌向两侧展开，同时吸气将胸廓隆起，当吸气达到最大程度时，测试者将软皮尺围绕背部两肩胛骨下角线经腋下至胸前乳头上方第四肋骨处，即可测出胸的最大围度。然后受试者将肺内气体全部完全排出，测试者将软皮尺围绕背部两肩胛骨下角线经腋下至胸前乳头上方第四肋骨处，即可得出胸的最小围度，也叫呼气时的围度。

(6)腰围

在测量腰围时，受测者两脚左右分开与肩同宽，上体保持正直，两臂下垂，自然呼吸。测试者将软皮尺围绕受测者肚脐和骨盆上沿，测出腰的围度。

(7)臀围

测量臀围时，受测者两腿并拢站立，上体保持正直，两臂自然下垂，测试者用软皮尺沿体前耻骨联合处平行于臀的最大部位量起，测出臀围。

(8)大腿围

测量大腿围时，受测者两腿左右分开与肩同宽，两臂自然下垂，上体保持正直，体重均匀地落在两脚上。测试者用软皮尺沿大腿的上沿与臀折线齐平环绕量起，测出大腿的围度。

(9)小腿围

测量小腿围时，受测者两腿分开与肩同宽自然站立，上体保持正直，两臂下垂，体重均匀地落在两脚上。测试者用软皮尺沿小腿的最大部位平行量起，测出小腿的围度。

(10)踝围

测量踝围时，受测者两腿分开与肩同宽自然站立，身体的重心落在两脚之间，测试者用软皮尺沿足颈的最细部位量起，测量出踝的围度。

(11)大臂围

测量大臂围时，受测者两臂自然下垂，然后，测试者将软皮尺沿肩关节与肘关节之间的最粗部位量起，测出大臂的围度。

(12)前臂围

测量前臂围时，受测者两臂自然下垂，然后，测试者将软皮尺沿前臂的最粗部位平行量起，得出前臂的围度。

(13)手腕围

测量手腕围时，受测者两臂自然下垂，测试者将软皮尺沿手腕最细部位量起，得出手腕的围度。

(14)上、下身的比例

测量上、下身的比例时，受测者要赤脚，背靠身高计的立柱，成立正姿势，颈部、胯部和腰关节充分伸直，脚跟并拢，两臂自然下垂。测试者将软皮尺上端齐平于身高计的横板分别记录在横板至肚脐，肚脐至踏板的长度，得出上、下身的比例。

4. 身体成分的测量

每一个人的体重都包括脂肪、骨骼、内脏的重量，而可变性最大的是脂肪和肌肉两部分。同样年龄、性别、身高、体重的人，脂肪和肌肉含量不一定相同。因此，通过间接测量身体的脂肪占体重的百分比(体脂百分比)和脂肪重量，对研究体重是否超标等都很重要。

身体成分的测量方法非常简单，只需测量一下腰围就可以算出身体成分。

步骤：

(1)测腰围

(2)计算腹部的皮脂厚度

腹部皮脂厚度=0.91×腰围-52.62

(3)计算身体密度

身体密度(男)=1.0863-0.00176×腹部皮脂厚

身体密度(女)=1.0709-0.00105×腹部皮脂厚

(4)计算体脂百分比

体脂百分比(%)=(4.570/身体密度-4.142)×100

(5)计算体脂重

体脂重=体重×体脂百分比

还可用测皮脂厚度的方法直接测出腹部的皮脂度，再代入上述公式计算。根据计算的体脂百分比来分析人体的肥胖程度。人体各种身体状态下的体脂百分比(表3-3)。

表3-3　各种身体状态下的体脂百分比(%)

身体状态	男	女
必需脂肪量	0~5	0~8
最少脂肪量	5	15
运动员	5~13	12~22
最佳健康状况	10~25	18~30
最佳体力状态	12~18	16~25
肥胖	>25	>30

5.人体体型的测量

体型是制定形体训练计划的重要参考依据，不同的体型，训练计划内容不尽相同。肥胖体型的人以减肥为主，瘦弱体型的人以强身塑体为重点。因此对体型进行测量，了解体型的类型有利于针对性地进行训练，以获得满意的效果。

体型是身体的外部形态。骨骼构成了体型的支架，决定着人体的高矮和各部分的长短、宽窄;肌肉的发达程度和皮下脂肪的多少构成了人体的外部轮廓。所以，我们通常所说一个人的体型匀称或不匀称，修长或矮胖，苗条或粗壮等，都是根据人体各部分骨骼的比例大小、肌肉的发达程度和皮下脂肪的堆积程度作出判断的。

(1)你属于什么体型

对这个问题很多人都难以回答，如何才能知道自己的体型呢?

首先，要了解体型所包含的基本成分。

第一种成分:反映脂肪含量多少;

第二种成分:反映肌肉发达程度;

第三种成分:反映骨骼发育程度。

每个人由于这三种成分的分配含量不同，因此形成了各种体型。不同的体型各成分所占的优势不同。肥胖体型的脂肪堆积多，即第一成分占优势;身材高大，骨骼粗壮，肌肉发达的体型其第二成分和第三成分占优势;瘦高的人即第三成分占优势。

其次，用科学的测量评价方法分析自身的体型。可分为以下步骤:

①体格测量

身高：如前。

体重：如前。

皮脂厚度：测量上臂部、肩胛部、髂部的皮脂厚度。测上臂部：右臂自然下垂，在肩与肘后连线中点垂直捏起皮褶；肩胛部：肩胛下角点约 1 厘米处，皮褶方向向外下方与脊柱成 45°的角；髂部（髋部）：在髋部上方脐水平线与腋中线交界处，稍斜前捏起皮褶。

围度：测上臂围、小腿围，方法如前。

骨径：用弯脚规测量。

股骨径：大腿骨远端内外侧之间的距离。

肱骨径：上臂骨远端内外侧之间的距离。

②查表 3－4 求各成分分值

表 3－4　　简化“希思—卡特”评分表

分值	第一成分		第二成分				第三成分
	皮褶厚度总和（mm）	身高（cm）	骨径（cm）		肌围（cm）		身高（cm）
			肱骨	股骨	三头肌	腓肠肌	
－1	141.61	5.265	7.515	24.05	28.10		
－0.5	145.42	5.415	7.725	24.70	28.90		
0	149.23	5.565	7.925	25.35	29.70		
0.5	10.95	153.06	5.710	8.140	26.00	30.15	39.671
1	14.95	156.85	5.855	8.345	26.65	31.20	40.762
1.5	18.95	160.66	6.000	8.535	27.35	32.00	41.456
2	22.95	164.47	6.145	8.745	28.00	32.80	42.151
2.5	26.95	168.08	6.295	8.975	28.65	33.85	42.845
3	31.5	172.09	6.440	9.180	29.35	34.30	43.507
3.5	35.84	175.90	6.580	9.385	30.00	35.10	44.01
4	42.75	179.71	6.725	9.595	30.65	35.90	44.863
4.5	46.25	183.51	6.875	9.805	30.30	36.70	45.557
5	52.25	187.33	7.020	10.015	31.90	37.45	46.252
5.5	58.75	191.14	7.165	10.225	32.60	38.20	46.946
6	65.75	194.95	7.285	10.430	33.30	39.00	47.608
6.5	73.25	198.76	7.430	10.635	33.95	39.80	48.269
7	81.25	202.57	7.600	10.845	34.65	40.60	48.964
7.5	89.75	206.38	7.745	11.055	35.30	41.40	19.658
8	89.95	210.19	7.895	11.265	35.95	42.0	
8.5	108.95	213.99	8.040	11.475	36.70	43.00	52.352
9	110.75	217.81	8.180	11.685	37.45	43.80	51.014
9.5	131.25	220.98	8.325	11.895	38.15	44.60	
10	143.75	225.43	8.475	12.105	38.90	45.40	
10.5	157.25						
11	171.95						

查表方法:按表上横排上方所列的三种成分，在表内找出每一种成分的测量值，然后在第一个大于测量值向左对应的分值，即为该成分的分值。

例:某人测量结果为

身高(cm):170.4

体重(kg):66.6

皮脂厚度(mm):上臂部13.0，肩胛部15.3，髂部9.9

围度(cm):上臂围31.7，小腿围34.1

骨径(cm):肱骨径6.84，胫骨径9.27

三种成分的分值为

第一成分分值:

将所测三个部位皮脂厚度相加，即13+15.3+9.9=38.2mm，查表，第一个大于38.2mm的值是42.75，42.75对应分值为4，则第一成分分值为4分。

第二成分分值:

身高:第一个大于身高测量值为170.4厘米的172.0厘米，其对应分值为3.5分。

骨径:按同样方法，肱骨径分值为4.5分，股骨径分值为3.5分。

围度:上臂围分值为5分，小腿围分值为3分。将骨径、围度4个分值相加除以2，再减身高为第二成分分值，即(4.5+3.5+5+3)÷2-3=5，则第二成分分值为5分。

第三成分分值:

根据公式:身高/体重=170.4÷66.6=42.04，查表得2分，则第三成分分值为1分。

把三种成分的分值按第一成分—第二成分—第三成分的顺序表示，即4-5-2(称为三联数)，分值越大，表明此人体型以该分值成分为主。如本例是第二成分量最大，其次是第一成分，说明体型是第二成分为主，第一成分为次，即肌肉发达，脂肪也较多。若三种成分都比较接近，说明体型匀称。

这种体型测量方法虽然较复杂，但却很客观，较能真实地反映体内肌肉、骨骼、脂肪的分布情况，从三联数可直观地了解被测者是什么体型。

(2)怎样判断体型健美

美是一种恰到好处的协调和适中。健美的体型应该是健康的美，健与美是相辅相成的，健是美的物质基地，美是健的客观反应。健美的体型还应该是身体各部分之间的比例协调、匀称。因此，对于每个人而言，只要本人的身高或其他长度指标与各部位的围度、宽度、厚度之间的比例恰当，并且身体健康，就可谓健美体型。

女性的健美体型与男性的健美体型标准不同。具体地说，女性美离不开女性的特征——丰满而富有弹性的乳房、适度的腰围、结实的臀部以及健美的大腿等，这是体现女性特有曲线美的重要部分;男性的美离不开肌肉强壮、粗大及男性的倒三角体型。

判断健美体型可以用下面两种方法:

①把形态测量的数据(长度、围度等)按比例关系计算，就可判断体型是否健美。

A.(坐高/身高)×100。把自己的测量值代入公式，值越大，说明躯干相对较长;值越小，说明躯干相对较短。从人体美的角度，躯干较下肢短是比较理想的。一般值在52以下为短躯干型，在54以上为长躯干型。

B.（胸围/身高）×100。反映胸部或上体发育程度，是人体的横径与纵径之比，值越大，说明横径相对纵径大，反之则小。

C.（胸围/臀围）×100。反映胸部与臀部的比例关系，健美体型应该是男性的值越大说明越健壮，显示男性的倒三角体型美。女性的值在100左右表明胸围和臀围的比例匀称

D.（胸围/身高）×100。反映腰部的相对粗细。值越大说明腰部的脂肪越多。

E.（体重/身高）×100。反映人体的胖瘦。

F.（大腿围/身高）×100。反映大腿相对粗细。

G.（小腿围/身高）×100。反映小腿相对粗细。

②根据人体健美的比例标准，以身高为参照，把其他测量值与身高的比例作为标准，判断自己的体型是否符合标准。

男子：

体重：每厘米身高为0.334公斤

胸围：身高的48.5%

腰围：身高的39.5%

臀围：身高的50.6%

女子：

体重：每厘米身高为0.326公斤

胸围：身高的49.2%

腰围：身高的42.1%

臀围：身高的56.5%

例如，某女性身高165厘米，则健美体型的标准应达：

体重：166×0.326=54公斤

胸围：166×49.2%=82厘米

腰围：166×42.1%=70厘米

臀围：166×56.5%=93厘米

以上两种判断健美体型的方法，在实际应用时，可综合应用，避免单一数据得出片面的结论。

6.身体素质测评

所谓身体健康，是指人体的基本活动能力，它是人体各器官系统的机能在肌肉工作中的反映。人们把人体机能在肌肉工作中反映出来的力量、速度、耐久力、灵敏性、柔韧性、协调性和平衡性等能力统称为身体素质。运动能力是指人体运动中掌握并有效地完成专门动作的能力，这种能力体现在大脑皮层主导下的不同肌肉，如主动肌、对抗肌、协同肌和固定肌的协调性。

身体素质和运动能力经常潜在地表现在人们的日常生活、学习和劳动中，自然地表现在体育锻炼上，它是人身体素质好坏的标志。一般来说，运动能力强的人身体素质也好。另外，身体素质好的人，运动能力也比较容易提高，两者相辅相成，相互影响。研究证明，身体素质的好坏与遗传有关。另外，它又具有明显的可塑性，即与后天的体育锻炼和营养有着更密切的关系。

体育运动发现，人类的身体素质和运动能力的发展具有年龄变化的规律和特点。

（1）力量素质

力量素质与肌肉的发育相一致。它发展较晚，在青春期后期力量素质能达到较高水平，并能持续到35岁左右。其中，立定跳远代表速度力量，男性速度力量自然增长最快，在12～15岁之间，女性在10～13岁之间，男性17岁以后，女性15岁以后趋于稳定。背力，代表相对力量，其自然增长的最快速度，男性在12～15岁，女性在11～14岁，共增长22.5%。推力，男、女在12～15岁之间增长最快，共增长42.5%。体育锻炼的后天改造最大的就是力量，其中又以绝对力量的改变最大，而相对力量、速度力量就比绝对力量的后天可塑百分率低得多。

（2）速度素质

其能力与神经系统的反应速度、灵敏、协调，以及肌肉系统、肌纤维类型有关。其中，反应速度男女儿童增长最快均在9～14岁之间，16岁后趋于稳定。动作频率的步频对各年龄组来说相对稳定，30米跑运动成绩自然增长男性在14岁时就超过90%，女性在12岁时就达94.6%，男性增长最快在12～15岁，女性最快在11～13岁。由于速度素质受先天性遗传影响较大，后天的改造与提高幅度较小，增长百分率较低。

（3）耐力素质

耐力项目最高水平的表现在24～30岁左右可能定型。但耐力水平的奠定时机仍在青春发育期，特别是自然增长最快的阶段，男性在12～16岁，女性在11～13岁，18～19岁自然增长趋向稳定。所以说，耐力在青春期充分发展的基础上，男性还有近7%，女性还有10%的提高潜力。

（4）灵敏性素质

研究表明，灵敏性素质在儿童期发展较快，特别是7～9岁阶段发展最快，男、女均在19岁左右达到最高水平。

（5）柔韧性素质

儿童期柔韧性最好，骨骼的弹性好，可塑性强，关节韧带的伸展度大。如果从儿童就开始重视柔韧性练习，对提高柔韧性素质更有成效。11岁左右柔韧性素质的发展速度减慢，18～20岁左右停止。女性的柔韧性要比男性好些。

由此可见，我们完全可以根据不同的年龄对象，测试与评价他们的身体素质，并根据身体素质指标的遗传度，即它们后天健身运动的可塑性，抓住其快速增长期，提高人体的身体素质水平。人体体质的好坏，其根本在于身体素质的能力高低。因此，提高了人体的素质水平也就发展并提高了体质，可见积极有效地提高身体素质是强体健身的关键。

7. 机能状态自检

通过一段时间的锻炼，你肯定想知道自己的身体素质和机能是否提高了？下面介绍一种在日本非常盛行的衡量身体素质的测验方法。

（1）平衡性（计15分）

要求：双手叉腰，闭目站立，抬高一条腿，站立30秒，不能移动位置，或明显摇摆晃动。再另换一条腿测验。

（2）敏捷性（计10分）

要求：坐在椅子上，双手叉腰，用脚尖的大拇趾触地，在10秒钟内使两腿张开闭合20次。

(3)柔软性(两套动作各得10分)

要求:体前屈动作,双手必须伸到脚面以下16厘米;后背接手动作,必须以大拇指相接。

(4)爆发力(计15发)

要求:原地并足跳远,男子为200厘米;女子为150厘米。要求有下蹲摆臂动作,达到要求即可得分。

(5)持久力(计10分)

要求:捏鼻屏息,男子46秒,女子为30秒,达到要求即可得分。

(6)肌力(三套动作各得10分)

要求:俯卧撑,男子为18次,女子为10次;腹肌运动,男子为30次,女子为20次;握力,使用握力器,男子左手为45公斤,右手为52公斤,女子左手为38公斤,右手为45公斤,达到要求即可得分。

第四章 运动营养与健康减肥

第一节 营养

随着经济的发展和社会的进步，人们对食物营养与健康备加关注，膳食结构也正从温饱型向营养型转变。合理的营养是人类充分发挥其社会活动能力、智力和身体潜能的先决条件。营养学具有很强的科学性、社会性和易用性，是一门与国计民生关系密切的重要学科。

1. 营养学

营养学是一门研究食物、营养、人体、环境关系的综合学科，是研究膳食、营养与人体健康关系的科学。具体而言，是研究人体对食物的利用与代谢规律及科学确定人体对营养素需要量的科学。营养学根据研究内容和目的又可分为基础营养学和应用营养学。基础营养学主要研究人体的新陈代谢、不同营养素的生理功能、新陈代谢中营养素的相互关系和人体对营养素的需要量。应用营养学则主要研究人体在不同生理情况下对营养素的要求。

2. 营养

营养是指人体消化、吸收、利用食物或营养素的过程，也是人类通过摄取食物以满足机体生理需要和从事各种活动需要的生物学过程。营养不仅仅是维持人体生命的先决条件，也是保证身心健康的物质基础，更是人体康复的重要条件。

3. 营养素

营养素是食物中所含有的能维持人体正常生理功能、生命活动和生长发育的物质。目前已知有 40 ~45 种人体必需的营养素存在于各类食品中。一般将营养素分为六大类，分别为蛋白质、脂肪、碳水化合物、矿物质、维生素和水。近年来，发现膳食纤维也是维持人体健康必不可少的物质，是航天食品的必要成分，可算为第七类营养素。

4. 食物

食物可视为营养素的载体，是维持生命和保证健康的物质基础，是人从事各种体力活动和脑力活动的保障。食物中含有丰富的营养素和能量，使人享受美味的同时还能调节人体新陈代谢、增强防御疾病的能力、促进健康。

5. 药物

药物是一种能影响机体生理、生化和病理过程，用以预防、诊断、治疗疾病和计划生育的化学物质。它同食物一样可食用，但药物主要起治疗作用，无营养作用，通常还有副作用。

6. 膳食

膳食可视为含有多种营养素的多种食物的混合体，即人们的日常饮食，如每天食用的三餐。膳食类型与民族、地区、信仰和经济水平等因素有关，如中餐、西餐、素食等。膳食与人体健康有着密切的关系:符合合理营养要求的膳食一般称为平衡膳食，是促进健康的根本保证，有利于改善代谢、消除病因、缩短病程、进行综合治疗；不符合合理营养要求的膳食一般称为不平衡膳食，它不仅降低生活质量和人体抵抗力，而且会引起、加重疾病。

7. 能量

能量也称为热能或热量，是人类赖以生存的基础。人体所需要的能量通常主要由食物来供给。食物中除了碳水化合物、脂肪、蛋白质三种营养素能够在人体内产生能量，就只有酒中含有的乙醇才能提供热能。如果人体摄入能量不足，会导致身体机能下降，影响健康，引发疾病，甚至缩短寿命；如果摄入能量过剩，则会导致脂肪堆积，形成肥胖。所以，能量的供需平衡是营养学最基本的问题。

第二节 人体所需的营养素

我国古代就提出“五谷为养、五果为助、五畜为益、五菜为充”，这充分体现出饮食的多样性。通过科学饮食、合理搭配，全面均衡地补充营养素，不仅能使营养平衡，而且还能达到预防慢性疾病的目的。

1. 蛋白质

蛋白质(Protein)一词来源于希腊语，意思是“第一”或“最重要的”。蛋白质是一切细胞组织的物质基础，一切生命的产生、生存和死亡都与蛋白质有关。没有蛋白质就没有生命。蛋白质是一种化学结构非常复杂的有机化合物，基本成分是碳、氢、氧、氮四种元素。其生理功能是:①构成人体组织成分，修补组织;②调节体液渗透压和维持酸碱平衡;③构成生理活性物质;④供给能量;⑤维持皮肤的弹性和韧性。

蛋白质缺乏和蛋白质过剩都是蛋白质营养失调，对人体健康都有不良影响。由此可见，蛋白质对人体是非常重要的。

一般而言，奶、蛋、坚果、肉类、大豆中蛋白质含量较高，谷类食物含量适中，蔬菜、水果中含量较低。

2. 脂类

脂类也称脂质，是一大类有机化合物，是脂肪和类脂的总称。其中脂肪又名中性脂肪，是人体重要的供能营养素，也是体内主要的储能物质;脂类是高能量物质，是细胞的构成原料，摄入过多容易导致超重和肥胖，从而引起其他疾病。由于膳食脂类中所含的大部分是中性脂肪，类脂较少，所以常将中性脂肪和类脂统称为脂肪。

脂类的主要生理功能有:①储存及提供能量;②构成组织细胞，合成重要的生理物质;③提供必需的脂肪酸，促进脂溶性维生素的吸收;④维持体温，保护脏器;⑤内分泌作用。

在膳食中，脂肪主要来源于动物的脂肪组织、肉类，以及植物的种子，如牛油、鱼油、菜油、猪肉、蛋黄、内脏、花生、大豆、芝麻等。随着年龄的增大，动物油和内脏的摄入量应该减少，因为高饱和脂肪酸和高胆固醇是诱发冠心病、高血脂、脂肪肝的因素之一。

3. 碳水化合物

碳水化合物也称糖类、碳水化物，是由碳、氢、氧三种元素组成的一大类化合物，是为人体提供热能的三种主要的营养素中最廉价的营养素。碳水化合物有四个化学类别，即单糖、双糖、寡糖和多糖；有三种存在形式，即葡萄糖、糖原和含糖复合物。

碳水化合物的主要功能有：①提供能量；②构成机体组织；③抗生酮作用；④增强肝脏的解毒能力；⑤节约蛋白质作用；⑥膳食纤维的生理功能。膳食中碳水化合物的种类和比例可能与冠心病、糖尿病、肿瘤等发病率有密切关系。因此，应该控制饮食中的精制糖用量。碳水化合物主要来源于谷类（如水稻、燕麦、玉米等）、水果（如甘蔗、西瓜、葡萄等）、坚果（如板栗、莲子等）和蔬菜（如红薯、胡萝卜等）等植物性食物。

4. 水

水是一种最重要的营养素，又是人体的重要组成成分，还是维持生命最重要的物质。一旦没有了水，任何生物都不能生存。水的生理功能有：①物质运输；②调节体温；③润滑功能；④促进生化反应，参与物质代谢。

5. 矿物质

人体组织中几乎含有自然界存在的所有元素，其元素的种类和含量与其生存的地理环境表层元素的组成及膳食摄入量有关。其中，除了碳、氢、氧和氮主要以有机化合物形式存在外，其余元素统称为无机盐和灰分。矿物质与其他营养素不同，不能在体内生成，除非被排出体外，否则不可能在体内消失。重要的 10 种矿物质元素分别为钙、磷、铁、锌、硒、碘、钾、镁、铜、氟和氟化物。矿物质在体内的主要任务是构成机体组织和维持正常生理功能，而每种元素又有各自特殊的作用。体内矿物质缺乏会导致生长发育迟缓、智力发育不良、骨质软化和免疫力差，而盲目过多摄取某些矿物质，易产生毒性作用，所以强调用量不宜过大。

6. 维生素

维生素是维持机体正常代谢和生理功能所必需的一类微量低分子有机化合物，它的种类繁多、性质各异、生理功能不同。维生素虽不能提供能量，也不是人体组织的组成成分，但由于机体自身不能合成或合成数量不足，则必须由食物不断供给。维生素可分为三类，即脂溶性维生素（维生素 A、D、E、K）、水溶性维生素（维生素 B 族、维生素 C 等）和类维生素物质（生物类黄酮、肉毒碱、辅酶 Q、牛磺酸等）。食物中某种维生素长期缺乏或不足即会引起代谢紊乱和出现病理状态，形成维生素缺乏症，但维生素过多对身体也会有害。

第三节　运动与营养

一、健康运动合理营养的基本要求

1. 食物的数量和质量应满足健身运动的需要

食物的数量应满足健身运动能量消耗的需要，使运动健身能保持适宜的体重和体脂；在质量方面应保证全部营养素适合的配比。食物中的能源物质，即蛋白质、脂肪和糖类的比例应适应不同健身运动的需要。一般情况下，蛋白质热量占总热量的 20% ~15%，脂肪热量占总热量的 25% ~30%，糖类的热量占总热量的 55% ~65%，有氧健身运动的糖类热量可达到总热量的70%以上。

2. 食物应当是营养平衡和多样化

食物应包括谷类物(包括米、面、粗杂粮和薯类)，蔬菜水果，奶和奶制品，水产品、肉、禽、蛋、豆和豆制品等高蛋白食品及烹调用油和白糖等纯热量食物。热量不足或过多时，可用主食、油脂或甜食等调节。

3. 一日三餐的分配

早餐应有较高的热量，并含有丰富的蛋白质、矿物质和维生素等食物。午餐应适当加强，但要注意避免肠胃负担过重。晚餐的热量一般不宜过多，以免影响睡眠。早、中、晚三餐热量大致为30%、40%和30%。运动健身期间要定时进餐、饮食有节，不可暴饮暴食，不喝酒，不吃有刺激性食物。大运动量和大强度运动时更应该如此。

4. 运动健身的进食时间

运动健身的进食时间应考虑消化功能和健身者的饮食习惯:一般运动应在进餐后1.5~2.5小时进行，因为正常情况下胃中食物的排空时间为3~4小时，不容易消化的食物如牛肉可在胃内停留5~6小时。运动时，内脏缺血，进食和运动的时间间隔过近，既影响消化，又会影响运动;过晚，则会造成一时性缺血状态。因此，运动结束后，不宜立即进食，一般应在运动后休息30分钟以上再进餐，大运动量和大强度运动后要休息45分钟以上。

二、健康运动与营养膳食平衡

营养膳食平衡是指能保证人体摄食的热量和各种营养素全面达到营养生理需要量，又在各种营养素之间建立代谢协调的生理平衡。具体而言，平衡膳食是指同时在四个方面使膳食营养供给与生理需要之间建立起平衡关系，即氨基酸平衡、热量营养素平衡、酸碱平衡及各种营养素摄入量之间的平衡。平衡膳食的基本作用是在各种营养素消化、吸收、运输、利用的动态过程中使身体各组织都能正常工作。任何一种营养素过多或不足都会影响其功能平衡，造成平衡关系失调，对人体健康造成不良影响，甚至会导致某些营养性疾病或慢性病的发生。

1. 氨基酸平衡

食物蛋白质营养价值的高低，很大程度上取决于食物中所含的八种必需氨基酸的数量及比例，只有数量及比例同人体的需要接近时，才能合成人体的组织蛋白质，反之则会影响食物中蛋白质的利用。世界卫生组织提出了人体所需八种氨基酸的比例，比例越与之接近，生理价值越高。生理价值接近100时，即100%被吸收，称为全部氨基酸平衡。能达到氨基酸全部平衡的蛋白质，称为完全蛋白质。利用这个标准可以对各种食物的蛋白质进行氨基酸平分。鸡蛋、人奶的氨基酸比例与人体极为接近，因此可称为氨基酸平衡的食品。健身运动者由于运动的项目、时间和强度等不同，体内氨基酸消耗也不同，要根据健身者健身运动的情况保持体内氨基酸的平衡。多数食品氨基酸构成均不平衡，所以蛋白质的营养价值就受到影响，如玉米中亮氨酸过高影响了异亮氨酸的利用;小米中精氨酸过高，影响了赖氨酸的利用。因此，在健身者以植物性食物为主的膳食中，应注意食物的合理搭配，纠正氨基酸构成比例的不平衡。例如，将谷物与豆类混食，制成黄豆玉米粉、黄豆小米粉等，可以提高蛋白质的利用率和营养价值。

2. 热量营养素平衡

糖类、脂肪、蛋白质均能给机体提供热量，故称为热量营养素。当这三种物质摄人量适当时，各自的特殊作用方可发挥并互相起到促进和保护作用，这种情况称之为热量营养素平衡。通过动物实验和人体观察可知，糖类、蛋白质、脂肪三者摄入量的合适比例为6.5∶0.7，这样在体内经过生理燃烧后，分别给机体提供的热量为糖类占60% ~70%、蛋白质占10% ~15%、脂肪占20% ~25%，即称为热量营养素平衡。当膳食中糖类摄入量过多时，热量比例增高，会破坏三者平衡，出现体重增加，消化系统和肾脏负担增加，其他营养素摄入减少。当膳食中脂肪热量提供过高时，将引起肥胖、高血压和心脏病。蛋白质热量提供过高时，则影响蛋白质功能的发挥，造成蛋白质浪费，影响体内氮平衡。相反，当糖类和脂肪热量供给不足时，就会削弱对蛋白质的保护作用。三者之间是相互影响的，一旦出现不平衡，将会影响身体的健康。健身时，要根据各种健身运动的特点，合理补充热量，促进健康水平的提高。

3. 各种营养素摄入量的平衡

各种营养素之间存在着错综复杂的关系，而人所处的生理状态不同、运动形式不同，对营养素的需要量也不同。中国营养学会制定了各种营养素的每日供给量，膳食中所摄入的各种营养素在一定时期内，保持在标准供给量上下误差不超过10%的范围。保持这种比例，即可称之为营养素间的基本平衡。营养学家建议，每日约摄入20多种各类食物1500克，才能基本保证平衡膳食的要求。健身者要根据各自健身运动的特点，合理补充各种营养素，以保证健康水平得到提高。

4. 酸碱平衡

在正常情况下，人体血液由于某些碱性物质的缓冲，pH值保持在7.3 ~7.4。人们食用适量的酸性食品，将会维持酸碱平衡，但食品若搭配不当，则会引起酸碱失调。常见的酸性食品有蛋黄、大米、鸡肉、鳗鱼、猪肉、牛肉、干鱿鱼、啤酒、花生等。常见的碱性食品有海带、菠菜、西瓜、萝卜、茶叶、香蕉、苹果、草莓、南瓜、四季豆、黄瓜、藕等。当食品搭配不当，酸性食品在膳食中超过所需的数量，导致血液循环偏酸性，血液颜色加深，黏度增加，严重时会引起酸性中毒，同时还会增加体内钙、镁、钾等离子的消耗，引起缺钙，这种现象称为酸性体质，将会影响身体健康。健身者由于经常参加运动，运动后体内会产生许多酸性代谢产物，应该多摄入一些碱性食物，以维持体内的酸碱平衡。

总之，膳食不平衡影响身体健康，严重时还会导致疾病的发生。健身运动只有在膳食平衡的情况下才能增强体能，增进健康，有效防止各种慢性疾病的发生。

第四节 健康与肥胖

一、健康概述

(一)健康的概念

健康是一个动态的概念。1984 年，世界卫生组织(WHO)就将健康定义为:“健康不仅仅是没有疾病和不虚弱，而是身体、心理、社会功能三个方面的完满状态。”1989 年则将健康明确定义为“躯体健康、心理健康、社会适应良好和道德健康”。这就说明，随着社会的发展，过去那种“无病即健康”的传统健康观日渐为人们所抛弃，一种新的健康观应运而生。

现代健康理念揭示了人体的整体性以及人体与自然环境和社会环境的统一，强调人体必须适应社会环境和自然环境，且在适应过程中处于主动地位，由被动的治疗疾病转变为积极地促进健康，促进健康从单纯的生物学标准扩展到心理、社会学标准，从个体健康评价延伸到群体乃至整个社会的健康评价。也就是说，既考虑到人的自然属性，又侧重于人的社会属性;既重视健康对人的价值，又强调人对健康的作用。

1. 生理健康

生理健康是人体健康的基础，指人在生物学方面的健康，即机体的完整和各系统功能的正常，力量、速度、耐力、柔韧性、灵敏性、平衡能力等身体素质良好。

2. 心理健康

WHO 提出的心理健康标准有:①具有健康心理的人，人格完整，自我感觉良好，情绪稳定且积极情绪多于消极情绪;有较好的自我控制能力，能保持心理平衡;自尊、自爱、自信，有自知之明。②能够独处，有充分安全感，能保持正常人际关系，能受到别人的欢迎和信任。③对未来有明确的生活目标，有理想，有事业追求，能踏实工作，不断进取。

世界精神卫生学会提出的心理健康标准是:①身体、智力、情绪十分协调。②适应环境，在人际关系上能谦让、容忍。③有幸福感。④工作中能充分发挥自己的能力，生活效率正常。

心理学专家提出的心理健康标准可以归纳为以下六条:

(1)认知功能正常，能正确评价自己，正视自己的现实，不妄想妄为。

(2)人生态度积极，热爱生活，热爱自然，能适度控制情绪和表达，保持心神宁静和适度愉悦乐观情绪。

(3)生活目标和理想切合实际，对工作、对社会有一定责任心，但不为物欲所累。

(4)保持个性完整和谐，意志品质健全，不断完善自我。

(5)人际关系积极稳妥，社会适应良好，能自立，重友谊，讲民主。

(6)从事社会工作有一定创造性。

专家们认为，心理健康是人体健康的关键。“心理平衡的作用超过一切保健措施的总和。别的都可以不要注意，你只要注意心理平衡，就掌握了健康的金钥匙。”世界各国都在调查长寿的秘诀，发现长寿的共同特点是心胸开阔、性格随和、心地善良、情绪乐观。所以说，心理健康是人体健康的统帅，生理是心理的基础。这就是在同等生理条件、营养条件、生活作息、体育运动、医疗保健和社会自然环境下，有的人健康常在，有的人却病多命短的原因。

3. 适应社会与适应自然

WHO 在健康定义第三点中强调“适应社会和自然环境的能力良好”。社会的健全和良好状态是人们生活的大环境，直接影响着人们的生存状态。社会安定和平，政府能为人民健康着想，人民生活的基本条件可以得到满足，人们适应社会与环境变化的能力强，人类的健康才有保障。

一个健康的人，从心理学和医学角度分析，应该处理好三个方面的问题：一是当好家庭和社会的各种角色；二是处理好事业中和社会活动中出现的问题；三是解决好自身的矛盾和难事。

4. 智力健康

智力健康是指一个人的学习能力和利用信息、提高日常生活质量的能力。一个智力健康的人，应该是有知识、见识广博的，而不是愚昧无知的。

5. 道德健康

20 世纪 90 年代，WHO 在健康标准中增加了“道德健康”的内容，这是人类对健康观念认识的一个进步。

《现代汉语词典》和《辞海》对道德的诠释是：“道德是社会意识形态之一，是人们共同生活及其行为的准则和规范”，“它用善与恶、正义与非正义、公正与偏私、诚实与虚伪等道德观念来评价人们的行为和调整人们的关系。”

人们要健康生活，必须有一个安定的社会环境。法律是维护安定的最起码的保证。但要使国家和社会长治久安，还必须教育人们要自觉遵守社会秩序，这就是良好的道德，这是从宏观上谈道德与健康。良好的道德为人们的健康创造了安定的社会环境。

从微观上分析道德与健康的关系，道德良好是健康的内因。研究表明，世界各地百岁以上的老人，他们的居住地点、气候、饮食起居习惯不同，但他们的共同之处都是能善待他人，善待自己，人际关系良好。正如两千多年前孔子说过的：“仁者寿”，“大德必得其寿”。

心理学家的研究表明，人的道德品质低劣会损害健康。道德品质低劣的人往往利欲熏心，遇事斤斤计较，总想算计别人，怕别人报复，终日不得安宁，常处在一种紧张、愤怒和沮丧的情绪之中。这种不良情绪，使机体各系统功能失调，免疫能力下降，容易患各种疾病。可见，良好的道德是增进社会安定、有益健康的重要因素。

（二）健康的标准

根据健康的概念，WHO 制定了人体健康的标准，即“五快”（躯体健康）和“三良好”（心理健康）。

“五快”的含义是：

（1）吃得快。进餐时，有良好的食欲，不挑剔食物，并能很快吃完一顿饭。

（2）排得快。一旦有便意，能很快排泄完大小便，而且感觉良好。

（3）睡得快。有睡意，上床后能很快入睡，且睡得好，醒后头脑清醒，精神饱满。

（4）说得快。思维敏捷，口齿伶俐。

（5）走得快。行走自如，步履轻盈。

“三良好”的含义是：

(1)个性人格。情绪稳定，性格温和，意志坚强，感情丰富，胸怀坦荡，豁达乐观。

(2)处世能力。观察问题客观、现实，具有较好的自控能力，能适应复杂的社会环境。

(3)人际关系。助人为乐，与人为善，对人际关系充满热情。

近年来，世界卫生组织在关于健康的定义下，又提出了衡量人体健康的一些具体标准：

(1)有充沛的精力，能从容不迫地担负日常生活和繁重的工作，而且不感到过分紧张和疲劳。

(2)处事乐观，态度积极，乐于承担责任，事无大小。

(3)善于休息，睡眠良好。

(4)应变能力强，能适应外界环境中的各种变化。

(5)能抵制一般性感冒和传染病。

(6)体重适当，身材发育匀称，站立时，头、肩、臂的位置协调。

(7)眼睛明亮，反应敏捷，眼睛不易发炎。

(8)牙齿清洁，无龋齿，不疼痛，牙龈颜色正常，无出血现象。

(9)头发有光泽，无头屑。

(10)肌肉丰满，皮肤有弹性。

以上这10条标准，具体地阐述了健康的定义，体现了健康所包含的体格、心理和社会三个方面的内容。

(1)阐明了健康所包含的目的，即在于运用充沛的精力承担起社会任务，面对繁重的工作不感到过分紧张和疲劳。

(2)强调心理健康，事事处处表现出乐观主义精神和对社会的责任感及积极的态度。

(3)应该具有很强的应变能力，包括对外界环境(自然环境和社会环境)各种变化的适应能力。

(4)从体格健康的几个主要方面提出标准，如体重(适当的体重可体现出合理的营养状态)、身材、眼睛、牙齿、肌肉等方面。

(三)影响健康的主要因素

随着人类社会的发展和科学技术的日新月异，人们的物质生活水平日益提高，工作强度大幅度降低，身体力行的活动越来越少，新的生活方式给人们生活带来更多便捷的同时也使人类的健康面临着各种挑战，现在普遍认为影响人类健康的因素分为四大类:行为和生活方式、环境、生物学、卫生与医疗服务。

1. 行为和生活方式因素

行为和生活方式因素是指因自身不良行为和生活方式，直接或间接给健康带来的不利影响。行为是影响健康的重要因素，生活方式是一种特定的行为模式，受个体特征和社会关系的制约，包括嗜好(如吸烟、酗酒、吸毒)、饮食习惯、运动、精神紧张、生产劳动、交通行为与风俗等。在当今文明社会中，不健康的生活方式可以导致许多疾病。

2. 环境因素

健康不仅立足于身体和精神的健康，更应强调人体与自然环境和社会环境的适应，强调人类发展和环境可持续发展的不可分割性。

影响健康的环境因素主要包括自然环境因素和社会环境因素：自然环境因素指阳光、空气、水、绿化等生态环境和市容卫生环境；社会环境因素更为复杂，包括社会经济、科学、文化、风俗、教育、治安、住房等，安定富庶的社会、发达的科学文化技术、文明的社会习俗、良好的教育、舒适的居住条件等无疑对健康起着良好的促进作用。

此外，人际关系也是非常重要的，和谐的人际关系，美好的家庭环境，融洽的工作学习环境等均与人体健康息息相关。

3. 生物学因素

在生物学因素中，需要特别指出的是遗传因素和心理因素。遗传性疾病不仅影响个体终身，而且会给社会、家庭带来极大的危害。医学心理学研究证明，许多疾病和健康状态的发生及发展都与心理作用有着密切关系，积极的心理状态是保持和增进健康的必要条件。

4. 卫生与医疗服务因素

卫生与医疗服务指社会有良好的医疗服务和卫生保障系统，有必需的药物供应，有健全的疫苗供应和冷链系统，有充足的医疗卫生人员极其良好的服务。

（四）促进健康的基本要素

人人都想拥有健康，希望青春长驻，生活充满活力。但是健康不是靠奢谈，而是靠实际努力来实现的。在维持和促进健康的行为中，有五个最基本的要素。

（1）要自觉、经常地参加体育运动，尤其是有氧运动。

（2）要科学、合理地摄入营养。

（3）要有健全的心理。

（4）要建立良好的生活方式。

（5）要定期参加体格检查，及早发现、诊断和治疗各种疾病，力争使身体尽早摆脱疾病的困扰，恢复健康和活力。

二、肥胖概述

（一）肥胖的概念

很多人认为，肥胖只不过是体重超标、脂肪过多，但事实并非如此。人们常常看到的多是肥胖者一副体态臃肿的表象，而对于肥胖给身体内部带来的那些看不到、摸不着的损害并不完全了解。

从诱发肥胖的各种因素来看，肥胖实质上是人体由于各种原因导致热量摄入超过消耗，多余热量便转化为脂肪囤积于体内，使体内脂肪细胞增殖（对儿童而言）或体积增大（对成年人而言），进而导致体重超标，影响形体美观和身体健康。

WHO 认为：肥胖是人体过剩的热量转化为多余脂肪并积聚在体内的一种状态。人体脂肪堆积过多，超出正常比例，会使人的健康、形体和正常生活受到影响，因此，肥胖是脂肪过多的一种慢性疾病。

（二）造成肥胖的原因

（1）遗传。在现实生活中，常可见到一些家族中很多人发生肥胖。有学者对肥胖患者家族史进行了调查，发现家族中有肥胖病史者占 34.3%。

(2)内分泌失调。肥胖与内分泌功能密切相关，内分泌异常往往伴有继发性肥胖症，如体内胰岛素分泌增多、垂体前叶功能低下、甲状腺功能减退、性腺功能减退等。脑炎、脑外伤、脑肿瘤或因长期注射某种激素，也常引起继发性肥胖。

(3)饮食。人们的饮食习惯及饮食质量对肥胖的发生也有一定的影响。不恰当地追求高糖、高脂肪、高蛋白饮食，特别是过多地摄入动物内脏和动物脂肪，以及好吃零食、经常大量饮啤酒等，都容易引起肥胖。

(4)精神因素。俗话说，心宽体胖。心情好、休息好、无忧无虑的人，常常食欲良好，吃得香，吃得多，可引起肥胖；借酒浇愁，喝酒要下酒菜，这样喝得多、吃得也多，也可使热量大大增加而导致肥胖。

(5)运动少。现代社会由于交通工具的发达以及家务劳动的机械化、电气化，体力活动大为减少，使得能量的供给超过了需要，常会引起肥胖。一些重体力劳动者由于工种更换，成为轻体力劳动者，或是运动员终止其从事的体育运动，在这种情况下，如不相应地调整饮食，就会造成营养物质过剩、体内脂肪堆积，从而发生肥胖。

(6)生理因素。男子到中年以后和女性到了绝经期后，由于各种生理功能减退、体力活动减少，而饮食未相应减量，也容易造成体内脂肪的堆积而发胖。一些妇女在妊娠、哺乳期间营养较好，产后又未能及时参加体力劳动或身体锻炼，也会造成肥胖。

(7)环境。在寒冷的环境里为御寒而大量进食，也会造成肥胖。在工作中或家务劳动中与食物接触机会较多，因而有更多的进食以及品尝各种食物的机会，也容易发生肥胖，如厨师、家庭主妇。

(三)衡量肥胖的标准

衡量肥胖的指标及标准主要有以下几种。

1.体重指数(BMI)法

体重指数法是通过计算人体身高与体重之间的比值大小来判断是否肥胖的一种方法。1997年6月，在日内瓦召开的世界卫生组织专家会议上，专家们把肥胖界定为疾病，《世界健康报告2002:减少风险，促进健康生活》(The World Health Report 2002: Reducing Risks, Promoting Healthy Life)把肥胖列为十大健康风险之一。同时，专家们提出了判断体重过重和肥胖的国际标准BMI(Body Mass Index)，即

体重指数(BMI)=体重(千克)÷身高^2

根据这一标准，当BMI≥25.0千克/米^{2}属体重过(超)重；BMI在25.0~29.9千克/米^{2}之间为预胖(临界)型肥胖；体重指数≥30千克/米^{2}为肥胖。

肥胖又分为三个级别：BMI在30~34.9千克/米^{2}之间称为Ⅰ级肥胖；BMI在35.0~39.9千克/米^{2}之间称为Ⅱ级肥胖；BMI≥40千克/米^{2}为Ⅲ级肥胖。

由于不同国家和地区人群的体质并不完全相同，一些国家又根据自己国家人群的特点，在流行病学调查的基础上提出了适合本国人群的体重指数分类标准。2003年，我国肥胖工作组汇集了1990年以来我国13项大规模的流行病学调查，总计24万人的健康数据分析，制定出我国的肥胖标准：BMI在18.5~23.9千克/米^{2}为正常；BMI在24.0~27.9千克/米^{2}为过重；BMI>28千克/米^{2}为肥胖。

需要强调的是:BMI 适用于体格发育基本稳定以后(18 岁以上)的成年人。

例如，某成年男子体重为85 千克，身高为1.70 米，那么其体重指数 $BMI = 85 \div (1.7)^2 \approx 29.4$(千克/米^2)。根据体重指数对照表可知，该成年男子身体属于预胖型肥胖。

再如，某成年女子体重为80 千克，身高为1.60 米，那么其体重指数 $BMI = 80 \div (1.60)^2 = 80 \div 2.56 = 31.25$(千克/米^2)，根据体重指数对照表可知，该成年女子身体属于Ⅰ级肥胖。

通常情况下，BMI 能够反映出身体的肥胖程度，但值得注意的是，在某些特殊群体中应用 BMI 时存在一定的局限性。例如，肌肉很发达的运动员用 BMI 标准衡量可能属于肥胖，但实际上并不肥胖;而对于处在衰老时期的老年人而言，由于他们的肌肉组织不断减少，脂肪组织不断增加，即使他们的 BMI 在正常范围内，也有可能属于肥胖。所以，这样的特殊群体不能单纯依靠 BMI 来确定他们的肥胖程度，选择测定身体脂肪含量的方法会更为准确。

2. 简易计算法

成人标准体重:

男性 =(身高(厘米)-80)×0.7(千克)

女性 =(身高(厘米)-70)×0.6(千克)

儿童标准体重:年龄×2+8(千克)

以上两种计算方法，基本已被广泛采用，标准体重±10% 属于正常范围，超重 20% 属轻度肥胖，超重 50% 属重度肥胖。

3. 精确计算法

军事科学院还推出了一种计算中国人理想体重的比较精确的计算方法:

北方人理想体重(千克)=(身高(厘米)-150)×0.6+50

南方人理想体重(千克)=(身高(厘米)-150)×0.6+48

这一计算方法，似乎比较适合南北地区的中国人。

儿童标准体重的计算，简便的方法是:1~6 个月:出生体重(千克)十月龄×0.6=标准体重(千克);7~12 个月:出生体重(千克)+月龄×0.5=标准体重(千克);1 岁以上:8+年龄×2=标准体重(千克)。

但是，由于人的体重与许多因素有关，不同人体之间有差异，在同一天不同的时间也会有一定的变化，加之所处地理位置(如地心引力的原因)、季节、气候、自身情况不同，对体重也有一定影响，因而很难完全符合标准体重。也就是说，难以用一个恒定值来表示，而应当是一个数值范围，我们把这个数值范围称为正常值，一般在标准体重+10% 以内的范围。超过这一范围，就可称为异常体重。实测体重超过标准体重，但超出部分小于 20% 者称为超重;实测体重超过标准体重 20%，并有脂肪百分率(F%)超过 30% 者则可诊断为肥胖病。体重超过标准体重的 30%~50%，F% 超过 35%~45% 者称中度肥胖病;超过标准体重 50% 以上，F% 超过 45% 以上者称为重度肥胖病。

三、运动减肥

(一)运动减肥的原理

(1)运动时肌肉需要消耗大量的热量，这时体内多余的糖在没有转变为脂肪时就被消耗了，从而减少了脂肪形成的机会。同时，运动动员了大量脂肪的脂解功能，从而减少了体内脂肪细胞的体积和数量，而大量脂肪酸在体内氧化分解的条件是需有充足的氧供应以及脂肪酸氧化系列酶有足够的活性。可见，有氧运动是运动减肥的基础。

(2)长期进行有氧耐力运动，慢肌纤维发生适应性肥大，骨骼肌毛细血管增多，毛细血管网加大，毛细血管内皮细胞表面积扩大，激活存在于内皮细胞内的脂蛋白脂肪酶系统，从而肌肉动用脂肪作为能源的能力提高，结果体脂减少。尽管体重可能下降不明显，但瘦体重明显增加。运动不仅消耗能量，而且影响安静代谢率及食物的特殊动力作用，使能量消耗增加。1 小时的步行、跑步或游泳的能量消耗是静坐的几倍到几十倍，这与运动引起儿茶酚胺等激素分泌增加有关，从而提高体内 cAMP 水平，激活激素敏感性脂肪酶，加快脂肪组织的脂解。另外，运动降低了α—磷酸葡萄糖脱氢酶的活性，抑制脂肪的合成，还使α—磷酸甘油脱氢酶活性提高，加速α—磷酸甘油的氧化分解，使α—磷酸甘油含量减少，阻碍脂肪的合成，近来有报道，运动可使安静状态下脂肪供能增加，这可能有助于调节体重和避免肥胖。运动同时可活化 FFA 摄取系统，是运动增强骨骼肌，摄取脂肪酸能量的一个有利证据。有资料显示，基础代谢率降低是导致肥胖的危险因素，而长期规律的运动可以提高肥胖者的安静代谢率。运动还可通过调节机体能量平衡使身体成分发生变化，改变体脂分布，减少腰腹部脂肪，从而降低并发糖尿病、高血压和血脂异常的危险性。

(3)正常人体重之所以能保持相对稳定，主要是神经内分泌系统对新陈代谢进行合理调节的缘故。而肥胖者的这种调节功能紊乱，脂肪代谢发生障碍，从而引起肥胖。肥胖者进行一定量的运动，能很好地作用于神经内分泌系统，恢复它对新陈代谢的正常调节，使之分泌促进脂肪消耗的激素，这样就促进了脂肪的代谢，从而可减轻肥胖程度。

(4)运动对肥胖者的另一个重要的作用是改善心肌代谢，加强心肌收缩力，增加血管弹性，促进血液循环。由于肥胖者容易并发心血管系统疾病，所以这种作用在某种意义上来说比减肥更为重要。有资料表明，锻炼 3 个月后，肥胖者的心脏功能明显增强，基本达到正常人的水平，而且脉搏饱满有力。1/5 的肥胖者血压降低，达到正常水平；少数人不正常的心电图恢复正常。另外，相当一部分人气喘、心动过速和心前区疼痛等症状消失或明显减轻。这些都说明适当运动对预防和治疗肥胖者常见的合并症——冠心病、高血压——是有效的。

(5)运动可以降低血脂，使血液中胆固醇及三酰甘油浓度降低，减少内脏器官脂肪沉积。运动可以改善组织，特别是肌肉组织对胰岛素的敏感性，增强其与胰岛素的结合能力。因为胰岛素对脂肪的分解有很强的抑制作用，它的减少常伴有儿茶酚胺和生长激素等升高，最终加快游离脂肪酸分解。

(6)运动对肥胖者的呼吸系统也有良好作用。运动可增强呼吸肌力量，增加胸廓活动范围及肺活量，改善肺的通气、换气功能，使气体交换加快，有利于更多地氧化分解多余脂肪。

(7)运动还可以改善肥胖者腹腔脏器功能，增加胃肠蠕动及血液循环，减少常见的腹胀肠鼓、便秘和痔疮等并发症。运动可使肥胖者感到心情轻松、愉快，能增强自信心，有助于培养良好的、有规律的生活习惯。

(二)运动减肥的最佳速度

绝大多数减肥者都希望体重下降越快越好，越多越佳，最好“一天减成个瘦子”。但这样往往收效甚微，欲速则不达，甚至会危害身体、危及生命。事实上，减肥的效果和安全性有密切的关系。一般而言，机体丢失的体重里脂肪占75%，肌肉占25%。而脂肪组织中水占50%，肌肉组织中水占75%，所以减去1千克体重丢失的脂肪实际上只有0.375千克，肌肉蛋白质0.06千克，水的丢失量为0.6千克。减体重的速度越快，脂肪丢失的比例越低，水和肌肉的比例就越大，这对人体的健康是不利的。

WHO规定，健康的减肥应该遵循“不腹泻、不厌食、不乏力，每周减肥的重量控制在0.5千克的范围以内”的标准。否则，减去的不是脂肪而是体内宝贵的水分。

肥胖是多年脂肪累计的结果，要恢复良好的体形也需要很长时间，不能急于求成，要循序渐进。

减肥的最佳速度和效果因人而异，减肥过程一般可表现为三种类型：①体重平稳下降，每周或每月减少0.5~1千克。②减肥的前1~2个月体重无明显变化，之后才开始下降，而且速度较快。③体重最初下降很快，甚至每周达1~2千克，然后停止下降数周甚至数月，接着体重又逐渐下降。

显然，第一种类型比较平稳而且顺利，不会发生太多的危险。一般而言，节食或运动减肥时，开始体重下降较快，这主要是组织蛋白和水分丢失较多。随着减肥的继续，机体对此逐渐适应之后，负氮平衡就会缩小，尤其在膳食中有足够优质蛋白供应时，能量负差将大部分落在体脂的消耗上，减重主要是减脂肪了，此时减肥的速度减慢。这一定时期，如再适当增加运动量后1~3个月，虽然体内脂肪分解增加，但又增加了体蛋白的合成，以致体重无明显变化。再坚持下去，开始消耗脂肪组织，体重又开始下降。

按照科学的观点，每周减体重1千克，就可以说是成功了。那些急于求成的节食者总觉得1千克太少，其结果是减体重的速度越快，体重反弹的机会越多，因此他们不能持之以恒地减体重。美国食品药品管理局(FDA)的健康与人类服务部在1998年6月提出了健康减体重的指导原则，认为:安全的减体重计划是每天减少1255.2~2092千焦(300~500千卡)热量摄入，一周内多数日子里运动(如快走)不少于30分钟，每周减体重0.5~1千克。

每周减体重的最高量可达到10千克，但是这样减体重丢失的大部分是水，并没有达到减肥的目的，而且在恢复正常饮食以后，体重就会很快复原。典型的肥胖病人减体重的最大安全量可以达到1.5~2千克，但是对于一般体重较大(70千克左右)的女性，最大减体重安全量只能是0.5~0.75千克。

(三)运动减肥与形体健身的误区

在日常生活中，参加形体健身锻炼的人总是抱怨运动健身达不到自己想要达到的效果，因而失去信心而中断健身，其实这与健身者在健身过程中的错误观念有关。下面我们从目前健身美体的常见误区来分析澄清错误观念。

误区一　有氧运动比力量训练在控制体脂方面效果更好。

有氧运动与力量训练结合进行是将体脂控制在理想水平的最好方法。许多人处于以下两点理由，错误地以为单独进行有氧锻炼对控制和减少体脂最有效。

(1)有氧运动首先消耗的是脂肪，而力量训练消耗的是储存在体内的糖。

(2)在设定的心率范围之内，45分钟的有氧锻炼要比同样时间的力量训练消耗更多的热量，练练停停的力量训练需要每组之间休息，消耗的热量要少得多。

确实，在有氧运动中身体把储存在体内的脂肪当做燃料来消耗，但同时被消耗的还有体内的糖原。研究显示，在适中强度有氧运动的前20分钟(达到最大心率65%的强度)，身体消耗的大多是糖原。不错，45分钟的有氧锻炼比相同时间的力量练习消耗的热量要多(强度相同)，但那些增加了肌肉总量的人，由于其休息状态的新陈代谢得以提高，所以即便是休息，机体一天所消耗的热量也相应大大增加。

实践表明，每增加0.5千克的肌肉，意味着每天多消耗500～1000千卡热量，或者是每星期多消耗3500～7000千卡的热量。

有氧锻炼能达到消耗热量的目的，但却不能长时间地提高新陈代谢。力量练习虽不能长时间提高心率，但它却增加了肌肉总量，从而使新陈代谢得到提高，使人在休息时也能消耗更多的热量。这就是有氧锻炼与力量练习结合进行才是最佳减肥方法的原因。

误区二　有氧运动越多越好。

一件好事做过头可能会变成坏事，有氧运动也是如此。虽然有氧运动不失为一种有效消耗脂肪的办法，但长时间的有氧锻炼消耗的不仅仅是脂肪，还包括肌肉。研究发现，2小时中量的有氧锻炼可耗尽体内90%的白氨酸(对肌肉生长非常重要的一种氨基酸)。通常情况下，正常的白氨酸水平可防止因锻炼过度引起的肌肉分解。

国际健身会的职业健美运动员乔·卡特勒说:“当我在一天当中有氧运动超过1小时时，我的力量就会下降，肌肉萎缩，即使摄入许多热量和蛋白质也无济于事。我感觉40～45分钟就是我的警戒线，超出这个时间，我的肌肉便会流失。”

误区三　低强度的有氧运动消耗更多的脂肪。

减脂的原理在于每天消耗的热量多于吸收的热量，较高强度的锻炼比低强度的训练能消耗更多的热量。

运动生理学家发现，运动量达到最大心率的60%时，身体消耗的脂肪比糖(糖原)或蛋白质(肌肉)要多。但如果运动强度再大一些，即达最大心率的75%以上时，身体就会直接将脂肪、糖、蛋白质全部作为能量来源。也就是说，练得越苦，消耗的热量越多。但作为初练者，应遵循循序渐进的原则，逐渐增加运动量，这样才能有效提高心肺功能，才可能适应较大强度的运动量。

用心率运动强度的简便方法:用200减掉年龄，再乘以设定的运动强度百分比即可，如35岁的人以最大心率的70%锻炼，那么他的心率应保持在每分钟130次，即$(200-35)\times0.70$。

误区四　先做有氧锻炼，然后进行力量练习，才能够苗条。

为了消耗更多的热量，有氧活动要有一定的强度，理想的方式是达到最大心率的70%以上。而大量练习的目的是增加肌肉，理想的运动量是用正确姿势每组重复6～12次。

最明智的办法是在短暂的热身后进行力量练习，然后做有氧活动。如果把有氧活动放在前，由于它可降低肌糖原储备并消耗体力，因此，体重可能不但没减轻，反而会增加。如果先进行力量练习，则很快就能达到需要的状态，做好有氧运动的准备。

误区五　多做20分钟的有氧练习，把多吃的甜食或其他美味消耗掉。

如果为了消耗掉多吃的甜食，偶尔延长有氧锻炼的时间不至于有什么不好，但如果成了习惯，结果只能有害无益。假如经常以延长锻炼时间作为过量饮食的借口，实际上已把自己置于过度训练的境地中了，而你的身体根本没有时间从过度训练的疲劳中恢复过来。

当机体不能适应训练时，要达到增肌减脂的目的是很困难的。因为过量训练可导致分解代谢激素的过多分泌，这种激素附着在肌肉上，使肌肉不能合成。所以经常在一餐中过量进食的人，应在下一次有氧训练中稍稍增加点强度，或者减少下一餐的热量摄入。

误区六　进行大量的有氧及轻力量练习，将有助于降低不理想的体脂水平，同时还能保持肌肉。

体脂测验可显示脂肪与其他身体组织(肌肉、骨骼等)的比率。减少脂肪的关键之一是拥有更多的肌肉。的确，改善令人沮丧的体型不外乎两种方法，即减掉尽可能多的脂肪，发展尽可能多的肌肉。

选择有氧运动的人当然可以达到减脂目的；但当他们从事过量的有氧练习，将力量练习弃之一旁或进行轻力量练习时，绝对不足以保持肌肉总量。如果肌肉总量减少了，休息状态的新陈代谢率降低，体脂比率将随之上升。

要改变脂肪与肌肉的比率，应采用相对重些的力量练习发展并保持肌肉总量。力量练习之后进行中指定强度有氧锻炼。

误区七　去健身房进行有氧锻炼前，吃一顿健康餐，增加点能量。

锻炼前的进餐内容，要看饭后多长时间去锻炼，如果目标是减脂，最好在锻炼前3小时摄入营养均衡的一餐；如果想在有氧锻炼前1.5～2小时进餐，应减少进餐量；如果在1小时之内就要进行有氧锻炼，不要摄入碳水化合物。原因是：有氧练习10～20分钟后，身体慢慢地开始消耗脂肪(主要)，而身体能否有效地将脂肪当做燃料消耗，则取决于血液中葡萄糖的含量。显然，如果摄入的是高碳水化合物，那么血液中的葡萄糖水平也会很高，葡萄糖可延缓身体把脂肪当做燃料消耗的时间。

误区八　低强度的有氧练习不但可以消耗脂肪，还有利于心脏健康。

经多年研究，美国心脏协会指出，每周3～4次，每次至少30分钟，以最大心率的50%～75%锻炼的有氧运动对心脏最有利。它将对心血管系统和心肺功能有积极的改善作用，并显著减少相关疾病的危险。美国心脏协会建议，初练者的运动心率以最大心率的50%为宜，几周后，强度逐渐增加到最大心率的75%。总之，训练强度越大，体型保持得越好。因为心脏与其他部位一样，也是一块肌肉，它同样需要大强度的练习。

误区九　只要多运动，便可达到减肥的目的。

运动虽能消耗体内的热量，但仅靠运动减肥效果并不明显。研究表明，即使每天打数小时网球，但只要多喝一两听易拉罐饮料或吃几块饼干，辛辛苦苦的减肥效果便会化为乌有。因此，要想获得持久的减肥效果，除从事运动外，还应从饮食上进行合理调整。

误区十　空腹运动有损健康。

人们总担心空腹运动会因体内储存的糖原大量消耗而发生低血糖反应，如头晕、乏力、心慌等，对健康不利。美国达拉斯健美运动中心霍帕博士研究认为，饭前1～2小时(即空腹)进行适度运动，如定量步行、跳舞、慢跑、骑自行车等有助于减肥。这是由于此时体内无新的脂肪酸进入脂肪细胞，较易消耗多余的，特别是产能的褐色脂肪，减肥效果优于饭后运动。

另外，由于运动量适宜，热能消耗较少，体内储存的糖原足够使用，不会影响健康。

误区十一　每次坚持 30 分钟慢跑即可减肥。

慢跑虽可达到有氧锻炼的目的，但减肥功效却甚微。实践证明，只有运动持续时间超过 45 分钟，人体内的脂肪才能被动员起来与糖原一起供能。随着时间的延长，脂肪供能的量可达总消耗量的 85%。可是短于 45 分钟的运动无论强度大小，脂肪消耗均不明显。

误区十二　运动减肥有全面或局部的选择。

人们在一些广告宣传中常听到或看到减胸、减臀、减腹等词句，那么局部运动是否能减少局部脂肪呢？首先，局部运动总消耗能量少，易疲劳，且不能持久；其次，脂肪供能是由神经和内分泌调节控制，但这种调节是全身性的，并非想减哪个部位就可以减哪个部位的多余脂肪，而是哪里供血条件有利于脂肪消耗，哪里就能减肥。

误区十三　运动强度越大，运动越剧烈，减肥效果越佳。

其实，只有持久的小强度有氧运动才能消耗多余的脂肪。这是由于小强度运动时，肌肉主要利用氧化脂肪酸获取能量，使脂肪消耗得快。运动强度增大，脂肪消耗的比例反而相应减少。当接近大强度运动时，脂肪供能比例只占 15%。因此，轻松平缓，长时间的低强度运动或心率维持在 100 ~ 124 次/分的长时间运动，才有利于减肥。

误区十四　只吃水果就可以迅速减肥。

有些人以水果代替早餐，早上吃 4 ~ 5 个橙子、苹果、雪梨等，以为水果所供应的养分不会使脂肪增加，其实这是错误的想法。尽管各类水果均含丰富的维生素及矿物质，是非常有益的东西，但同时含有大量的糖分，糖分能使人体脂肪增加。所以，进食过量的水果，不但不会使体重下降，反而会使体重上升。

误区十五　不吃肉不长“肉”。

谈到饮食减肥时，常听有人说：“不吃肉就可以不长肉了。”这种说法是完全错误的。

(1) 首先，要搞清我们所说的肥胖赘肉是指体内脂肪，而不是肌肉，减肥健身时要去掉多余的脂肪，增加结实、发达的肌肉。

(2) 我们食物中的肉有两种，一种是肥肉；另一种是瘦肉。肥肉不是肉而是脂肪，瘦肉才是真正的肉，是蛋白质。瘦肉蛋白质在体内转化为热量或脂肪的比例很小。

因此，减肥不是一概不吃肉，而是要适当多吃瘦肉，少吃肥肉。如果将肥肉和瘦肉一概拒之门外，便造成营养摄入不平衡，不利于健康长寿。况且不吃肉食，势必增加了米面等糖类食物的食量，多余的糖很容易转化为脂肪，更会使人发胖。

误区十六　女性练力量就会如男人般强壮。

这是错误的。因为男女的生理结构与体内机制存在着很大的差异，女性在力量的增长与肌肉块的形成上与男人是不可能相同的。女健美运动员的夸张肌肉由多种特殊因素组成，其中包括先天的肌肉素质、超常的练习强度、严格的营养结构等。普通女性的力量练习多是采用小重量、多次数的方式，器械上多采用哑铃或某些轻器械。这种练习方法对体表耗脂，美化肌肉线条以及增强肌肉韧度都有好处，最重要的是能使身体更有形。所以，尽管女性体内存在着少量的雄性激素，但也不必担心会练出男人般的肌肉。

误区十七　颈部练习不如胸腹部和下肢练习那么重要。

这是不科学的。很多女性容易在重视“三围”塑造的同时忽视颈部练习，其实现代人长时间进行案前工作，极易形成颈部老化和颈椎劳损，更容易因紧张、繁忙的生活节奏而使肌肤老化速度加快，其中尤以颈部的老化程度最为明显。对颈部的养护，首先要注意颈部劳损，应时常做颈部练习并要格外重视颈部的清洁、按摩与保护，这样才能拥有修长、挺拔和光滑的颈部。

误区十八　健身跑会使腿变粗。

常人的健身跑多是中低强度的匀速跑，它的触地方式会使腿部更加匀称、修长。专项跑的运动员们粗壮的腿部是由天生的特殊肌纤维和频繁的超强度训练形成的，因此不必担心我们在跑步后也会如此。

有人在跑步后的数小时或数天内有“腿粗”的感觉，那是因为腿部肌肉内的运动产物一直充斥在肌肉组织内，那些不经常活动或体质偏差的人对这些产物的排出能力不强，以至呈现“腿粗”的反应。因此，最好在每次运动后经常放松腿部，并坚持健身跑运动，“腿粗”的感觉就会消失。

误区十九　减少腹部脂肪的唯一方法是每天做仰卧起坐。

减少腹部脂肪的好方法很多。仰卧起坐只是增强腹肌力量的一种方法，对于消除腹部脂肪没有多少效果。

消耗某一部位脂肪的最好方法，莫过于进行全身的有氧运动，因为在身体活动时，用于供能的脂肪来自于全身各部位的类脂化合物液体，而不是某一部位的脂肪组织。

误区二十　力量训练之前不可吃东西。

从记事起，我们就被告知体育活动前不可吃东西，因为食物的消化会妨碍运动能力。但现在的研究却证明，在训练之前吃一些由碳水化合物与蛋白质组成的食物有利于体力的增加与恢复。

运动营养专家马克·卡塞尔曼表示，食物的消化与吸收需要一定的时间，如果在开始训练之前吃一些碳水化合物与蛋白质，它们在你运动时被消化，正好可以补充运动时消耗的能量。

当然，训练前避免吃得过饱这一原则仍需牢记。原因是消化大量食物需要很多能量，而且还有血液分配问题，不能让肌肉与消化系统争抢血液。最好是在运动前 30 分钟摄入 200 千卡（1 千卡 =4.19 千焦）容易消化的食物，奶油或者蛋白质饮料都是不错的选择。

另外，训练前补充能量保证了血液中氨基酸的含量。如果高强度训练延续 45 分钟以上，身体可能会开始从肌肉中分解蛋白质来补充能量短缺，这对肌肉生长不利，此时若有氨基酸及时进入血液，可满足运动所需，避免损失肌肉蛋白。

误区二十一　要增加体重，就要多吃营养价值高，含油、糖的食物。

有人认为，消瘦主要是摄入不足造成的，要想增加体重，就得多吃营养价值高的物质。事实上并非这么简单。我们说的摄入，指的是真正能够被人利用，所以摄入与消化、吸收有密切的关系。人的消化、吸收、排泄系统，由许多环节组成，不论哪个环节出了毛病都会影响到消化和吸收。例如，饮食过多会增加胃肠负担，加重消化障碍，引起吸收不良，不能把食物中的营养变成人体能利用的营养物质；排泄功能异常，把食入的东西很快排泄出去，使消化、吸收都不能充分完成。这些都属于摄入不足，而这些摄入不足，用增加进食量的办法不但解决不了问题，反而会使原本有缺陷的消化系统负担加重。此外，多吃营养价值高，含油、糖的食物，会忽视另一类营养物的摄入，从而造成营养不均衡，不但不能增加体重，反而会导致某些疾病的发生。

误区二十二　消瘦的人多服用助消化药能增加体重。

有些消瘦的人，食欲不好，多吃一些胃就不舒服，因此为了增加体重，经常服用助消化药，想以此改善食欲。其实，这样并不能解决根本问题。人的消化除了机械性消化，即消化道的蠕动对食物的传送和粉碎，还包括各种腺体分泌的消化液对食物的化学性消化。食欲不振或胃不舒服，一定要首先明确原因，针对原因用药，才能取得好的效果。另外，凡是药物都有一定的副作用，尤其是长期服用的药物一定要搞清楚其副作用及掌握适当的用量，这些都是比较专业的问题。因此，最好是在医生的指导下，根据需要服用药物，不要自作主张服用药物。药物用得恰当，可有助于增加体重，用得不合适，则对身体有害。

第五章 形体训练的注意事项

第一节 形体训练中常见的运动损伤及其处理

运动损伤是指在运动过程中发生的各种伤害事故。形体训练的目的是增强体质，健身美体，但是，如果在锻炼过程中不重视运动损伤的预防工作，不积极采取相应的预防措施，就可能发生运动损伤。运动损伤会影响练习者参加正常的训练，甚至影响日常的生活和学习，影响身体的健康，给大众造成不良的心理影响。而在形体锻炼中由于种种原因，如人的年龄大，柔韧和力量差，没有把握好练习的内容、节奏，片面追求另一面，如加入大量的拉伸练习，就容易造成拉伤。由于腿部力量弱，在完成跑跳练习时可能将踝关节的外侧韧带扭伤，或使膝关节的韧带及软组织损伤。还由于某些急于减肥的人，盲目加大运动量，机体得不到完全的恢复，长期如此，容易出现过度疲劳。过度疲劳是疲劳积累，使机体内部功能失调，对身体造成较大的危害，这往往会使练习者取得的效果丧失殆尽。在夏天练习，出汗较多，要及时补充失去的水分和无机盐，否则将影响身体机能，出现虚脱，产生疾病。只有了解损伤产生的原因，并及早加以预防，才能减少伤害事故。

一、造成损伤的一般原因

1. 训练前未进行充分的热身活动。
2. 训练后未进行充分的放松活动。
3. 训练前后未进行充分的伸展活动。
4. 训练的量过大。
5. 缺乏适当的休息。
6. 所穿的鞋子不适合训练者的鞋码。
7. 训练器械的缺乏。
8. 对身体的某一部位进行了过多的重复练习。
9. 忽视了身体状况。
10. 技术动作缺少准确性。
11. 没有接受充分的训练指导。
12. 训练场上的同伴过多，而造成了干扰。
13. 忽视了训练的安全准则。
14. 缺少必需的营养供应。

二、常见的运动损伤及处理

1. 擦伤

是指在进行形体训练时，因皮肤受挫而开裂、出血或组织液渗出。如果是小面积擦伤，可用红药水涂抹伤口，不必包扎。若大面积擦伤，则应先用生理盐水洗净后再涂抹红药水，覆盖消毒布，最后用纱布包扎。如发现撕裂，则需进行缝合。

2. 挫伤

因练习者相互碰撞或撞击器械所致伤。一般性挫伤，在伤处会出现红肿、皮下出血和疼痛。如内脏器官损伤时，则会出现头晕、脸色苍白、出虚汗等症状；重症者还会因内脏出血而引起休克。处理时，轻者在24小时内先冷敷患处，抬高伤肢，必要时加压包扎。待过24小时后，可施行热敷、按摩。若内脏损伤时，应及时送医院治疗。

3. 拉伤

在形体训练中，常在外力直接或间接作用下，使肌肉过度主动收缩或被动拉长时造成损伤。受伤后，伤处疼痛、局部肿胀、压痛，伤后肌肉功能减弱或丧失。处理方法如下：

(1)一般施行冷敷局部，加压包扎，并抬高伤肢，待过了24小时后，拆除包扎，视伤情处理。

(2)药物：各类中西医拉伤药均可视情而用。

(3)中期处理：改善伤部的血流和淋巴循环，促进组织的新陈代谢，使淤血与渗出液迅速吸收，加速再生的修复。可采用热疗、按摩、拔罐、药物，早期功能锻炼。

(4)后期处理：增强和恢复肌肉关节功能。如有斑痕、硬结和粘连，应使用按摩理疗和功能锻炼，适当使用药物，设法使之软化放松。

4. 肌肉痉挛

肌肉痉挛又称抽筋，是一种强直性肌肉收缩不能缓解放松的一种现象，常发生在腿部的腓肠肌、屈拇肌和屈趾肌，通常在冬季发生，这是因为冬季准备活动不充分或穿衣单薄，小腿肌肉受到寒冷的刺激，肌肉不适应剧烈运动所致。因此在训练中，首先要注意保暖，对痉挛的肌肉用力量加以牵引，如坐在地上，用抽筋的同侧手扶住抽筋腿的膝盖，另一手搬住小腿下部，用力向上搬，拉长抽筋肌肉，片刻就能解除；也可用按摩的办法，用手使劲按摩，推、揉、搓抽筋部位，或用热毛巾、热水袋敷都可以解除痉挛。

5. 关节韧带损伤

在形体训练中，以肩关节、踝关节、髌骨、腰部关节的损伤最为常见。如在高低不平的场地上运动或运动前准备活动不足，踝关节易发生内翻造成外侧副韧带的扭伤、断裂，甚至骨折。在徒手练习中因臂或腿摆幅过大，造成肩关节和腰部受伤，在举重物练习中，因技术上的错误造成手腕或腿部关节受伤等，这类关节致伤后，一般表现为压痛或疼痛，急性期有肿胀和皮下淤血，关节功能发生障碍等。关节韧带损伤后，在24小时内先冷敷患处，抬高伤肢，必要时加压包扎，过了24小时后可采用理疗、按摩和针灸等方法治疗。待疼痛减轻后，可增加功能性练习。对急性腰部扭伤，如果出现剧烈疼痛时，则不可轻易扶动，应让患者平卧，并用担架送医院诊治，处理后，应卧硬板床或在腰部下面垫一枕头，使腰部肌肉韧带处于放松状态，对治疗有明显的效果。

6. 关节脱位

在形体训练中，因受外力作用，使关节失去正常的连接关系叫关节脱位，又称脱臼。关节脱位可分完全性脱位和错位两种。脱位后常出现畸形，即刻发生剧烈疼痛和有明显的压痛，关节周围显著肿胀，关节功能丧失，有时还发生肌肉痉挛，严重时会出现休克。出现关节脱位后，先用夹板或三角巾固定伤肢，并尽快送医院治疗。如没有整复技术和经验，切不可随意做复位动作，以免加重伤情。

7. 骨折

在形体训练中，身体某部受到直接或间接的外界力量的撞击时可造成骨折，常见的骨折有肱骨骨折、尺桡骨骨折、手指骨折、小腿骨折、肋骨骨折等。骨折后患处出现肿胀，疼痛难受，肢体失去正常功能，肌肉可能产生痉挛，骨折部位可见到畸形，严重时还伴有出血和神经损伤，甚至发烧及突发休克等现象。出现骨折时，均勿随意移动肢体，需先用夹板或其他代用品固定伤肢。如出现休克时，应先施行人工呼吸，若伴有伤口出血，应同时施行止血，并及时护送至医院治疗。

三、如何避免受伤

当开始大量的训练活动之后，在训练中受伤的概率也就随着大大增加，在训练中完全避免受伤是不可能的，但却可以使受伤的概率减到最低限度。此外，如果能对自己身体各部位的工作和训练状况有较深的了解，这对于减少受伤的概率也是极有好处的。

在开始训练前，最好先挑选一些较为适合于你的体型类别的训练方法。虽然男性和女性的身体都是脆弱而易于受伤的，但就具体情况而言，由于男性上半身的体能状况较强，而女性上半身的柔韧性较好，因此，双方受伤的类型往往大相径庭，因此了解身体状况的长处和短处是减少受伤概率方面迈出的第一步。

当肌肉隐约出现痛感，这与肌肉的僵硬现象（这往往是由训练强度的增加而引起的）一样，是有关身体状况的警告标志，说明体内已出现了不好的趋势。因此必须要及时对身体加以检查，以免使身体出现受伤状况。如果发现自己经过一周的训练后，训练水平仍未有所提高的话，就应该停止训练，并重新安排训练方案。此外，对于身体特殊部位的训练可以采取轮流训练的方法。

充分的休息，要保证自己在训练日之间能得到充分的休息，因为如果让肌肉始终处在紧张的工作状态中，肌肉就会因过度疲劳而受伤，而且，在这段休息时间里，身体也能得到足够的营养补充。一般说来，训练量越大，肌肉恢复的时间也就越长。当然，随着你的训练级别的提高，肌肉的恢复时间也会相应地缩短。而在你对身体主要肌肉群进行锻炼后，肌肉的恢复时间则会更长一些。

避免过度的疲劳。当你感到十分疲劳时，千万不要勉强进行训练。因为这很容易使自己受伤。而这种过度疲劳往往是由训练过度引起的。事实上，如果你在训练中十分留心的话，你就会发现训练过度的迹象十分普遍。例如你的肌肉、肌腱或关节出现了疼痛和肿胀的感觉时，你就已经是训练过度而过于疲劳了。此外，四肢无力、肌肉不由自主地出现抖动现象、肌肉麻木、肌肉发烫等征兆，都是过度疲劳的明显表现，而且这往往还会导致失眠、咳嗽、感冒和其他一些病症。

因此，训练者应仔细地关注自己的身体状况，以便防患于未然。

第二节　形体练习的生理负荷和自我监督

一、生理负荷

由于每个人的体质不同，因而对运动量大小的适应能力也有所不同。在形体锻炼中，为了进行科学的锻炼，取得最佳的效果，只有适宜的负荷刺激，才能达到增强体质，改善形体的目的，一方面应避免运动过量所带来的疲劳伤害身体，另一方面应防止运动量不足而达不到锻炼的效果，因此科学地确定适合于自己身体情况的锻炼负荷，是获得锻炼效果的前提。

1. 用锻炼时的心率确定运动负荷

(1)对没有训练基础的人

220次/分－年龄＝最高极限心率

这个公式是由美国空军医生库博提出来的，他将运动强度量化了。

例如45岁的人其最高心率为

220次/分－45＝175次/分，即45岁的人最大心率为175次/分。

(2)有训练基础的人

205次/分－年龄的一半＝最高极限心率

以上是计算运动强度的极限指标，那么健身的心率范围多大为适宜呢？

美国健身研究协会推荐的健身指标区是：

最大心率×(65%～80%)

美国心脏学会推荐的健身指标区是：

最大心率×(60%～75%)

美国运动医学院推荐的健身指标区是：

最大心率×(65%～90%)

心率在上述指标范围内是属有氧运动，故称健身指标区。而百分比的指数越高，对身体的影响就越大，锻炼的效果就越明显。如果百分比指数超过上述范围则是无氧训练，对健身无益，但过低对身体又不起作用，只能是一般活动而已，因此只有确定适合自己的负荷，才能收到锻炼效果。

2. 用锻炼时的感觉确定运动负荷

在锻炼中经常自测心率是很麻烦的。为此，瑞典生理学家Bong又设计出用运动感觉确定运动负荷的新方法。这种方法是用主观心理用力感觉等级表(简称RPE)作为运动时心理负荷标志。该表自我感觉分为6～20级，并以RPE值乘以10为接近当时负荷者的心率水平。许多学者对运动试验时的RPE与各项客观检查指标，如心率、血乳酸、最大的吸氧量等作了比较，发现主观用力感觉和上述生理指标相关密切，RPE与心率之间的相关数为0.80～0.90，在进行形体锻炼也可参照表5－1。

表 5-1　主观用力感觉等级表(RPE)

自我感觉	等级	自我感觉	等级
非常轻松	6，7，8	累	15，16
很轻松	9，10	很累	17，18
尚轻松	11，12	精疲力竭	19，20

二、自我监督

1. 自我监督的目的和意义

自我监督又称自我检查，是形体锻炼者在练习过程中，对自己健康状况和生理功能变化作连续地观察并定期记录。其目的在于评价锻炼结果，调整锻炼计划，防止过度疲劳和运动性损伤，更有利于提高健康水平。同时经常地自我监督对于增进信心，坚持科学锻炼，防止过量或不足，对提高锻炼效果和养成良好运动卫生习惯等都有重要意义。

2. 自我监督内容和方法

自我监督的内容包括主观感觉和客观感觉，可依据表 5-2 进行。

表 5-2　形体锻炼自我监督记录表

项目	内容	周记	自我评估
主观感觉	运动心情 身体感觉 睡　眠 食　欲 排汗情况		
客观检查	晨起心率 运动心率 肺活量 血　压 体　重		

(1) 自我感觉

自我感觉又称身体感觉，是人体功能状况，尤其是中枢神经系统功能状况的反映。身体健康的人总是精力充沛，活泼愉快的。但在患病或练习过度时，就会感到精神萎靡不振、软弱无力、倦怠或容易激动等。在进行记录时若精力充沛，活泼愉快，则可记为“良好”；若精神萎靡不振、软弱无力、倦怠或容易激动，则可记为“不好”；若精神状况一般，但又未出现上述不良现象，则可记为“平常”。

①运动的心情

运动心情与精神状况是密切相关的，一个心情愉快，乐意参加练习的人，若出现对练习不感兴趣，表示冷淡或厌倦的情绪，则可能是练习方法不当或疲劳过度的表现，根据练习的心情分别记录为“很想运动”、“愿意运动”、“不想运动”、“冷淡”或“厌倦”等。

②锻炼后的食欲

经过一阶段的形体锻炼后，如果食欲良好说明运动量适宜；如果食欲减退，甚至厌食，说明疲劳过度需适当减少运动量，如果训练前后的食欲无变化，则可能是运动量不足，需进一步调整运动量。记录时应按实际情况填写“良好”、“平常”、“减退”或“厌食”等。

③排汗情况

排汗是人体蒸发散热的一种方式。运动时人体排汗量的多少，常与运动量、训练水平、饮水量、气温、空气湿度、风速及衣着有关。如果其他因素相同，人体的排汗量将随运动量的加大而增多，又随训练水平的提高而减少。当饮水量增加，气温增高，空气湿度加大时，排汗量也会相应增多。在适宜的外界条件及运动量下，若出现大量排汗，甚至发生夜间盗汗等反常现象，则可能是近期内运动量过大，或身体功能状况不良，健康状况下降的反映。记录时应根据排汗量的多少，填写为汗量“平常”、“减小”、“增多”、“面部或汗衫上有盐迹”或“盗汗”等。

④锻炼后睡眠

睡眠是身体恢复疲劳最基本的方式之一，它在恢复疲劳中起着其它方法无法代替的作用。经常锻炼的人，运动适度，所产生的良好反应是入睡快，梦少，不易被轻微响声惊醒，晨起精神饱满；运动过量所产生的不良反应则是入睡慢，易醒，多梦，晨起仍感困乏，应当改变锻炼方法和减小运动量，记录时可分别写“良好”、“一般”、“入睡迟”、“易醒”、“多梦”、“失眠”等。

⑤疲劳的判断

人体运动到一定的时候都会出现组织器官甚至整个机体工作能力暂时下降的现象叫疲劳。疲劳是一种综合性的生理过程，特别是疲劳感，是一种保护性反应，这种保护性反应可使与机体生命攸关的机能免于过度衰竭。因此，通过对疲劳程度外部表现的观察和自我感觉，是判断形体锻炼能否正常进行的一种方法。

运动性疲劳大体可分为肌肉疲劳、神经疲劳和内脏疲劳三类：肌肉疲劳时表现为肌力下降，肌肉收缩速度和放松速度减慢，收缩时间比正常时延长4~5倍，放松时间延长可达12倍，严重影响肌肉的快速、协调动作，肌肉出现僵硬、肿胀和疼痛，可能是由于负荷过重使肌纤维发生细小损伤，乳酸等代谢产物的积存和水分的积蓄等多种因素引起的；神经疲劳表现为大脑皮层功能下降，如反应迟顿、判断错误和注意力不集中等，此时大脑皮层其他部位以及下中枢功能亢进，膝反射发生改变，脑干及小脑功能低下，动作协调性受到破坏；内脏疲劳多表现为呼吸及心脏疲劳，呼吸肌疲劳使呼吸变浅、变快，气体交换能力下降。心脏疲劳时心电图发生变化。

疲劳的程度可分为轻度、中度和非常疲劳（表5-3），在一般情况下，可以通过练习者的自我感觉（如疲乏、头痛、腿痛、心悸、恶心等）来判断疲劳的程度，有时也可测定某些生理指标以作为判断疲劳程度的依据。

表 5-3 疲劳程度标志

程度内容	轻度疲劳	中度疲劳	非常疲劳
自我感觉	无任何不舒服	疲乏、腿痛、心悸	疲乏、腿痛、心悸，同时伴有头痛、胸痛、恶心甚至呕吐等现象，这些征象保持相当久
面色	稍红	相当红	十分红或苍白，有时呈紫色
排汗量	不多	甚多，特别是肩带部分	非常多，尤其是躯干部分，在颞部及汗衫和运动衣上可出现白色盐迹
呼吸	中度加快	显著加快	显著加快，并且表浅(其中有少数深呼吸出现)有时呼吸节律紊乱
动作	步态轻稳	步伐摇摆不稳	摇摆现象显著，在行进时掉队，出现不协调动作
注意力	比较好，能正确执行指示	执行口令不准确，改变方向，发生错误	执行口令缓慢，只有大声口令才能接受

根据疲劳程度的标志，如果是轻度疲劳可继续练习；如果是中度疲劳，要适当减小运动量；如果是非常疲劳，则要完全停止一段时间的练习，必要时还需请医生治疗。

(2)自我监测

①测量脉搏的变化

正常成人安静时的脉搏频率为100次/分以下，锻炼前应测量脉搏频率，并记录下来以便对照。锻炼后应立即迅速测量脉搏，因这时脉搏频率变化较快，稍慢则测出的数据就不准确。在锻炼后，脉搏频率恢复到锻炼前的速度跟锻炼程度是相对应的，一般情况如下：

小强度锻炼后的脉搏频率为130次/分以下，在10分钟以内可恢复为锻炼前的脉搏频率。

中强度锻炼后的脉搏频率为130～160次/分，在10分钟以内脉搏频率恢复到较锻炼前快30次/分以内。

大强度锻炼后的脉搏频率为160～200次/分，在10分钟内脉搏频率恢复到较锻炼前快50次/分以内。

如果长时间不能恢复到锻炼前的脉搏频率，或经过一个阶段的锻炼，脉搏频率反而比锻炼前的正常值增加，则说明运动量过大，机体反应不良，需要减少运动量。

另外一种测量方法，即在每天早晨醒来静卧床上时，测量脉搏频率并记录下来。如锻炼以后的每晨脉搏频率，比参加锻炼以前的每晨脉搏频率下降或不变，说明机体反应良好；若比参加锻炼前的每晨脉搏增加，则说明运动量过大，机体反应不良，需要减少运动量。

②测量血压的变化

锻炼前先测量一下血压并记录下来以便对照。正常成人安静时，收缩压为 90 ~ 130 毫米汞柱，舒张压为 60 ~ 90 毫米汞柱。血压的变化与锻炼的强度有关，一般情况如下：

小强度锻炼后，收缩压上升 20 ~ 30 毫米汞柱，舒张压下降 5 ~ 10 毫米汞柱，并可在锻炼后 5 分钟内恢复到锻炼前血压数值。

中强度锻炼后，收缩压上升 30 ~ 40 毫米汞柱，舒张压下降 10 ~ 20 毫米汞柱，在锻炼后 30 分钟内恢复到锻炼前血压数值。

大强度锻炼后，收缩压上升 40 ~ 60 毫米汞柱，舒张压下降 20 ~ 40 毫米汞柱，一般在锻炼后 24 小时内恢复到锻炼前的血压数值。

若锻炼后收缩压上升明显，舒张压亦上升；或者收缩压上升不明显，甚至下降，而舒张压上升；或者恢复原血压数值的时间延长，这些都说明运动量过大，身体机能反应不良。

另外在锻炼过程中，如果早晨血压比锻炼前高 20% 以上，或经常保持在 140/90 毫米汞柱以上，说明运动量过大，应酌情减少运动量。

③测量体重的变化

在自我监测中检查体重变化规律时，要注意年龄和性别的差异。当参加系统的锻炼后，体重变化可分为三个阶段。第一阶段的体重有逐渐下降的趋势，这是由于机体失去过多的水分和脂肪的结果。这个阶段一般持续 3 ~ 4 周，在此阶段内，体重一般下降 2 ~ 3 千克，对体型较胖或参加系统练习前活动较少者，体重下降的幅度还要大些。进入第二阶段时体重处于稳定，在此期间，运动后减轻的体重在 1 ~ 2 天内得到完全的恢复。这个阶段持续 5 ~ 6 周以上。进入第三阶段，肌肉等组织逐渐发达，体重有所增加并保持在一定的水平上。

在进行自我监测时，每周可测量体重 1 ~ 2 次，每次测量应在一天的同一时间内，最好是早晨进行。若条件允许，应做到空腹，排空大小便，少穿衣，以避免因条件不同出现误差。此外，还可测定运动前、后的体重变化，以观察运动时对机体的影响。如果出现体重“进行性下降”，并伴有其他异常现象时，可能是过度训练或患有慢性消耗性疾病，应查明原因。

第三节　形体训练的注意事项

肌肉是塑造美的体型的主要因素，通过形体训练，可以使人体更多的肌肉参加活动，使肌肉周围的微细血管增加，促进肌肉所需的营养供应和新陈代谢活动，从而为全面发展人体的肌肉系统，塑造线条明显的健美体型打下基础。但是，没有科学的训练方法指导是不能达到理想的效果的。因此，在形体训练的各项练习中，应该注意以下几点：

一、锻炼前的身体检查与评定

提起锻炼，人们会说出一大堆好处，但是如果锻炼不科学，不但不会增进健康，反而会损害身体。那么如何科学健身，如何严格按照科学的方法去做才会收到良好效果呢？专家建议，锻炼前一定要做身体检查与评定，因为每个人的身体条件都不同，要想获得最佳的健身效果，就要通过身体检查与评定结果，制定出一套完全适合于你的健身方法。

健康检查一般包括身体形态与身体成分检查评定、合理机能检查评定、身体素质检查评定和心理检查评定等。身体形态检查的目的，是了解自身目前身体形态在生长发育的程度，需要做哪些改进，并经过一段训练后，对照检查效果。常用的形态测量指标有：身高、体重、坐高、肩宽、腰宽、臀宽、腰围、臀围、上肢围高和下肢围高等。

身体成分检查的目的，主要是检查人体脂肪含量和分布，主要是针对肥胖人，通过测定肥胖程度，确定是否需要减肥，制定减肥运动方法。

生理机能检查的目的，是了解目前身体各系统机能处在什么水平，为制定锻炼计划提供依据，还可以评定运动效果，检查运动后疲劳和恢复的程度。

二、要充分做好准备活动

可能每个人都知道，在进行锻炼前应做准备活动，但许多人往往忽略这一点，也有人认为形体训练出现外伤的可能性很小，不需要做准备活动，这种想法是不正确的。我们都知道，如果所要参与运动的肌肉和韧带预先没有舒展和拉长，各关节也没有活动好，那么在锻炼中就会感到不舒服，肌肉不得劲儿，特别是在进行器械锻炼时，有人就会感到心慌气短，甚至有人会出现肌肉和韧带的损伤。

准备活动是在锻炼前进行的练习。通过准备活动可以使内脏器官逐渐兴奋起来，克服内脏器官的生理惰性，使全身的肌肉、韧带和关节得到充分的活动，并使机体尽快达到适宜的协调的运动状态，为正式锻炼做好机能上的动员和准备。只有这样，机体在进入正式运动时，才能发挥更大的工作效率，并可避免或减轻心慌、气喘、出冷汗、腹痛和动作变形等现象，防止肌肉韧带和关节出现损伤。

做准备活动，要求轻松自如，由弱至强，根据每个人的具体情况，强弱适度，不求一律。准备活动的时间一般在15分钟左右，夏天可短些，冬天可长些，以自我感觉的好坏为准。如果感到关节灵活，身体轻松有力，全身发暖，微微出汗，那就说明准备活动已很充分，并可开始正式锻炼了。

三、锻炼后的整理活动

锻炼一结束，往往有人因为疲乏席地而坐。其实，这样做不仅对身体有害，而且会更加感到胸闷气短、头晕恶心，出现这种现象主要是因为运动后没有做好整理活动。

运动后的整理活动，是通过肌肉放松而有节律地收缩，改善肌肉的血液循环，使缺氧的感受和积聚的代谢产物迅速消散。它有助于缓解肌纤维痉挛并使吸氧量维持在一定的水平，有利于偿还“氧债”和加快乳酸消除，减轻疲劳，促进体力恢复，使肌体由紧张状态转入轻松安静状态。

做整理活动时，应先慢跑，然后再做全身性的肌肉放松活动。整理活动的最佳强度约是锻炼强度的50% ~60%，这样才有利于促使循环与呼吸功能保持一定的水平，加速代谢产物的消散。整理活动量要逐渐减小，速度要逐步减慢，活动时要结合深呼吸运动，以加大肺的通气量，提高气体交换，这对神经系统也有良好的调节作用。当自我感觉到呼吸和心脏搏动稳定，不适的感觉消失，身体觉得轻松时就可以结束整理活动。锻炼后能够沐浴放松更好。

四、合理安排锻炼的时间

在一天中，什么时间进行形体锻炼好呢？这要根据每个人的作息时间和生活规律来安排。同时，应摸索符合自身锻炼的规律性，即在锻炼时能很快调动起机体的兴奋性和锻炼后感到舒适为准，然后争取每次都在这个时候进行锻炼。定时进行锻炼，可以使肌体产生一系列适应性变化，让身体各器官机能在锻炼时充分调动起来，以达到锻炼的最佳效果。在条件允许的情况下锻炼，最好安排在下午 4 ~ 6 时，因为午饭 2 小时以后，食物经消化吸收，进入血液循环，对组织细胞的能量代谢起到化学刺激作用，这时人体产生热量最高，有利于锻炼时能量代谢成倍增长的需要。另外人体生物钟一般在此时使机体处于最佳运动状态，精力充沛，运动量可以加大。锻炼后，人体需要充分的营养和休息，晚饭和晚上睡眠正是对体力消耗和疲劳机体的一种及时补充和休息，同时也有利于肌肉的增长，巩固锻炼的效果。

一般来说，早上、白天和晚上都可以锻炼，每次 1 小时左右，每周练习的次数，根据各自的体质、工作和学习情况而定。饭前锻炼后要休息半小时才能用餐，饭后最好要休息 1 小时后再练习，晚上在临睡前 1 ~ 2 小时结束练习，以免影响入睡而有碍第二天的正常事务。

形体锻炼有健身操、专门性器械、轻器械等不同方法，各种锻炼方法的要求、目的不同，锻炼的时间间隔也有所不同。健身操主要为了加强身体各部位的协调性，减少多余脂肪，改善形体，因此，一般以每天锻炼一次为好；器械性的一般情况是隔一天锻炼一次为好，因为休息一天，可对消除运动造成的机体疲劳，补充机体消耗的能量。但间隔时间过长，也达不到预期的锻炼效果。运动对机体产生的作用是不能储存的，如果参加锻炼后 48 ~ 72 小时还不进行适当负荷的力量训练，那么上一次锻炼对肌肉产生的作用就会逐渐减弱以至消失。但如果运动安排得过密，消耗过多，也会使身体疲劳过度，甚至造成损伤，这样反而达不到锻炼的目的。

五、把握练习的强度

研究和实践表明，当运动强度达到练习者最高心率的 65% ~ 85% 时，锻炼效果最佳。测定方法为：最高心率 = 220 - 年龄。例如，30 岁的人最高心率为 220 - 30 = 190 次/分，那么运动强度上限应为 190 × 85% = 161.5（次/分）。不同季节、环境要有所区别，在气温较低的冬春季节，每次锻炼要求出汗，而气温较高的夏秋则以自身感到有疲劳感为度。以各人的健康状态和体力水准随时调整运动量，进行自我调节，做到心中有数，量力而行。当身体不适时，应暂停或减小练习强度，且不可兴奋过度而损伤机体，逐步学会自我控制。

六、运动量适宜

在进行形体锻炼时，总的原则是运动量要由小到大、由低到高，保持一定的时间后，再大、中、小有节奏地调整处理。特别要注意的是，为了追求某种效果，随意增加练习的组数、次数和延长时间，这样做不仅不能如愿以偿，而且适得其反。有些人在锻炼中往往过高地估量自己，而使运动量太大，因而使身体疲惫不堪。同时在肌肉疲劳尚未消除之前，又开始新的锻炼，这种锻炼时间过长或次数太频，会使机体得不到足够的时间来恢复和补充在长时间锻炼中所消耗的能量物质，会使练习者削弱甚至失去精神集中的能力，容易引起运动损伤。同时也会使锻炼的兴趣下降，变愉快为烦恼。因此适宜地掌握运动量的大小，反映在动作方面，相应地要求在动作部位、幅度、力度、进程等与生理负荷能力保持一致。

七、要注意安全

首先，体现在形体锻炼中的跑动、跳跃类动作居多，因此要认识到正确的落地动作方法是防止扭伤或拉伤(特别是足、踝关节)、保持动作到位的先决条件。其次，重视练习的着装，应尽量穿运动服、运动鞋，总原则是舒适、质地柔软、通气和吸汗性能良好，有利于身体自由活动。同时做到脱衣活动，穿衣休息，防止感冒，所穿的服装要保持清洁干燥，并符合季节要求，夏季排汗量较多，被汗水浸湿的衣裤要勤洗勤换，内衣内裤不宜过紧，以防在锻炼中擦伤会阴及臀部的皮肤。所穿的鞋要合脚，要经常刷洗，保持清洁、干燥。第三，进行器械的形体练习，要养成使用护腕、护膝、护腰、半指手套等保护用品的良好习惯，以避免损伤。第四，老年人参加锻炼最好有人陪伴，以防不测。第五，在冬季锻炼要防止感冒，另外也要注意脸盆、毛巾、杯子等个人用具要经常用开水烫洗，保持干净，防止传染病，切忌与他人合用。

八、要重视全面锻炼

形体练习的目的，是要使全身肌肉有弹力、有线条，发展匀称丰满，内脏器官机能旺盛，只有坚持身体全面锻炼，然后再加练不足的部分，才能达到这一目的。有的人单纯练一部份肌肉群，如只练腹肌不练背肌就起不到消耗其脂肪，促进肌肉全面发展的作用；只练上肢而不练下肢，则会导致头重脚轻；只练下肢而不练上肢，会造成上细下粗，只有进行全面锻炼，才能使身体各部分比例匀称而优美。就身体素质而言，在平时，练习者往往对于柔韧性练习不够重视，其实柔韧性练习可提高肢体、肌肉的活动度，使动作轻松自如，增强动作造型的韵律，使形体动作充满活力，因而每天坚持拉伸主要关节，直至微感酸痛为度，长期坚持，一定会使动作更美，体态更加轻盈。

九、要坚持循序渐进，经常锻炼

形体锻炼可以促进人体的生长发育，改善体型，但使身体由弱变强，由丑变美，急于求成是办不到的，只有坚持循序渐进，根据自己的体质体态条件，制订一个切实可行的锻炼计划，由慢到快、由轻负荷到重负荷，内容由少到多，经常锻炼、天天锻炼，才能促进机能的发展，改善体型，达到健身美体的目的。如果违反其规律，心血来潮时练一阵子，一懒就几天不练，或一下子量过大或过小，都是不行的。一则量大会损害健康，二则量小没有效果，三则由于在不练情况下，体内消耗就明显减少，过剩的营养就会转变为脂肪堆积起来，内脏机能也相应减退，因而胖的会更胖，瘦的也不能丰满。从生理的角度来讲，只有循序渐进，经常坚持锻炼才能奏效。

十、针对性别、年龄进行锻炼

在青少年时期，长骨正处于生长期，加强下肢骨的锻炼，可增加身体的高度和腿的长度，使人体的比例美观。女青年的健美锻炼与男青年的健美锻炼有区别。女青年要重视胸部和腹背部肌肉的锻炼，促进胸部发育，减少腹部脂肪堆积；男青年则要重视身体各部位的肌肉锻炼，促使肌肉发达。到了青壮年时期，除了保持以上部位的锻炼外，女子要重点加强腰、腹、臀肌的锻炼，防止脂肪堆积，增强肌肉弹力；男子则要加强力量的锻炼。在青春期坚持锻炼，脂肪储存很少，皮肤保持较好的弹性，才能使青春健美持久，有病态或身体有畸形缺陷的人，要及早进行医疗与体疗相结合的矫正治疗。

十一、要注重饮食搭配和睡眠

形体锻炼的目的是改善形体，增进健康。饮食是人体健康、形体健美的基础，二者是相互影响，相互促进的。只有在形体锻炼的同时，根据自身形体健美的要求。依据各类食物的营养成分及所含热能，科学合理地制定和调整个人饮食结构，才能更好地达到形体健美的要求。

人体需要的营养有糖、脂肪、蛋白质、维生素、无机盐和水等，其中糖、脂肪、蛋白质是人体热能的三大来源，维生素是维持人体生命的不可缺少的一类有机化合物，矿物质是构成体质和调节生理机能的重要物质，水则是机体不可缺少的重要营养素，约占成年人体重的60% ~ 70%。这些营养都来自我们日常所吃的食物，只要不偏食，就能从多种食物中摄取各种营养素，满足日常生活和锻炼所需要的营养物质要求。如果想把自己的体型塑造得更加健美，不妨参照以下饮食原则：

1. 以低脂肪食品代替高脂肪食品；
2. 减少食肉，多吃蔬菜、谷物及低脂肪制品；
3. 控制吃盐或含盐食品；
4. 少吃粮；
5. 注意吃原粒粮食；
6. 警惕酒精；
7. 多吃健康食品，如自然坚果、芝麻、黄豆芽、新鲜的原始麦麸和麦芽、酸奶、新鲜水果和蔬菜等。当然睡眠也应重视，这样才能使身体得到充分的休息和恢复，以保证练习的正常进行。

十二、讲究形体训练动作与呼吸的协调配合

呼吸在形体训练中起着非常重要的作用。只有呼吸和动作的协调配合，才能使肌体摄取更多的氧气和排出更多的二氧化碳，从而增加肌肉力量，提高运动能力。否则，运动时呼吸与动作配合不好而造成气喘，人体便会缺氧，肌肉无力，很快出现疲劳状态。

在进行练习时，一般应在用力或肢体伸展时，用鼻子深深地吸气，在运动还原或肌肉放松时，用口充分地呼气。呼吸要深，要有节奏。一方面要强调呼吸在形体锻炼中的重要意义，另一方面又不能让练习者过分注意自己的呼吸情况而分散他们的精力，有意强制地控制呼吸，反而影响动作的协调性，打乱自然的呼吸节奏，影响呼吸与练习的配合。因此练习时

呼吸以自然为准，这种自然呼吸实际上就是呼吸与动作有节奏地协调配合。

在做某些动作时，如负重深蹲、仰卧起坐，为了发力，有时需要憋气，这种情况多在用力前深深地吸气，然后随着用力程度的加强，使肺内气体借助呼吸肌和腹肌收缩而有节制地用力呼气。憋气可以反射性地使肌肉在短期内力量增大，这时胸内压和腹内压升高，胸廓和骨盆得到固定，为上下肢肌肉活动创造了稳固的支点，使肌体的力量增大。

实践篇

第六章　基本素质训练

形体基本素质练习是形体训练的最重要的内容之一。通过大量的练习，可对人体的颈、肩、胸、腰、腹、腿等身体各部位进行强化，通过加强腿部支撑，提高人体站立、立腰、立背的力量。同时形体基本素质练习可以提高身体各部位的柔韧性。为塑造良好的人体外形形态打下良好的基础。

形体基本素质训练应注意的问题：

一、形体基本素质训练内容多，应遵循循序渐进的训练原则，由易到难，由简单到复杂。

二、每次形体训练要有重点，同时也要注意全面锻炼身体，避免内容单一化。

三、在进行形体基本素质训练前要热身，过后要放松。

四、在做双人配合练习时，要考虑对方的接受能力，用力要适度，以免发生伤害事故。

五、要强调对称动作的练习，避免身体对称部位的不协调。

第一节　腿部力量和柔韧性练习

一、脚面柔韧性练习

脚面柔韧性练习是形体训练不可忽视的一个环节，它对以后的各部位练习以及组合练习都有重要的作用，是体现形体美、姿态美的一个重要标志。一般采用单人练习和双人配合练习两种方式进行。

1. 单人练习

(1)跪坐压脚背练习

【预备姿势】练习者双腿跪坐于垫上，双脚双腿靠拢夹紧，脚面绷直贴于垫面上，收腹，立腰，双手放在大腿两侧撑于垫上，臀部坐于踝关节上。

【动作方法】

1×8 拍的 1～4 拍，一拍一动压脚踝，5～8 拍，臀部坐在踝关节上停 4 拍(图 6－1)。

2×8 拍动作，1～4 拍两膝盖打开，臀部上下一拍一动，压踝关节，5～8 拍臀部在踝关节停 4 拍(图 6－2)。

图6-1 跪坐压脚背

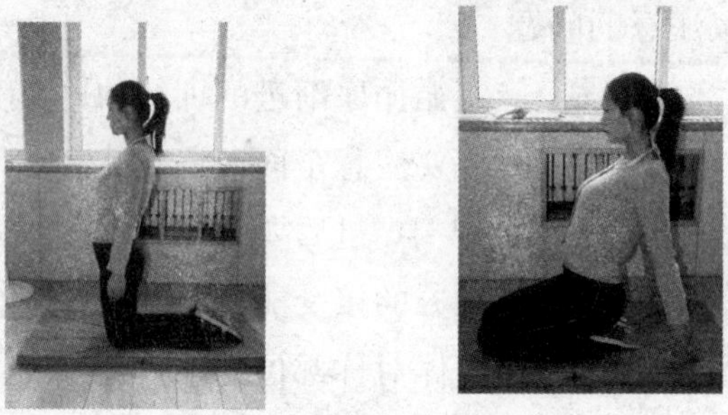

图6-2 勾、绷脚面

3×8 拍、4×8 拍同前 2 个 8 拍动作。

【动作要求】脚面绷直，收腹，上下压踝时动作柔和。

(2)勾、绷脚面练习

【预备姿势】直角坐于垫上，双臂置于体侧，中指尖点地，两腿伸直双脚放松(图 6-3)。

【动作方法】

1×8 拍的 1~2 拍，用力勾起双脚脚趾。

3~4 拍勾起脚面，脚跟用力前蹬，使脚面与小腿的角度越小越好。

5~6 拍动作同 1~2 拍。

7~8 拍绷脚面还原成开始姿态，1×8 拍反复一次(图 6-4)。

3×8 拍的 1~2 拍勾右脚，3~4 拍双脚交换，5~8 拍动作同 1~4 拍，反复一次，4×8 拍反复一次(图 6-5)。

5×8 拍的 1~2 拍，双脚勾，5~8 拍绷脚尖，反复一次(图 6-6)。

7×8 拍的 1~2 拍，双脚勾，3~4 拍，双脚外分开至最大限度，5~6 拍，双脚经外侧向前，7~8 拍绷脚尖。

8×8 拍的 1~2 拍同 7×8 拍的 5~6 拍，3~4 拍同 7×8 拍的 3~4，拍 5~6 拍同 7×8 拍的 1~2 拍，7~8 拍同 7×8 拍的 7~8 拍。

【动作要求】保持紧臂、立腰、立背、挺胸、立颈、微抬头的姿态，双腿并拢伸直，绷好脚面。

(3)举腿勾、绷脚练习

【预备姿势】平躺在垫上，收腹、挺胸、绷脚面，双手心向下置于体侧(图 6-7)。

【动作方法】

1×8 拍的第 1 拍:左脚向正方向绷脚面举起(图 6–8)。

2 拍:勾脚面(图 6–9)。

3 拍:绷脚面(图 6–10)。

4 拍:还原成预备姿势。

5~8 拍:双脚向正方向绷脚面举起，动作同 1~4 拍。

2×8 拍同 1×8 拍，动作相同，换脚做。

【动作要求】勾、绷脚面练习时，双腿要伸直，控制好身体形态。

(4)弹踢腿绷腿面练习(图 6–11)

图6-3

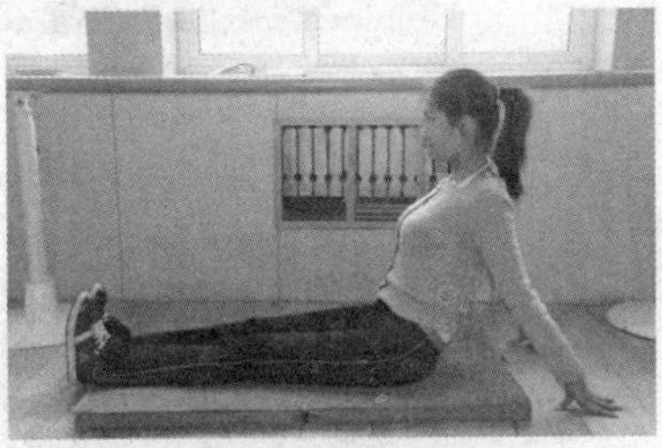

图6-4

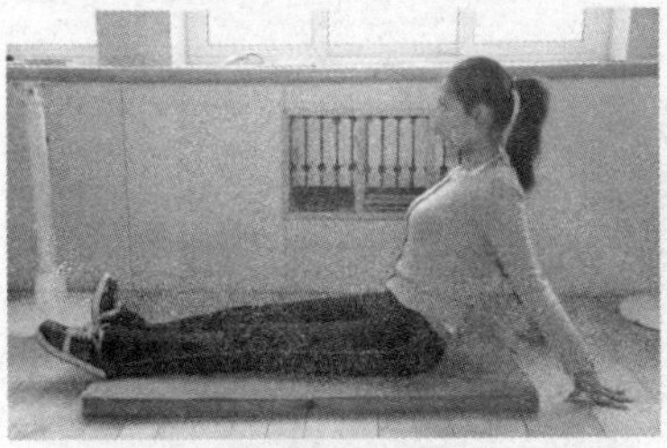

图6-5

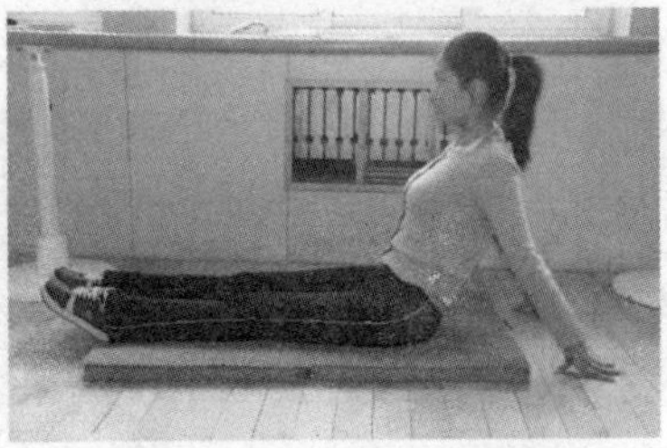

图6-6

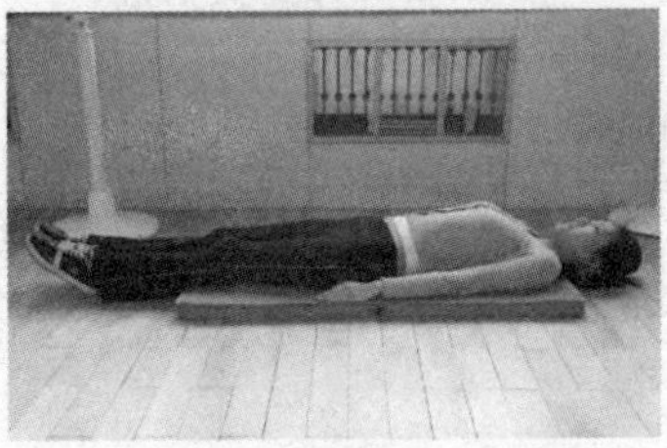

图6-7

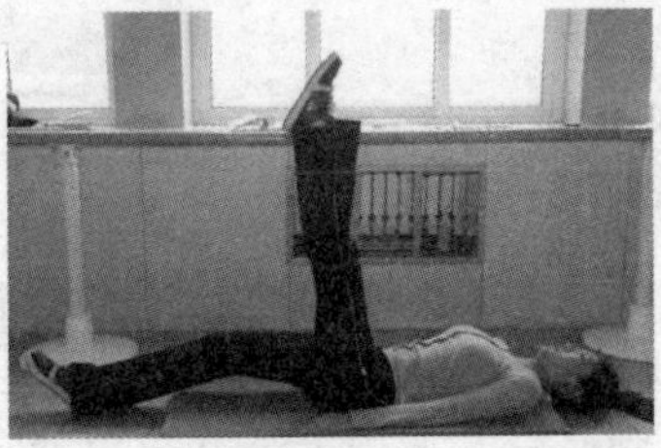

图6-8

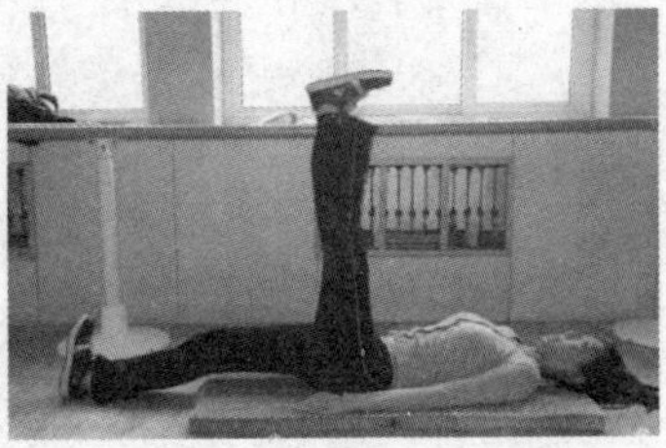

图6-9

图6-10

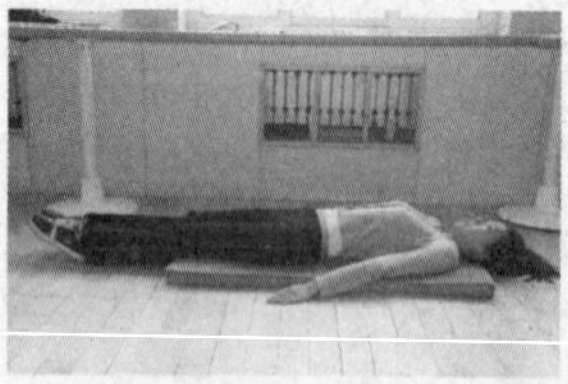

预备姿势

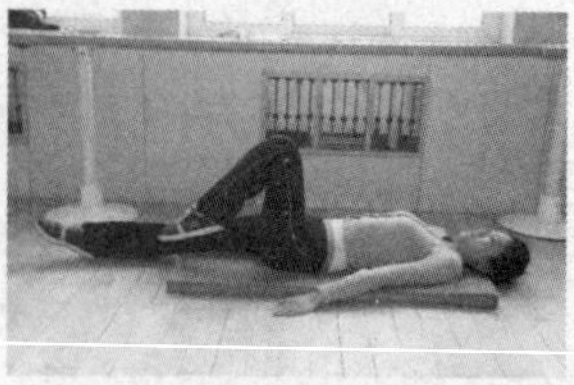

（1）

（2）

（3）

（4 ）

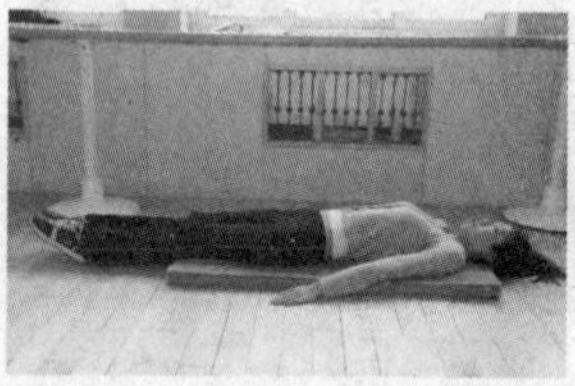

（5、7）

（6）

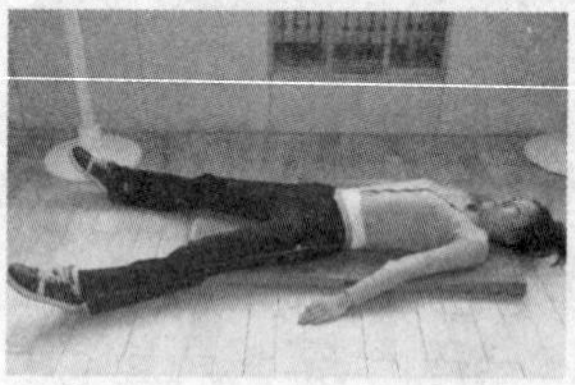

（8）

图 6－11

【预备姿势】平躺于垫上，挺胸，收腹，双腿伸直，双手心向下置于体侧。

【动作方法】

1×8 拍的第 1 拍：迅速向正上方收左腿。

2 拍：左小腿弹直成举腿状态。

3 拍：屈膝回收成 1 拍状后，迅速弹踢至斜上方。

4 拍：还原。

5 拍：左侧收左腿，大小腿紧贴地面。

6 拍：左小腿弹直，使大小腿、脚尖成一条直线。

7 拍：屈膝回收成 5 拍姿势后，迅速弹踢侧斜下方。

8 拍：还原。

2×8 拍同 1×8 拍，方向相反，动作相同。

【动作要求】

保持身体的基本形态，收腿时大小腿要夹紧，绷腿面脚尖点地，弹腿时，大腿不动小腿弹直，在侧弹腿时，骨盆固定紧贴地面。

(5)提踵练习

【预备姿势】面对把杆或墙壁站立，双手轻轻扶把杆(或墙壁)，立正站好(图6－12)。

【动作方法】

1×8拍的第1拍:双脚提踵立(图6－13)。

2拍:落下。

3拍:同1拍，4拍同2拍，5拍提踵立，6、7、8拍控制提踵。

2×8拍:1～2拍双脚提踵，屈膝下蹲，3～4拍回到预备姿势，5～6拍同1～2拍，7～8拍同3～4拍(图6－14)。

【动作要求】

保持上体的基本形态，立腰，立背提踵时以趾关节着地。

图6-12

图6-13

图6-14

2. 双人配合练习

【练习①】(图6－15)

【预备姿势】练习者直角坐在垫上，帮助者跪于练习者的对面，双手按在练习者的脚趾关节上。

图6－15

【动作方法】

一拍一压做4×8拍后，最大限度压，控制20秒，帮助者动作由轻压逐渐加力，练习者要保持身体的正确形态，配合帮助者进行练习。

【动作要求】练习者要夹紧双腿，绷脚面，紧臀，立腰，立背，肩放松后夹，挺胸，立颈，略抬头。

【练习②】(图6－16)

【预备姿势】两练习者直角坐在垫上，两人脚掌相对贴紧，双手在体后支撑上体。

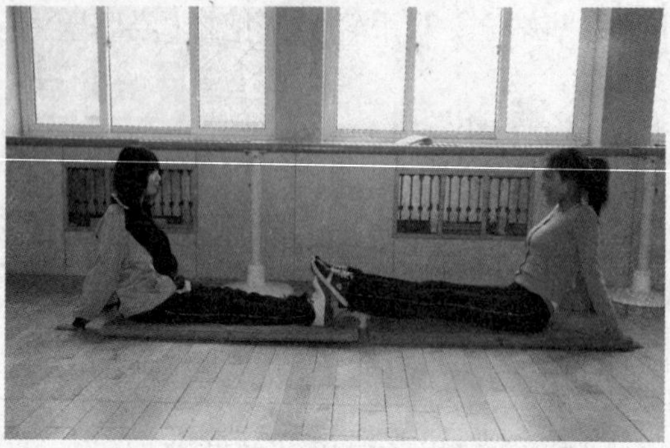

图 6－16

【动作方法】

1×8 拍，一人踝关节屈，另一人踝关节伸，一拍一动交换进行。

1×8 拍两人踝关节向外绕环，4 拍一动，脚跟不离地。

3×8 向内绕环，4×8 拍重复 1×8 拍的动作。

【动作要求】

练习者要紧臀，立腰，立背，挺胸，要最大限度屈伸踝关节并配合协调。

【练习③】(图 6－17)

【预备姿势】练习者跪坐于垫上，帮助者前脚掌踩在练习者的脚心处。

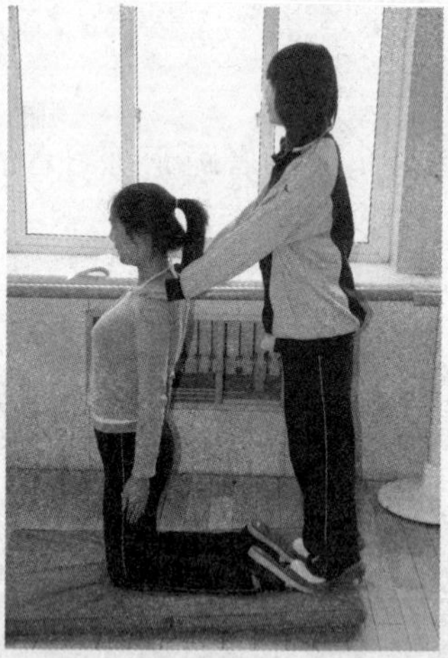

图 6－17

【动作方法】

1×8 拍时，帮助者踩其脚心为一压一放松，一拍一动，踩控制 3×8 拍。

【动作要求】

练习者双腿跪坐在垫上，双脚双腿靠拢夹紧，脚面绷直贴于垫面上，收腹，立腰，立背，头略抬，双手放松，放在大腿上，练习时保持上体形态。

二、腿部练习

腿部练习是基本功训练的主要部分，重点是加强髋关节、膝关节、踝关节的坚固性和灵活性，以提高站立姿态的腿部支撑能力和体型的优美程度，一般采用单人和双人练习两种形式进行。

1. 单人练习

(1) 直腿屈体压腿练习

【预备姿势】练习者立正站好，双臂伸直，十指体前交叉，手心向下(图 6－18)。

【动作方法】

1×8 拍的第 1 拍前半拍，用力下振，后半拍上体稍抬起，做 1 个 8 拍。

2×8 拍两腿分开直腰，双手从胯下穿过，用力下振，一拍一动(图 6－19)。

3×8 拍的 1～2 拍，屈膝展髋，塌腰前压上体，3～4 拍直立还原，分腿站，5～8 拍同 1～4 拍(图 6－20)。

4×8 拍重复 1×8 拍的动作。

【动作要求】做动作时，双腿并拢伸直，腰发力向下振，动作幅度逐渐增大，塌腰挺胸做动作时，要抬头。

图 6－18

图 6－19

图 6－20

(2) 坐姿压腿练习

【预备姿势】直角坐在垫上，立腰，立背，头向上顶，双手屈臂放在大腿两侧(图 6－21)。

【动作方法】

1×8 拍，一拍一次，双脚并拢，上体前压，前压时稍抬头，用胸腹部尽量贴近大腿面，双小臂贴近地面(图 6－22)。

2×8 拍的 1～2 拍，两腿分开，上体左侧压，右手三位，左手一位，3～4 拍上体还原直立，5～8 拍同 1～4 拍方向相反(图 6－23)。

3×8 拍两腿分开，上体前压，一拍一次，慢慢前压至最大限度(图 6－24)。

4×8 拍双腿一屈一直分腿坐，上体侧压，二拍一次，5～8 拍换反方向做(图 6－25)。

【动作要求】做动作时，应控制好双腿伸直，呈绷脚面的形态，上体前压时，胸腹应贴近大腿面，侧压时应双肩水平侧倒，带动上体完成动作。

图6-21

图6-22

图6-23

图6-24

图6-25

(3)坐姿屈膝压腿练习

【预备姿势】左腿向后伸直，右腿大小腿折叠跪坐，上体正直，双手体侧指尖扶地(图6－26)。

【动作方法】

1×8拍的1～2拍，左手臂带动上体后振(图6－27)，3～4拍上体收回，含胸，左手臂摆至体前，5～8拍同1～4拍(图6－28)。

2×8拍头向后仰，双手在体后抓住左脚踝关节，控制1个8拍。(左膝屈)头向后仰，尽量贴近左脚尖(图6－29)。

后两个8拍与前两个8拍动作相同，方向相反。

【动作要求】保持抬头、挺胸、立腰、立背的形态，后压腿时，动力腿伸直。后下腰时，动力腿屈膝，绷脚面。

图6-26

图6-27

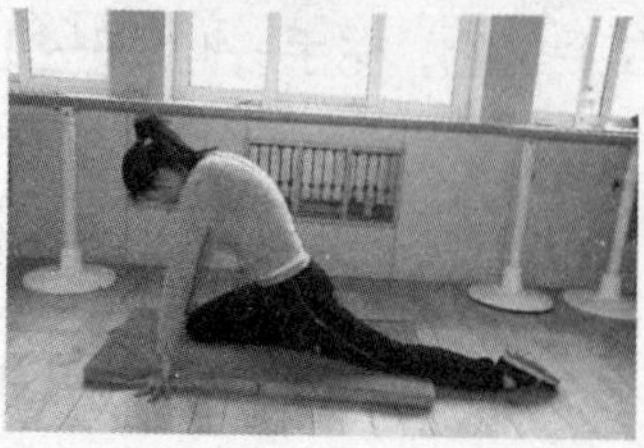

图6-28

图6-29

(4)站姿压腿练习

①正压腿

【预备姿势】面对把杆站立，上体正直，双手叉腰，左腿支撑，右腿放在把杆上(图6－30)。

【动作方法】

图 6 – 30

1×8 拍的 1 ~2 拍，上体前倾压腿，3 ~4 拍还原成准备姿势，5 ~8 拍同 1 ~4 拍，反复练习。4×8 拍后，前倾压腿控制 2×8 个拍。

【动作要求】

双腿伸直，上体保持抬头、挺胸、立腰、立背形态，压腿时腹部尽量贴近大腿。

②侧压腿（图 6 –31）

【预备姿势】侧对把杆，上体直立，右腿支撑脚一位。左腿绷脚面放在杆上，左手扶杆，右手三位。

图 6 – 31

【动作方法】

1×8 拍的 1 ~2 拍，上体向左侧倾压腿，3 ~4 拍还原成预备姿势，反复练习。4×8 拍后侧倾压腿控制 1×8 个拍。

【动作要求】上体保持抬头、挺胸、立腰、立背形态，侧压腿时上体侧屈，双腿伸直，不要前倾后仰。

③压后腿

【预备姿势】上体正直，左侧对把杆，左脚支撑，右腿向后伸直放杆上，左手扶把杆，右手三位姿态(图 6－32)。

【动作方法】

1×8 拍的 1～2 拍，上体后倒压右腿，3～4 拍还原成预备姿势。5～8 拍同 1～4 拍(图 6－33)。

2×8 拍的 1～2 拍，上体直立的同时屈左膝，3～4 拍还原成预备姿势。5～8 拍同 1～4 拍动作，反复练习两遍，换腿练习(图 6－34)。

【动作要求】上体保持抬头、挺胸、立腰、立背形态，动作舒展，支撑腿屈膝上体不前倾，后接腿时上体后倒至最大限度压腿。

图6-32

图6-33(a)

图6-33(b)

图6-34

2. 双人配合练习(压腿)

(1)正压腿(图 6－35)

【预备姿势】练习者平躺垫上，双手于体侧伸直，手心向下，帮助者面对练习者站立，练习者将左腿向正前方抬起至最大限度，帮助者一脚站一旁，另一脚踩在练习者的大腿上，双手扶住练习者的左腿。

【动作方法】

1×8 拍的第 1 拍帮助者用适当的力量推练习者的左腿，第 2 拍还原至预备姿势。3～8 拍同 1～2 拍。

2×8 拍帮助者将练习者的左腿推至最大限度控制 1×8 个拍。

3×8、4×8 拍，同 1×8、2×8 拍。

【动作要求】练习者双腿伸直，绷好脚面躺在垫上，帮助者一手按住练习者膝关节处，以保证练习者在练习中动力腿充分伸直，一手推练习者的踝关节处。

图 6－35

(2)弓步压腿(图 6－36)

【预备姿势】练习者左脚在前成跪膝大弓步，双手叉膝，帮助站在练习者后面，双手扶练习者的肩膀。

图 6－36

【动作方法】

1×8 拍的 1～2 拍，帮助者用脚踩在练习者的右髋关节处，向前下方用力，3～4 拍还原成预备姿势，5～8 拍同 1～4 拍。

2×8 拍为一拍一动的弹动踩压。

3×8 拍、4×8 拍踩压至最大限度后控制 2×8 个拍，换脚反复练习。

【动作要求】练习者要保持立腰、抬头、挺胸的姿态，同时要保持重心平衡，不要前倾后倒，帮助者在踩压时，要注意用力方向朝正前下方，同时，双手扶练习者的双肩，帮助其保持平衡。

(3)侧压腿(图 6－37)

【预备姿势】练习者右手臂伸直，手心向下，右耳贴近右手臂，身体侧卧，手臂至脚尖成一直线。左手臂扶在胸前，左脚面外翻使脚面向上，帮助者站在练习者的一脚之间，双手握住其踝关节。

图 6－37

【动作方法】

1×8 拍的第 1 拍，帮助者向正前方用力推练习者的左腿。第 2 拍还原，一拍一动。

2×8 拍同 1×8 拍。

3×8 拍、4×8 拍帮助者将练习者的左腿向正前方推压至最大限度，控制 2×8 个拍，换腿练习。

【动作要求】练习者保持身体形态的稳定性，双腿伸直，绷好脚面，帮助者双脚开立，夹住练习者的膝关节处，双手推压练习者的动力腿。

(4)横压腿(图 6－38)

【预备姿势】练习者分腿坐，双手体前扶地，帮助者双手扶住练习者的后背肩胛处。

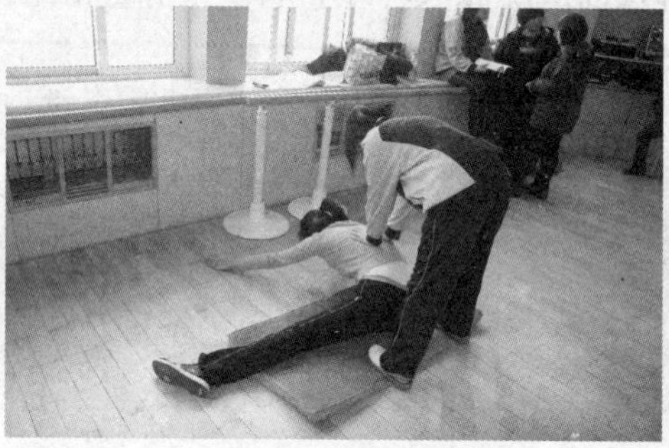

图 6－38

【动作方法】

1×8 拍的第 1 拍，帮助者用力向前推压练习者，第 2 拍还原成预备姿势，弹动压 1 个 8 拍。

2×8 拍重复 1×8 拍。

3×8 拍、4×8 拍将练习者前推至最大限度，控制 2 个 8 拍。

【动作要求】练习者保持立腰、立背、抬头、挺胸的姿态，双腿伸直，绷脚面，向前压腿时双手沿地面延伸，腹胸贴地面。

3. 弹踢腿练习

(1)正踢腿(图 6－39)

【预备姿势】练习者平躺在垫上，双手直臂于体侧，手心向下，双腿并拢伸直，绷好脚面。

图 6－39

【动作方法】

1×8 拍的第 1 拍，左脚向上踢起，第 2 拍慢回落至预备姿势。反复练习 4 个 8 拍，后向上举控腿 4×8 个拍，两腿交换练习。

【动作要求】双腿伸直绷好脚面，动力腿踢腿迅速，回落要有控制。

(2)侧踢腿(图 6-40)

【预备姿势】身体侧卧成一直线，左肘撑地，手指向前，手心向下，大臂垂于地面，左手体前撑地。

图 6-40

【动作方法】

1×8 拍的第 1 拍，右腿向侧上方踢出。第 2 拍回落成预备姿势。3~4 拍同 1~2 拍，5~8 拍同 1~4 拍。

反复练习 4×8 拍。

5×8 拍第 1 拍，右腿向侧上方踢出至最大限度，后控制 4×8 个拍，换腿练习。

【动作要求】上体保持挺胸、抬头、立腰、立背的形态，绷脚尖踢腿动作迅速而有力，回落时要有控制。

(3)后踢腿

【预备姿势】双手臂伸直，手心向下，身体俯卧(图 6-41)。

【动作方法】

1×8 拍的 1~2 拍,右腿向后上踢，左手直臂向上摆起，3~4 拍还原成预备姿势。5~8 拍同 1~4 拍(图 6-42)。

2×8 拍的动作相同,换另一手脚做。

3×8 拍、4×8 拍为一拍一次练习。

5×8 拍的第 1 拍，两手臂和双脚向后摆起后控制 4×8 个拍(图 6-43)。

【动作要求】双腿伸直，绷脚尖，后踢腿时挺胸，抬头，成最大的反背弓。

图 6-41

图 6-42

图 6-43

(4)跪撑踢腿

【预备姿势】双手直臂撑地，双腿跪立，同时抬头，挺胸，塌腰(图 6-44)。

【动作方法】

1×8 拍的第 1 拍，左腿向后上方踢出(图 6-45)，第 2 拍左腿还原成直膝点地(图 6-46)。反复练习 2 个 8 拍，换另一脚练习 2 个 8 拍。

5×8 拍的第 1 拍，左腿向左侧直腿踢出(图 6-47)，第 2 拍还原成预备姿势(图 6-48)。

反复练习 2 个 8 拍，换另一腿练习。

【动作要求】踢腿时要抬头，挺胸，塌腰至最大反背弓，侧踢时，膝盖、脚尖要绷直。

图6-44

图6-45

图6-46

图6-47

图6-48

(5)正弹踢腿(图 6－49)

【预备姿势】练习者直腿坐撑于地面，脚尖绷直，抬头挺胸。

【动作方法】

1×8 拍：

1 拍踢左腿。

2 拍屈膝右侧点地。

3 拍弹踢左腿。

4 拍还原成预备姿势。

5 拍收双腿成双点地。

6 拍弹踢双脚。

7 拍上、下剪腿。

8 拍还原成预备姿势。

反复练习 4×8 个拍。

【动作要求】上体在整个动作过程中要抬头挺胸。弹踢腿时要绷脚尖，双臂一直保持直臂撑的姿势。

(6)侧卧弹踢腿(图 6－50)

【预备姿势】身体侧卧成一直线，右肘撑地，手指向前，掌心向下，大臂垂于地面，左手体前撑地。

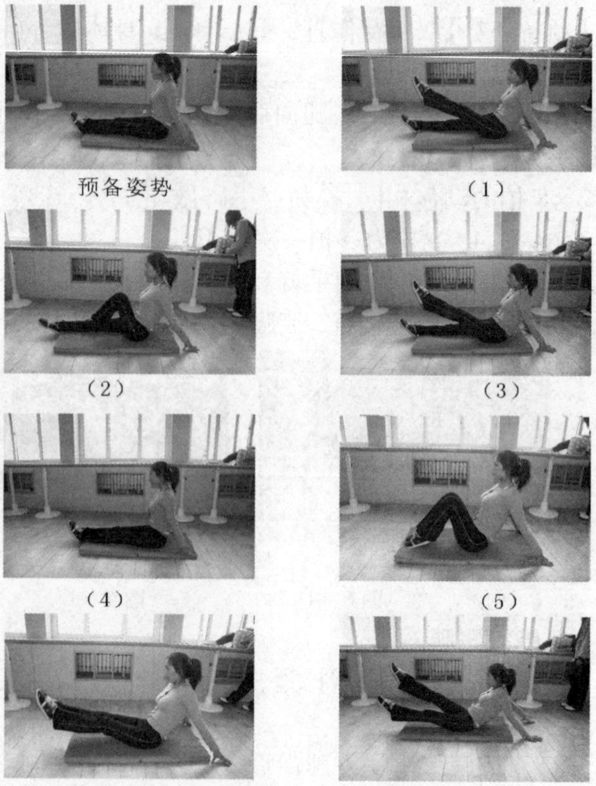
预备姿势 (1) (2) (3) (4) (5) (6) (7)

图 6－49

图6-50

【动作方法】

1×8拍：

第1拍右脚向右上侧起踢出。

第2拍右脚屈膝在左腿前点地。

第3拍左脚弹踢至左侧前上。

第4拍还原成预备姿势。

第5拍左脚前踢。

第6拍后踢。

第7拍同左脚前踢。

第8拍后踢至最大幅度后，左手前上伸，控制4×8个拍，交替练习。

【动作要求】弹踢时，大腿保持不动，以膝为轴，弹踢小腿且绷脚尖，控制时成最大反弓，同时上体要保持抬头挺胸的姿态。

(7)立姿踢腿

【预备姿势】身体左侧对把杆站立，右手叉腰，左手扶杆(图6-51)。

【动作方法】

1×8拍:(图6-52)

第1拍用力向正前方踢出。

第2拍有控制地回落至前点地的位置，3~4拍擦地收回左腿成预备姿势。5~8拍同1~4拍。

2×8拍(图6-53)第1拍，用力向正侧方向踢出，第2拍回落在正侧方点地，3~4拍擦地收回，右脚还原成预备姿势。5~8拍同1~4拍。

3×8拍(图6-54)的第1拍，用力向正后方踢出，第2拍回落至后点地的位置，3~4拍擦地回收成预备姿态。5~8拍同1~4拍。

4×8拍同2×8拍，交换腿练习。

【动作要求】上体保持抬头、挺胸、立腰、立背的形态，踢腿时脚尖绷直，膝盖不能屈;侧踢时，髋关节不能晃动和收胯或送胯。

(8)立姿弹腿(图6-55)

【预备姿势】身体左侧对把杆站立，前收右腿，右手叉腰，左手扶杆。

图6-51

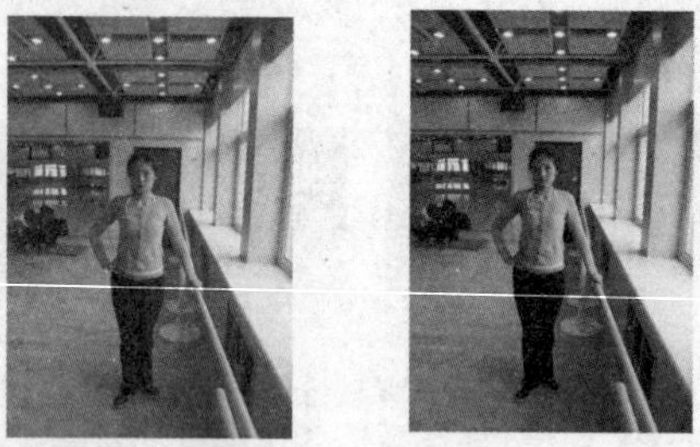

图6-52

图6-53

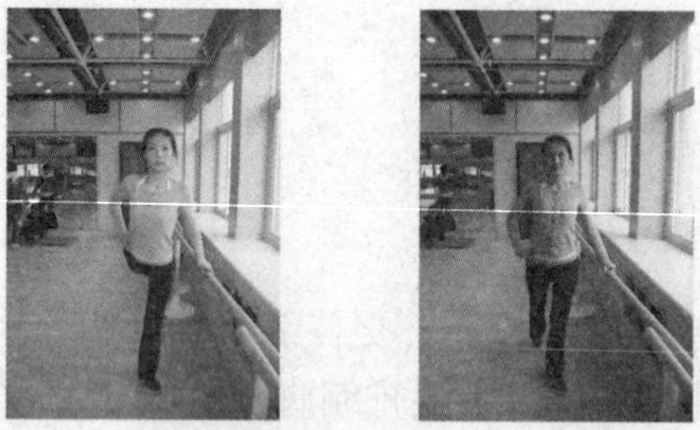

图6-54

图6－55

【动作方法】

1×8 拍第 1 拍，弹踢右小腿约 25° 角，第 2 拍回收成预备姿势。3～4 拍、5～6 拍同 1～2 拍，第 7 拍快速两次弹踢，第 8 拍还原成侧收腿。

2×8 拍动作同 1×8 拍，方向变为侧向。

3×8 拍、4×8 拍，重复 1×8 拍、2×8 拍的动作，交换腿练习。

【动作要求】上体保持正直，不能晃动。弹踢时，以膝关节为轴快速而又有控制，脚尖绷直。

(9)小踢腿

【预备姿势】身体左侧对把杆，右手叉腰，左手扶杆(图 6－56)。

【动作方法】

1×8 拍第 1 拍，迅速踢腿出去，约 30°左右制动，第 2 拍擦地，回来还原预备姿势。3～8 拍同 1～2 拍(图 6－57)。

2×8 拍同 1×8 拍，方向变为侧向。

3×8 拍同 1×8 拍。

4×8 拍的前 1～4 拍同 2×8 的 1～4 拍，第 5 拍向正前方小踢，第 6 拍向侧画 90°弧。第 7 拍前半拍为侧收腿，后半拍正前小踢，第 8 拍擦地回收(图 6－58)。

【动作要求】上体保持正直，小踢腿快速且要制动。压踝有弹性，踢腿时保持脚面外展，膝盖、脚尖绷直。

图6-56

图6-57

图6-58

(10)蹲的练习

【预备姿势】身体左侧对把杆站立，右手叉腰，左手扶杆。

【动作方法】(图 6－59)

1×8 拍的 1～2 拍，左腿屈膝的同时右脚擦地出去成虚点地，3～4 拍身体向前移重心成两脚屈膝前后半蹲，重心在两脚之间，5～6 拍再向前移重心成右弓步，7～8 拍左腿擦地收回。

2×8 拍的 1～2 拍，右腿向侧擦地出去成右侧点地，3～4 拍向侧移重心成左右开立半蹲，5～6 拍保持 3～4 拍姿势且双提踵立，7～8 拍擦地回收成一位站(图 6－60)。

3×8 拍的 1～2 拍，屈膝半蹲，3～4 拍还原，5～6 拍提踵屈膝半蹲，7～8 拍还原成一位站(图 6－61)。

4×8 拍同 1×8 拍，但方向相反。

【动作要求】上体保持直立，下蹲时重心保持垂直升降或移重心时，保持平稳，上体不能前倾或后仰。

图6-59

图6-60

图6-61

第二节　髋部柔韧性练习

髋部柔韧性的练习是形体美的基本练习之一。是增强整体柔韧性和全身协调性的重要环节。髋部柔韧性的优劣，直接影响动作的舒展与优美程度，同时通过髋部的柔韧练习也可以雕塑臀部的线条曲线。其练习内容多种多样，可分为单人练习和双人配合练习。

一、单人练习

1. 开胯练习(1)(图6-62)

【预备姿势】练习者含胸坐在垫上，双屈膝，脚尖点地，两手撑于膝关节处。

图6-62

【动作方法】

1×8 拍的 1～2 拍，双手推膝关节成开胯姿势下压一次，3～4 合拍，膝还原成预备姿势。5～8 拍同 1～4 拍。

2×8 拍为一拍一动，开胯时，脚心相对，侧屈膝，一拍一下压，颤动一次。

3×8 拍、4×8 拍，双手用力下压膝关节，静止控制 2 个 8 拍。

【动作要求】保持立腰，立背，挺胸，用力下压。

2. 开胯练习(2)(图 6－63)

【预备姿势】双脚屈膝，脚心相对，俯撑于垫上。

图 6－63

【动作方法】

1×8 拍的 1～2 拍提臀，提腰，低头，含胸。3～4 拍压胯，塌腰，抬头。5～8 拍同 1～4 拍。

2×8 拍，一拍一动快速下压膝关节。

3×8 拍、4×8 拍，把膝关节压至最大限度，静止控制在 2 个 8 拍。

【动作要求】脚心相贴紧，有意识下沉臀部，做控制时，大腿尽可能打开至最大限度。

3. 平躺单臂触腿外侧练习(图 6－64)

【预备姿势】脸朝上平躺在垫上，背部紧贴垫上，双手置于体侧，掌心朝下。

图 6－64

【动作方法】

1×8 拍的前 1～4 拍，将左手放在左大腿外侧，将右膝压向左侧的地面，5～8 拍保持第 4 拍的姿势，静止控制 4 拍。

2×8 拍时重复上述动作，改为屈左膝并将它压向右侧。

反复练习 8×8 个拍。

【动作要求】平躺时，背部要紧贴地面，并使头部与脊椎骨保持在一条直线上。

4. 平躺屈膝双手触大腿内侧练习(图 6－65)

【预备姿势】脸朝天，平躺在垫上，屈膝并让双脚踩在地上，背部紧贴垫面。

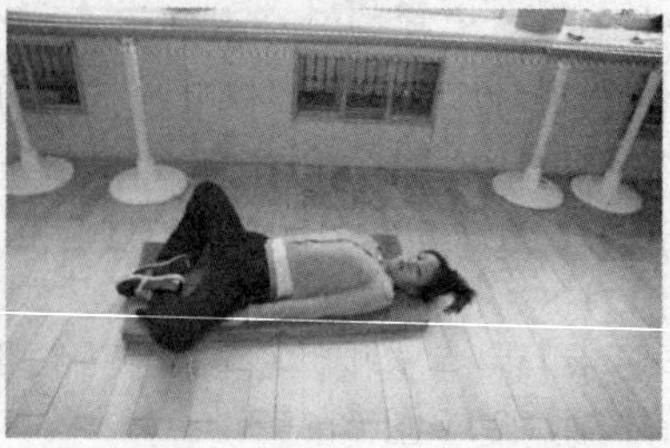

图 6－65

【动作方法】

1×8 拍的 1～4 拍，双膝分开，脚后跟相互并拢，双手放在两大腿的内侧，用力向下压 3 次。

5～8 拍，双膝并拢屈膝，反复练习 4×8 个拍。5×8 拍时，双手使两腿屈膝分开，用最大下压控制 2×8 个拍。

【动作要求】背部紧贴地面，收腹，同时两脚跟、脚心相对并拢，并尽可能向臀部处靠近。

5. 坐姿双腿外分练习（图 6－66）

【预备姿势】分腿坐在垫上并保持背部平直挺胸，同时向内收腹，双手扶大腿内侧。

【动作方法】

1×8 拍的 1～4 拍，从腰部开始保持躯干笔直状态，从臀部开始向前屈身，同时双手平放身前地上。5～8 拍，塌腰，挺胸，抬头。

反复 4×8 个拍、后做 1～4 拍动作控制 2×8 个拍。

【动作要求】头部和脊椎骨保持在一条直线上，膝盖和脚趾始终保持向上的姿态。

图 6－66

6. 平躺翘脚练习（图 6－67）

【预备姿势】脸朝天平躺在垫上，屈膝并让双脚平踩在垫上，双手平放垫面。

【动作方法】

1×8 拍前 1～2 拍，把左脚架在右膝上，3～8 拍慢慢地从地上抬起右脚，并让双膝靠向胸部。

2×8 拍动作与 1×8 拍动作相同，但换成右脚架在左膝上。

3×8 拍的 1～2 拍，左腿向上伸直，双手环抱左大腿，3～8 拍抱腿慢慢靠向胸部。

4×8 拍动作与 3×8 拍动作相同，但换成右腿做。

【动作要求】背部紧贴垫面同时收腹，头部与脊骨保持一条直线。

预备姿势　　1×8　　3×8

图 6－67

7. 平躺开胯练习

【预备姿势】仰卧平躺垫上，双腿并拢伸直，绷脚尖，双手心向下，手臂伸直置于体侧。

【动作方法】

1×8 拍的 1～2 拍，左脚向上方屈腿，左脚尖点地，3～4 拍左屈腿外翻 90° 落垫上。5～6 拍同 1～2 拍，7～8 拍左腿伸直还原成预备姿势（图 6－68）。

2×8 拍的 1～2 拍左腿上举至最大限度，3～4 拍从上举向旁侧落下，贴于地面，髋充分打开。5～6 拍同 1～2 拍，7～8 拍还原成预备姿势。重复练习 4×8 个拍（图 6－69）。

【动作要求】保持身体形态，骨盆固定，紧贴垫不乱晃，绷脚尖，髋关节放松，举腿时要做到最大幅度。

图6-68

图6-69

8. 坐姿向内压胯练习（图 6－70）

【预备姿势】分腿屈膝坐于垫上，两手体后撑垫。

图 6－70

【动作方法】

1×8 拍的 1～2 拍，左脚屈膝点地，向右压胯以左膝内侧点地，3～4 拍还原成预备姿势。5～6 右脚重复左脚动作，方向相反，7～8 拍还原。

2×8 拍双膝同时向内压髋，2 拍一动。

3×8 拍、4×8 拍，重复 1×8 拍、2×8 拍动作。

5×8 拍控制双膝内压动作 1 个 8 拍。

【动作要求】臀部要尽量不离开垫面，上体保持正直，抬头挺胸。做动作时速度不要太快，幅度由小至大，慢慢加大。

9. 平躺扫腿绕胯练习（图 6－71）

【预备姿势】仰卧平躺垫上，双脚并拢，绷脚尖，双手掌心朝下放在体侧。

图 6－71

【动作方法】

1×8 拍的第 1 拍，左腿向上举至最大限度，第 2 拍左脚从上举向旁落下贴于地面，第 3 拍左脚向右脚方向踢出。4～8 拍，左脚从右侧至胸前到左侧绕环扫腿，右脚紧随扫腿一次。

2×8 拍重复 1×8 拍。

3×8 拍、4×8 拍换脚练习。

【动作要求】双腿伸直，开肩平躺，动作过程中保持身体形态，动力腿尽量围绕髋关节做最大幅度的匀速转动。

10. 顶髋练习

【预备姿势】仰卧姿势，仰卧平躺垫上，挺胸，收腹，立腰背，双腿并拢向正上方屈膝，双手心向下置于体侧。

【动作方法】

1×8 拍的第 1 拍，两腿并拢用力顶髋展腹，控制 2～7 拍，第 8 拍还原成预备姿势（图 6－72）。

2×8 拍的第 1 拍并膝分腿用力顶髋展腹，控制 2～7 拍，第 8 拍还原成预备姿势。反复练习 6×8 个拍（图 6－73）。

【动作要求】顶髋时，肩部、头部着垫，向上顶髋至最大限度。

图6-72

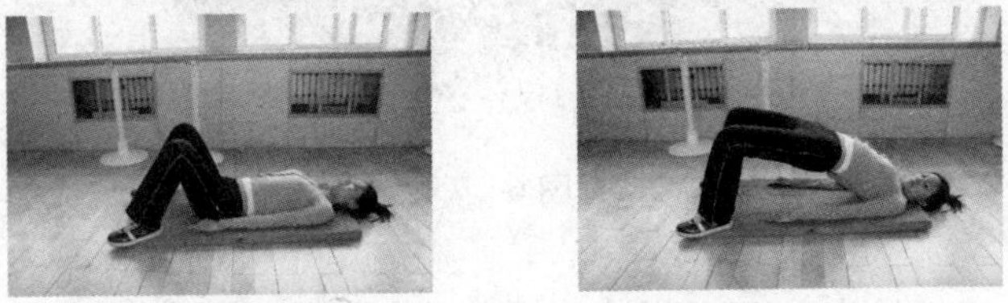

图6-73

二、双人配合练习

1. 坐姿分腿压胯(图 6－74)

【预备姿势】屈膝分腿坐在垫上，收腹，挺胸，双手扶脚尖。帮助者跪立在练习者的背后。

图 6－74

【动作方法】

1×8 拍，帮助者跪立在练习者的体后，两手轻轻压其大腿内侧振动。

2×8 拍，用力加重，并 2 拍一动。

4×8 拍、3×8 拍用力压至最大幅度控制 2 个 8 拍。

【动作要求】练习者双肩放松，并使头部与脊椎骨保持一条直线上，帮助者在施力时要注意用力大小必须由小至大，直到练习者感到大腿处有一定的绷紧感为止。

2. 躺势分腿开胯(图 6－75)

【预备姿势】练习者平躺在垫上，双侧屈腿，脚心相对，帮助者跪在练习者脚前，以双手轻按住练习者的双膝关节。

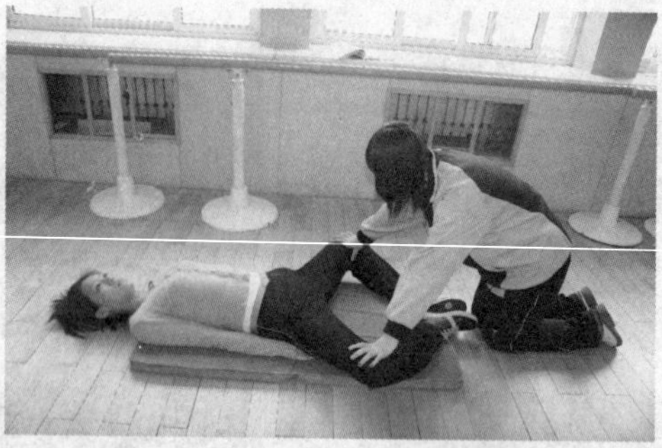

图 6－75

【动作方法】

一拍一压，练习 4×8 个拍，压至最大限度控制 4×8 个拍。

【动作要求】练习者挺胸，立腰，背部、腰部贴紧垫面，髋关节放松，大小腿折叠角度越小越好，双脚心相对。帮助者以适度的力量向下按练习者的双膝部，达到开胯的目的。

3. 直分腿开胯(图 6－76)

【预备姿势】练习者平躺在垫上，双腿经上举后向两侧打开，双手心贴于身体侧。帮助者前后分腿立于练习者腿的附近，以双手扶住练习者的膝关节处。

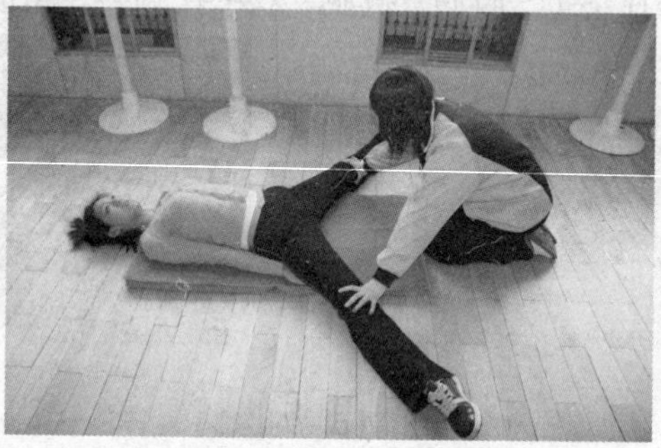

图 6－76

【动作方法】

一拍一压，练习 4×8 个拍，压至最大限度控制 4×8 个拍。

【动作要求】练习者挺胸，立腰，背部、腰部贴紧垫面，双腿直腿，绷脚面向两侧分开，髋关节放松，帮助者适当力量下按练习者膝关节，达到开胯的目的。

4. 双人分腿互压(图 6－77)

【预备姿势】练习双方双腿分开，面对面坐，脚内侧相抵，双手拉好。

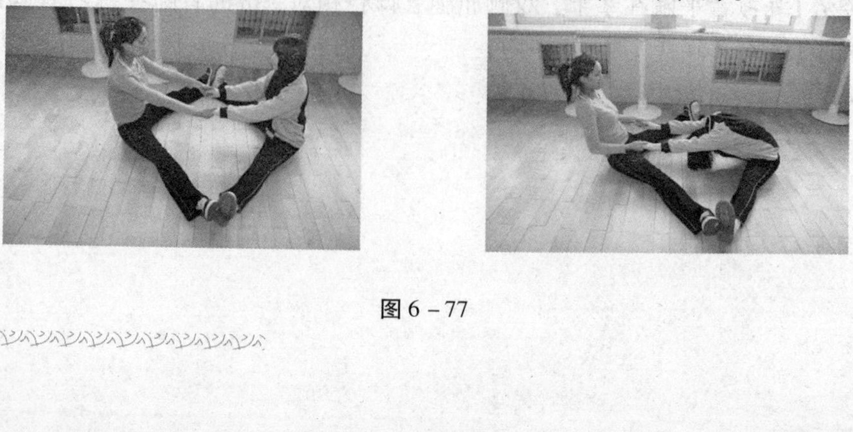

图 6－77

【动作方法】

1×8 拍~2 拍，一方向后倒于地上，另一方上体前倾，3~8 拍一拍一动用力拉，前倾一方的双手达到开胯的目的。

2×8 拍拉至最大限度控制 8 拍。

3×8 拍、4×8 拍换人练习，反复多次。

【动作要求】收腹，挺胸，立腰，立背，直腿绷脚尖，后躺时臀、腰背部和头均贴在地上，前压胯时尽量以腹部贴近地面，两人双手不能松开。

第三节 腰背部力量和柔韧性练习

腰背部力量的强弱和柔韧性的好坏，直接关系到站立姿势的形成和优美程度，良好的腰背部力量和柔韧性，体现出来的是肌肉结实而具有弹性，身姿优美的曲线充满动感，给人的感觉是一种充满活力的青春美。因此，在形体的训练中，腰背部力量和柔韧性是不可忽视的，也是必不可少的。一般情况下可采用单练习人和双人配合练习两种形式进行。

一、单人练习

1. 坐式背部伸展动作(图 6－78)

【预备姿势】坐在垫上，保持背部平直，挺胸，收腹，双手分别放在身体两侧的垫上，屈右膝，并让右脚平踩在左腿旁的地面上。

图 6－78

【动作方法】

1×8 拍的 1~2 拍，右手微屈放在身后，尽量靠近身体，左前臂放在右膝外侧。3~8 拍，右膝慢慢收向身体的中轴线，头和上半身从腰部开始向右臂的方向扭曲到最大限度。

2×8 拍控制身体扭转的最大限度一个 8 拍。

3×8 拍、4×8 拍，同 1×8 拍、2×8 拍，换方向练习。

【动作要求】在做动作时保持正常的呼吸，并使头部与脊椎骨保持在一条直线上，双眼视线要高于肩部。

2. 侧躺收腿练习(图 6－79)

【预备姿势】侧躺在垫上，双手胸前交叉抱上体，双脚并腿屈膝。

【动作方法】

1×8 拍屈膝并腿，慢慢向胸部和头部靠拢，使身体充分蜷曲起来。

2×8 拍双手贴耳上举，双腿伸膝，伸展成弓形，反复练习多次。

图 6 – 79

【动作要求】练习者的头部和脊椎骨保持在一条直线上，在蜷曲时要收紧双膝。

3. 双膝跪地双手撑地弓背练习(图 6 – 80)

【预备姿势】双膝跪在垫上(双膝与臀部处于一条直线)，双手撑垫，(双手与肩部处在一条直线上)保持背部平直，收腹。

图 6 – 80

【动作方法】

1 ×8 拍吸气，同时将背部向上拱起并收腹，同时让骨盆向前倾。

2 ×8 拍保持拱背姿势 1 个 8 拍。

3 ×8 拍呼气，同时让背部向下沉，使胸部向垫面靠去，略微抬头并让臀部向前移动。

4 ×8 保持前倾姿势 1 个 8 拍

【动作要求】要头部和脊椎骨保持在一条直线上，同时注意呼吸的协调配合。

4. 趴式身后双手交叉双臂抬起练习(图 6 – 81)

【预备姿势】练习者脸朝下趴着，髋骨紧贴垫面，收腹。双手放在臀部上并相互交叉，微微屈肘。

【动作方法】

1 ×8 拍的 1 ~4 拍轻轻放松肩胛骨并慢慢上抬双臂至最高点,5 ~8 拍控制并还原反复练习多次。

【动作要求】做动作过程中，整个身体保持一条直线，保持正常的呼吸。

图6－81

5. 坐姿胸腰练习

【预备姿势】直角坐在垫上，双腿并拢伸直，绷脚尖。双手于体侧，中指尖点地。

【动作方法】

1×8 拍的 1～4 拍向后下腰，5～8 拍控制不动(图 6－82)。

2×8 拍的前 1～2 拍，举双手。3～4 体前屈，胸贴大腿。5～8 拍双手带上体向后下胸腰，反复练习(6－83)。

图6-82

图6-83

【动作要求】在立腰、挺胸、抬头的基础上，向后仰头，用力下腰，体前屈时用腹部尽量贴近大腿。

6. 跪姿下胸腰练习

【预备姿势】跪立上体正直，双手三位。

【动作方法】

1×8 拍的前 1～4 拍，向后下腰，5～8 拍控制不动(图 6－84)。

2×8 拍的 1～2 拍，臀部跪坐两腿之间。3～4 拍上体平躺在垫上。5～6 拍挑腰起，双手臂下垂。7～8 拍还原成预备姿势，反复练习(图 6－85)。

【动作要求】保持抬挺胸形态，下腰时头向后，起腰时，要用腰带动上体挑起。

图6-84

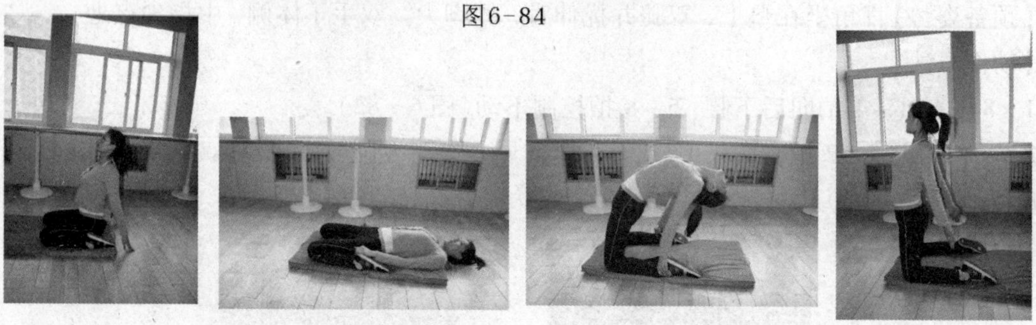

图6-85

7. 背飞(图1-86)

【预备姿势】俯卧在垫上，双腿伸直分开，双手置于体侧。

【动作方法】

1×8拍的第1拍，上体和双腿两头翘，2~7拍控制不动，第8拍还原成预备姿势，反复练习。

【动作要求】在做动作时，双臂带动上体和双腿尽量抬高，成最大反背弓。

图6-86

8. 双臂前伸交叉双手练习(图1-87)

【预备姿势】直立，两腿分开，保持背部平直、挺胸、收腹、骨盆略向前倾，双臂前伸合掌。

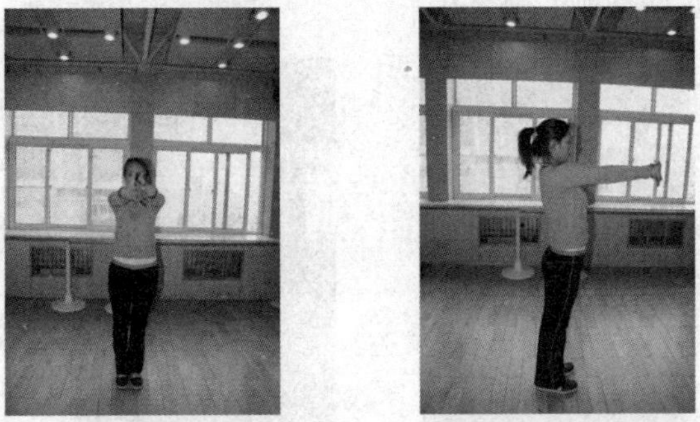

图 6－87

【动作方法】

1×8 拍的第 1 拍，两手的手指相互交叉，第 2 拍，双手交叉外翻（让双手的掌心向外）指关节指向身体，3～7 拍，双臂慢慢地向前伸以使后背呈外张的态势，第 8 拍屈肘回收，反复练习多次。

【动作要求】双臂的高度与胸部齐平，不能屈肘，整个动作过程身体保持正直，背部平直，呼吸正常。

9. 直立背部伸长练习（图 6－88）

【预备姿势】两腿分开直立，并让身体的左侧对着墙壁（身体离开墙的距离约 60 厘米）微微屈膝，左手平放在墙上，指尖向前。

【动作方法】

1×8 拍，用左手掌用力压墙并坚持一个 8 拍。

2×8 拍右肩以逆时针的方向，慢慢地向墙壁扭去。

图 6－88

3×8 拍重复 1×8 拍动作。

4×8 拍重复 2×8 拍，反复练习后改右手进行。

【动作要求】做用力动作时，要保持背部的平直，挺胸，收腹，使头部与脊椎骨保持在一条直线上，同时用力动作的手放在与肩同高或略低于肩部的高度上。

10. 抡臂体前体后屈练习（图 6－89）

【预备姿势】上体直立，两腿分开，两手至于体侧。

【动作方法】

1×8 拍的 1～2 拍，双臂抡臂，3～4 拍直腿体前屈，5～6 拍抡臂，7～8 拍体后屈。

2×8 拍停留在体后屈，控制 1 个 8 拍。

图 6－89

3×8 拍、4×8 拍，同 1×8 拍、2×8 拍动作。

【动作要求】上体前屈时，尽量用双手带动，穿过胯下，上体后屈时，尽量抬头，用力下后腰，双腿伸直。

11. 坐姿甩腰练习（图 6－90）

【预备姿势】上体正直，分腿坐，双手侧举，手心朝下。

预备姿势

（1）～（2）

（3）～（4）

（5）

（6）～（7）

（8）

图 6－90

【动作方法】

1×8 拍的 1～2 拍，上体向右倾斜，下旁腰，3～4 拍向左倾斜下旁腰，5～8 拍，双手带动从左至体前到右后腰绕环，成一手支撑分腿立扭腰。

2×8 拍在分腿立腰的姿态上控制 1 个 8 拍。

3×8 拍、4×8 拍动作相同，方向相反。

【动作要求】保持抬头、挺胸、立背的形态，用腰部的力量带动上体左右侧移和绕环。

12. 坐姿扭腰练习(图 6 – 91)

【预备姿势】上体正直，盘腿坐在垫上，双手抬平，小臂弯曲搭肩。

【动作方法】

1 ×8 拍的 1 ~2 拍，向左拧腰，3 ~4 拍向右拧腰，5 ~8 拍，一拍一动，以臂带动腰扭动。

2 ×8 拍方向相反，动作相同。

【动作要求】保持抬头、挺胸、立腰、立背的形态，腰用力带动上体向左右转动。

图 6 – 91

13. 含展胸练习(图 6 – 92)

【预备姿势】上体直立，双手头上举相握，右脚前点弓步。

【动作方法】

1 ×8 拍的 1 ~2 拍含胸低头，交叉的腕关节前屈，3 ~4 拍展胸抬头，腕关节后屈，5 ~8 拍重复 1 ~4 拍的动作。

2 ×8 拍，一拍一动重复 1 ×8 拍的动作，反复多次。

【动作要求】下肢动作保持不动，含、展胸动作通过手臂带动时，要尽可能地幅度加大，同时与头、手配合协调。

14. 侧向吊胸腰练习

图 6 – 92

【预备姿势】上体正直，双手上举成三位手，双腿跪立。

【动作方法】1 ×8 拍的 1 ~4 拍，一脚跪立，一脚侧点地。上体下旁腰，同侧手伸向远方，5 ~8 拍还原后，转体成正向侧面体前屈，胸贴大腿(图 1 – 93)。

2 ×8 拍的 1 ~2 拍双臂带动上体直立，3 ~8 拍下胸腰，一手上举一手下举(图 6 – 94)。

3 ×8 拍、4 ×8 拍，吊胸腰控制 2 个 8 拍，换方向做。

【动作要求】吊胸腰时，髋部不能前倾后仰，要保持身体正直。

图6-93

图6-94

二、双人配合练习

1. 俯卧吊胸腰练习（图 6－95）

【预备姿势】练习者俯卧在垫上，双手臂向后伸出，帮助者立于练习者膝关节两侧，双手与练习者相互拉紧。

【动作方法】

1×8 拍的 1～4 拍，帮助者用力拉起练习者，使其上体离开地面成最大反背弓，5～8 拍将练习者轻放回。

2×8 拍重复 1×8 拍动作。

3×8 拍、4×8 拍把练习者拉成反弓后，控制 2 个 8 拍。

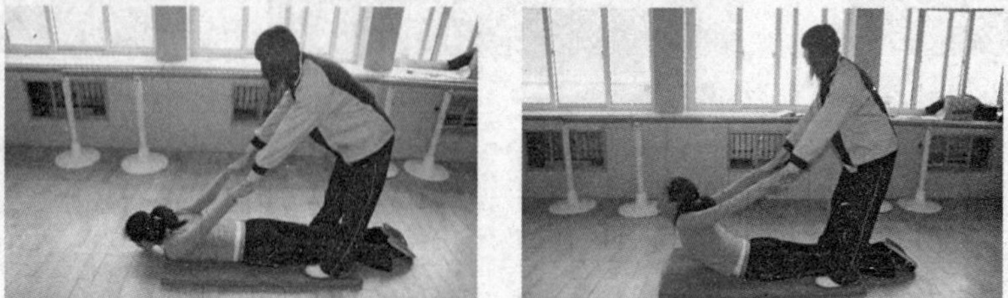

图 6－95

【动作要求】练习者在做动作的过程中，挺胸抬头，用力向后弯腰，同时尽量使髋部不离开地面，而帮助者要用力抓住练习者的手腕，身体向前倾，姿势慢慢变成后倾。

2. 俯卧起胸腰练习(图 6－96)

【预备姿势】练习者俯卧在垫上，双手扶头(也可前举)，双脚并拢且绷脚尖，帮助者面对练习者跪坐地上，双手压住双脚。

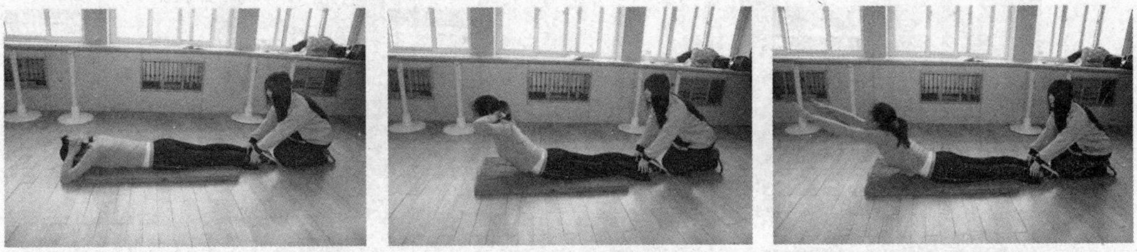

图 6－96

【动作方法】

1×8 拍的 1～2 拍，练习者上体后屈，3～4 拍回落成预备姿势，5～8 拍同 1～4 拍。

2×8 拍在最高点控制 1 个 8 拍，反复多次练习。

【动作要求】练习者在动作练习过程中，保持抬头，挺胸，上体成用力后屈形态，而帮助者要用力按住练习者双脚帮助完成动作。

3. 互背拉伸练习(图 6－97)

【预备姿势】两人背靠背分腿站立，两手手挽手。

图 6－97

【动作方法】

1×8 拍时，一人用力挽住另一个人的手臂，背起另一人，使其后倒成反弓状，自己却尽量含胸圆背，两腿直立。

2×8 拍换一人做，动作同前 1 个 8 拍。

3×8 拍、4×8 拍，控制 2 个 8 拍后换人，也控制 2 个 8 拍。

【动作要求】被背起后的人要放松髋关节和腿部，使背部、胸部和腰部肌肉充分伸展，而背的人却一定要分腿直立，同时圆背。

4. 双人侧拉练习(图 6－98)

【预备姿势】两人并排而站，双脚尽量贴近，拉好双手，里侧手自然下垂，外侧手上举在头上拉住。

【动作方法】

1×8 拍的第 1 拍，两人均向里侧做最大限度的侧屈，2～6 拍控制不动，7～8 拍还原成预备姿势。

反复练习 4 × 8 个拍，换方向练习。

【动作要求】动作中保持抬头、挺胸、立背形态，上体用力侧屈，两人双脚相互抵住，上手拉紧，完成从手臂至脚，身体最大限度的侧屈动作。

图 6 – 98

5. 侧卧拉练习(图 6 – 99)

【预备姿势】练习者右手臂伸直，手心向下，身体侧卧成一直线，左手臂向斜上方伸直，帮助者面对练习者站立，两脚在练习者膝关节两侧，双手拉住练习者右手臂。

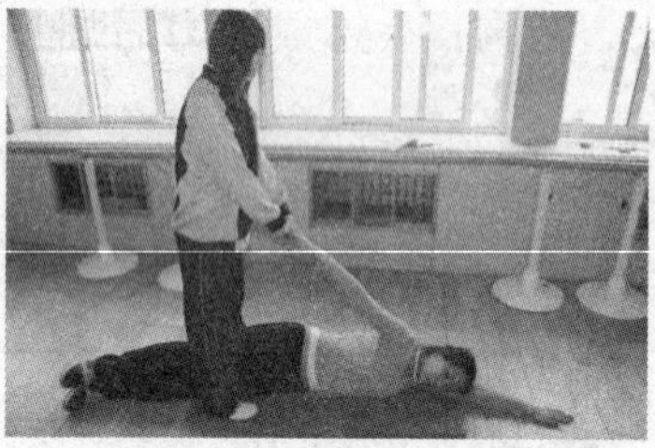

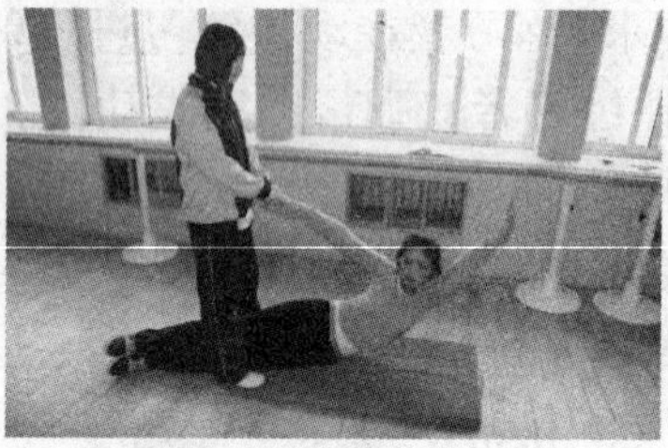

图 6 – 99

【动作方法】

1 × 8 拍的第 1 拍，帮助者用力拉练习者右手臂，使其身体成侧屈形态，练习者左手臂侧平举控制 4 × 8 个拍。

4 × 8 拍后轻轻回到预备姿势，反复一次，换方向练习。

【动作要求】练习者动作过程保持抬头、挺胸、立背的形态，特别是不能屈髋，上体用力侧屈时，帮助者两脚夹住练习者的双膝，动作中身体直立稍后倾，帮助其完成动作。

第四节　胸、腹部力量练习

胸、腹部力量练习是形体训练的重要内容之一，胸、腹部力量的强弱，决定一个人形体控制能力的好坏和体型的优美程度。要提高胸、腹部练习的质量，使之更安全、更有效，首先要做到的是用科学的方法进行练习，胸、腹部练习的方法多种多样，一般采用单人练习、双人配合练习两种形式进行。

一、单人练习

1. 俯撑(图 6－100)

【预备姿势】面对墙分腿站立，或跪立俯撑，或跪膝俯撑，两手的距离大于肩部宽度约 60 厘米。

1　2　3　4

图 6－100

【动作方法】

1×8 拍的 1～4 拍，屈肘，同时上体接近支撑面，与肘的高度一致。5～8 拍，双臂用力并将自己的身体推离支撑面。根据自己的情况，反复练习。

【动作要求】在做动作时保持背部的平直，收腹并使头部与脊椎骨保持在一条直线上。初级水平的训练者选择图中 1 的练习方法，中级水平的训练选择图中 2，高级水平的训练者选择图中 3、4 进行练习。

2. 平躺举哑铃(杠铃)(图 6－101)

【预备姿势】脸朝上平躺在训练垫上，双脚分开平踩垫上，双手分开约肩宽 1.5 倍，紧握哑铃(杠铃)。

图 6－101

【动作方法】

1×8 拍呼气，同时将哑铃（杠铃）向上举起，肘伸直。

2×8 拍保持上举姿态 1 个 8 拍，吸气。

3×8 拍慢慢地将哑铃（杠铃）降至胸部中间部位上方，反复练习。

【动作要求】做动作时使头部和脊椎骨保持在一条直线上。如果是杠铃，把杠铃放在胸部的中间部位的上方，当上举时高度等于手臂向上伸直的长度，但不要让肘部过于用力。

3. 平躺两侧举哑铃练习（图 6－102）

【预备姿势】脸朝上平躺在训练用的垫上，双脚分开平踩在垫上，双手各提一哑铃放在大腿的前面。

图 6－102

【动作方法】

1×8 拍：

1～2 拍双手握哑铃提至胸部附近。

3～4 拍向上举起，微屈肘部和腕部，并使指关节相对。

5～8 拍吸气，同时将双臂分别伸向身体的两侧，然后屈肘。

2×8 拍控制不动，反复练习 4×8 个拍。

【动作要求】头部和脊椎骨保持在一条直线上，在体侧屈肘举哑铃时，要使双臂和肩部、胸部保持在同一水平位置上。

4. 抬膝平躺屈臂举哑铃练习（图 6－103）

【预备姿势】屈膝仰卧平躺在垫上，双手放在大腿前面各提一个哑铃。

图 6－103

【动作方法】

1×8 拍的 1～4 拍，将哑铃举至胸部的上方。屈肘并将双肘分别位于身体的两侧。5～8 拍吸气，同时双臂慢慢地伸过头顶，然后让双肘弯曲成向下的 45° 角。

2×8 拍，呼气，慢慢地将哑铃举回胸部上方，反复练习。

【动作要求】使头部和脊椎骨保持在一条直线上，当举至胸部上方时，要保持腕关节平直，指关节朝上。

5. 扭腰仰卧起坐(图 6－104)

【预备姿势】仰卧平躺在垫上，双腿并拢屈膝，手臂屈肘抱头。

【动作方法】

1×8 拍的 1～2 拍，用力收腹至上体或斜后倾 45° 角，向右扭腰。3～4 拍上体向左扭转，5～8 拍回落至预备姿势，反复 4×8 个拍。

【动作要求】保持抬头、挺胸、立背形态，用收腹力量控制转体动作，转体时头与身体动作要一致。

图 6－104

6. 仰卧起(图 6－105)

【预备姿势】仰卧平躺在垫上,双手体侧上举。

【动作方法】

1×8 拍的第 1 拍，收腹上体直立，双腿屈膝平踩地面，向左转体 90° 角，右手向左腿方向延伸，左手向左后方向伸直。

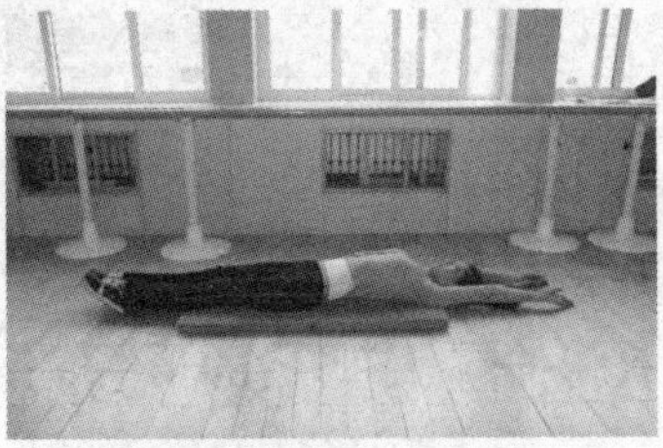

图 6－105

第 2 拍控制 1 拍。

3～4 拍还原成预备姿势。

5～8 拍同 1～4 拍，动作相同，方向相反。

反复练习 4×8 个拍。

【动作要求】保持抬头、挺胸、立背形态，利用收腹力量做上体直立转体动作。

7. 两头起练习(图 6－106)

【预备姿势】开肩仰卧平躺在垫上，双手体侧上举，双腿并拢伸直，绷脚尖。

【动作方法】

1×8 拍的第 1 拍，用力收腹，使上体和双腿同时抬起超过 45° 角，双手与脚在最高点接触。

第 2 拍还原成预备姿势。

反复练习 4×8 个拍。

图 6－106

【动作要求】保持抬头、挺胸、立背的形态，双腿并拢伸直，绷脚尖，用收腹的力量控制两头翘动作。

8. 收腹剪腿（图 6－107）

【预备姿势】开肩仰卧平躺在垫上，双腿并拢伸直绷脚尖，双手上举贴于耳侧。

图 6－107

【动作方法】

1×8 拍双腿略抬离垫面 15°～25° 角，双腿上下交替，两拍一换。

2×8 拍双腿左右交错，连续练习 1×8 拍，反复练习 4×8 个拍。

【动作要求】保持开肩、抬头、挺胸、立腰、立背、双腿伸直、绷脚尖的形态，用收腹的力量完成双腿 15°～25° 角上下和左右交错举腿的动作。

9. 收腹控腿练习（图 6－108）

【预备姿势】仰卧平躺在垫上，双手在身体两侧平放，双腿并拢伸直绷脚尖上举成 90° 角。

【动作方法】

1×8 拍：

1～2 拍，上体抬起用力收腹，控腿，双手用力触向脚尖。

3～4 拍，还原成预备姿势，5～8 拍重复 1～4 拍动作，反复练习 4×8 个拍。

图 6－108

【动作要求】保持抬头、挺胸、立背形态，收腹时尽量使胸部贴近大腿。

10. 模拟骑车练习(图 6－109)

【预备姿势】脸朝上平躺在垫上，双膝分开并屈膝，双脚平踩在垫上，双手抱头。

图 6－109

【动作方法】

1×8 的 1～2 拍，呼气，同时将左膝抬向胸部，并抬起右肩向左膝方向靠，同时让右脚离地向前伸。

3～4 拍吸气，同时左膝和右肩降向垫面。5～8 拍换方向做，但始终保持收腹的状态，反复 4×8 个拍。

【动作要求】要尽量地使动作流畅并处于控制之下，不要让肩和脚碰到垫面。

二、双人配合练习

1. 击推双脚练习(图 6－110)

【预备姿势】练习者仰卧平躺在垫上，双腿并拢，伸直，绷脚尖，双手抓住帮助者的踝部。帮助者分腿立于练习者肩两侧，双臂伸直前平举。

【动作方法】

1×8 拍的第 1 拍，练习者双腿上举，触及帮助者的双手。第 1 拍，帮助者用双手推练习者的双脚。

3～4 拍练习者用腹肌的控制力量使双腿伸直，有控制地轻轻落下，不着垫。反复练习 4×8 个拍。

【动作要求】练习者保持双腿并拢伸直，绷脚尖，利用腹肌力量收腹、举腿和还原成预备姿势。帮助者双臂伸直前平举，练习者双腿触及帮助者双手时，轻轻将其双腿推回至准备位置，加大练习者腹肌控制能力。

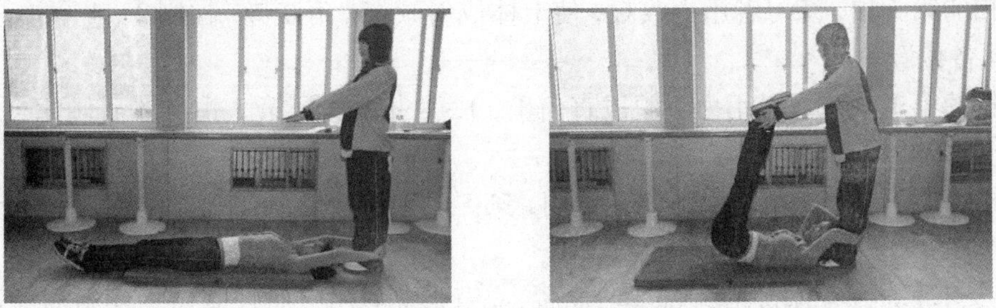

图 6－110

2. 斜面收腹起(图 6－111)

【预备姿势】一人平躺屈膝仰卧，屈肘叉腰；另一人坐其膝盖部，双手至于体侧，双脚勾其上臂，同时躺的一人，双手抓其小腿。

图 6－111

【动作方法】

1×8 拍的 1～4 拍，坐在上面的人仰卧下胸腰，躺在下面的人双手抓其踝关节，用力收腹提上体。

5～8 拍，上面的人，收腹起上体，下面的人慢慢降上体平躺。反复练习多次，交换。

【动作要求】在做吊胸腰动作时，上面练习者要尽量放松腹部，使身体舒展，而下面的人要做到用力控制其腿部，使其不至于晃动。

3. 收腹起上体练习(图 6－112)

【预备姿势】练习者仰卧平躺在垫上，双腿并拢伸直，绷脚面，双手置于体侧。帮助者跪在练习者的双脚前，以双手按住练习者的双脚趾关节处。

图 6－112

【动作方法】

1×8 拍的第 1 拍，练习者用力收腹，使上体成斜倾 45° 角姿势，控制 2～4 个拍。5～8 拍上体慢回预备位置。

2×8 拍的第 1 拍练习者用力收腹成直角坐，1～4 拍控制，第 5 拍身体后倾 45° 角，6～8 拍控制。

3×8 拍的第 1 拍，直角坐，2～4 拍控制，第 5 拍上体慢后倾回预备位置，控到 6 拍。

反复练习 4×8 个拍。

【动作要求】练习者保持抬头、挺胸、立腰、立背形态，用腹肌控制做上体斜后倾动作，帮助者按住练习者的双脚帮助完成动作。

4. 挺下腹练习(图 6－113)

【预备姿势】练习者平躺在垫上，双腿分腿屈膝，两手于体侧，帮助者背向练习者分腿跪立于练习者身体两侧。

【动作方法】

1×8 拍的 1～4 拍，练习者呼气，慢慢地向上抬起下腹，使髋骨朝向身体，同时帮助者双手托其髋部上提，使练习者的背部上半部始终紧贴垫面，5～7 拍控制 3 拍，第 8 拍还原成预备姿势。反复练习 4×8 个拍交换。

图 6－113

【动作要求】在做动作过程中，始终保持头部和脊椎骨在一条直线上，同时保持正常呼气、吸气，双脚跟平踩垫面。

第五节　手臂、肩部力量和柔韧性练习

肩、臂是人上体的主要组成部分之一。肩宽窄适度，与人体总身高的比例匀称协调，可显得开阔、稳健而有朝气，突出体型的曲线美。如果肩太窄，则给人纤细软弱，无力支撑头颈的感觉；同时也会缩小胸腔体积，除影响外形美观外，更有害的是限制了心肺等内脏器官的功能。而手臂、肩部的力量和柔韧性练习能够促使上肢骨骼、肌肉韧带和肩带的正常发育，增强力量和灵活性，培养正确姿势，进一步提高肩部的控制能力，使站立形态更加优美；同时由于练习动作灵敏有力、变化多样，所以可促进上体的血液循环，增进胸部各内脏器官的营养与机能。一般采用单人练习和双人配合练习进行。

一、单人练习

1. 后提臂夹肩练习

【预备姿势】立正站好，双手臂在体后伸直握好。

【动作方法)

1×8 拍的 1～4 拍，匀速后抬双臂至最大限度。5～8 拍双臂匀速回落至预备姿势(图 6－114)。

2×8 拍的 1～2 拍，体前屈同时双手臂后举，3～6 拍控制不动，7～8 拍还原成预备姿势。反复练习(图 6－115)。

【动作要求】双手臂伸直，后夹角，抬头，挺胸。后抬臂至最大限度，上体保持直立。体

前屈后举双臂至最大限度，将肩关节韧带拉开。

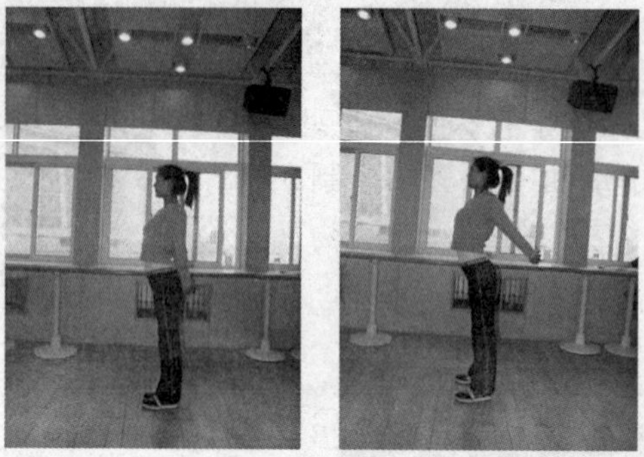

图 6－114

图 6－115

2. 两臂上托练习（图 6－116）

【预备姿势】两脚开立比肩稍宽，两臂在体侧自然下垂，挺胸收腹。

图 6－116

【动作方法】

1×8 拍的 1～2 拍，两臂向上举起，一手掌心向上，一手拉另一手的手指，3～7 拍为一动一拍，下压下拉上顶的手。

2×8 拍拉至最大限度停 1 个 8 拍，换另一手练习，反复 4 拍。

【动作要求】上举时，挺胸收腹，当一手下拉时，另一手要向上用力顶，肘关节伸直，同时肩角要打开。

3. 手臂摆动绕环练习（图 6－117）

【预备姿势】两脚分开与肩等宽，两臂在体侧自然下垂。

图 6－117

【动作方法】

1×8 拍的 1~4 拍，左手向前，右手向后绕环。5~8 拍重复一次。

2×8 拍 1~4 拍，左手向后，右手向前绕环。5~8 拍重复一次。

3×8 拍双手同时向前绕环 2 周。

4×8 拍双手同时向后绕环 2 周，反复 4×8 个拍。

【动作要求】收腹，挺胸，抬头，肩关节放松，绕环时手臂划垂直于身体侧的立圆，并随臂绕环而肩绕动。

4. 侧压臂练习(图 6－118)

图 6－118

【预备姿势】两脚分开站立，与肩同宽，两臂体侧自然下垂。

【动作方法】

1×8 拍的第 1 拍，左手臂直臂上举，右手屈肘在头后抓住左上臂。2~8 拍，慢慢地向右侧拉左肩关节。

1×8 拍右手拉至最大限度时，控制 1 个 8 拍，慢慢放松，反复练习 4×8 个拍，交换手练习。

【动作要求】上举手时，要收腹挺胸，在侧拉时必须慢慢地，力量由小到大，不可突然用力。同时，要尽可能拉肩侧韧带至最大限度。

5. 手臂波浪练习(图 6－119)

【预备姿势】盘腿坐垫上，两臂侧举，手心向下。

【动作方法】

1×8 拍的 1~2 拍，头向左看，左手高，右手低，做手臂波浪一次。

预备姿势 (1)～(2) (3)～(4) (5)～(8)

图 6－119

3～4 拍头看右边，右手高，左手低，做手臂波浪一次。

5～8 拍双手小波浪至头上举。

2×8 拍双手后振肩练习，二拍一动，反复练习 8×8 拍。

【动作要求】保持上体立腰、立背、挺胸形态，用肩关节上提下落带动手臂波浪练习。

6. 压肩韧带（图 6－120）

【预备姿势】面对肋木上体前倾，双手臂伸直放在肋木上，双脚开立。

图 6－120

【动作方法】

1×8 拍的第 1 拍，上体用力向下压，将肩关节拉开，一拍一压，反复练习 4×8 个拍，压至最大限度时，控制 4×8 个拍。

【动作要求】双手臂伸直，压肩时要保持塌腰、挺胸、抬头的形态，注意保持呼吸正常。

7. 下拉肩练习（图 6－121）

【预备姿势】背对肋木站立，距肋木大约 30～40 厘米，两手体后握肋木。

图 6－121

【动作方法】

1×8 拍的第 1 拍，双手与肩同宽握杆，上体前倾。

2～7 拍控制不动。

第 8 拍还原成预备姿势，反复练习 8×8 个拍。

【动作要求】练习时双脚离肋木距离不变，身体前倾，挺胸仰头，把肩关节充分拉开。

8. 侧反拉肩韧带练习（图 6－122）

【预备姿势】两脚左右开立，身体侧向肋木站立，一手握比肩稍高的肋木杆。

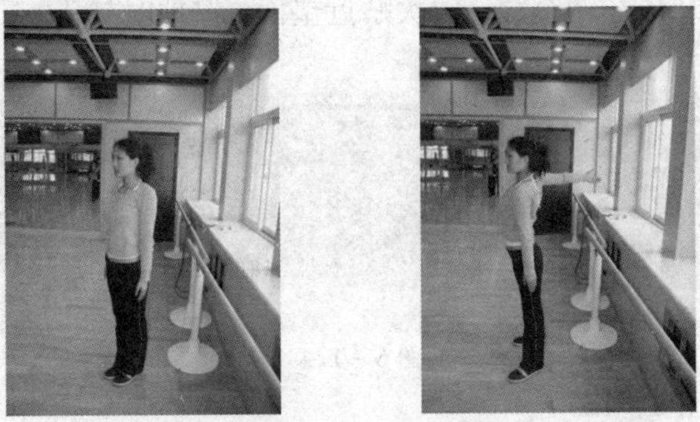

图 6－122

【动作方法】

1×8 拍的 1～2 拍，右手扶肋木，身体向左扭转。3～4 拍还原成预备姿势，5～8 拍重复 1～4 拍。

1×8 拍，扭转至最大限度时，控制 1 个 8 拍，反复练习 8×8 个拍。

【动作要求】在扭转身体时，两脚跟不能离垫，同时慢慢地扭转，不能突然用力，动力手的肘关节不能屈。

9. 俯撑推起练习（图 6－123）

【预备姿势】面对肋木站立，距肋木 80～90 厘米，双手直臂撑肋木，前脚掌着垫，身体成一斜面。

【动作方法】

1×8 拍的第 1 拍，双手屈臂，第 2 拍推起还原。听口令反复练习，约 15～25 次一组。

图 6－123

【动作要求】在屈臂时，胸部贴近肋木，同时双手用力撑住，推起，膝盖不能屈。

10. 跪立上体前行练习（图 6－124）

【预备姿势】双腿并拢，跪垫，双手直臂垂直撑垫。

【动作方法】

1×8 拍的第 1 拍，重心后移，低头。

第 2 拍，屈臂从头至胸腹贴近垫面。

3～4 拍，成腹撑。

5～8 拍，按原动作路线还原成预备姿势。反复练习 8×8 个拍。

【动作要求】屈臂时从头经胸至腹，依次贴近垫面，撑地时抬头，挺胸，上体后倾。

图 6－124

11. 双臂悬垂练习(图 6－125)

【预备姿势】双脚立正站立，两手置于体侧。

动作方法:跳上，两手握杠，握距比肩稍宽，两腿并拢，全身绷直，两肩下沉，控制悬垂 20～60 秒，练习 3～5 次。

图 6－125

【动作要求】在悬垂时有节奏地呼吸，不要憋气。

12. 拉皮筋练习(图 6－126)

【预备姿势】面对肋木站立，把皮筋从肋木上穿过，双手拉于胸前。

【动作方法】

1×8 拍的 1～4 拍，前腿弯曲，后腿蹬垫，手拉皮筋上举，向后伸出双臂，头随后仰至极限。5～8 拍还原成预备姿势。反复练习 20～30 次，然后直臂下拉 20～30 次。

图 6－126

【动作要求】向后拉皮筋伸展双臂时，不能屈肘，同时也要挺胸、抬头。

13. 双臂持哑铃练习(图 6 – 127)

【预备姿势】两脚分开与肩同宽，两臂伸直，两手推哑铃置于体侧，成站立姿势。

图 6 – 127

【动作方法】

1 × 8 拍的 1 ~ 2 拍，两臂用力屈肘，将哑铃举至肩侧。

3 ~ 4 拍，两臂用力将哑铃举至头上方，两臂伸直。

5 ~ 6 拍，两臂头后屈肘。

7 ~ 8 拍，两臂用力伸肘，将哑铃还原成预备姿势。反复练习 10 ~ 15 次。

14. 踩拉皮筋(图 6 – 128)

【预备姿势】双脚并拢，踩在皮筋中部，双手体侧握皮筋头。

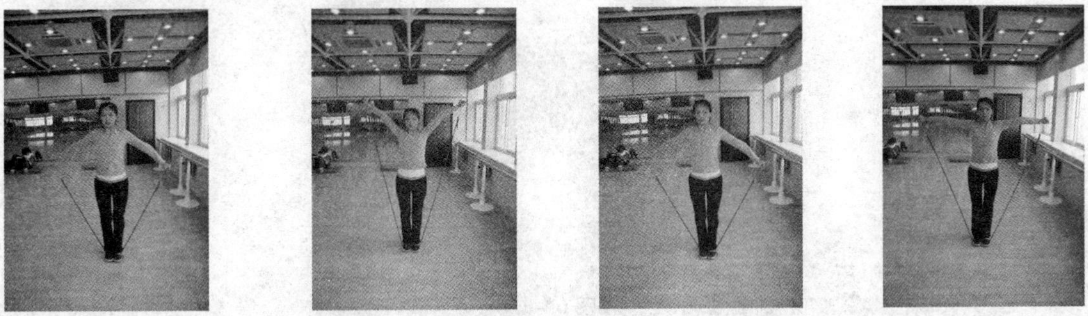

图 6 – 128

【动作方法】

1 × 8 拍的 1 ~ 2 拍，双手拉皮筋至体侧。

3 ~ 4 拍还原。

5 ~ 6 拍双手拉皮筋至斜上举位置。

7 ~ 8 拍还原。

2 × 8 拍的 1 ~ 4 拍，拉侧平举，5 ~ 7 拍控制不动，第 8 拍还原。

3 × 8 拍的 1 ~ 4 拍，拉至斜上举，5 ~ 7 拍控制不动，第 8 拍还原。

【动作要求】身体保持正直、收腹、抬头。在做动作时，手臂始终保持直臂，并配合好呼吸节奏。

二、双人配合练习

1. 拉肩(图 6 – 129)

【预备姿势】练习者跪坐在垫上，双手相握上举；帮助者站立在练习者的背后，拉住练习者的双手。

图 6－129

【动作方法】

帮助者用一膝盖抵在练习者的后背处，一手拉其腕关节，一手推其肩部，一拍一动，做 2 ×8 个拍后，拉至最大限度用力控制 2 ×8 个拍。

【动作要求】练习者要保持正常的呼吸节奏，双臂上举时肘关节不能弯曲，同时微低头。

2. 双人压肩（图 6－130）

【预备姿势】两人面对面站立，双手伸直互搭肩上，双脚开立。

【动作方法】

1 ×8 拍的第 1 拍前半拍，上体下压双肩伸直振动一次；后半拍上体稍抬起，连续练习 4 ×8 个拍。

5 ×8 拍的第 1 拍，上体下压至最大限度，控制 4 ×8 个拍。

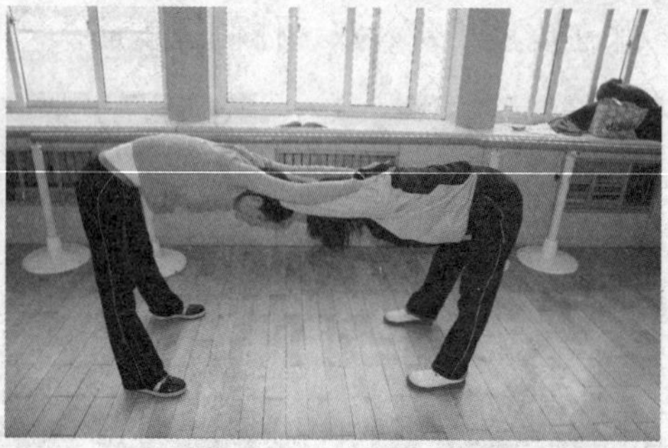

图 6－130

【动作要求】双臂伸直，塌腰，抬头，挺胸，将肩关节韧带拉开。

3. 跪立压肩（图 6－131）

【预备姿势】练习者跪立在垫上，双手贴耳朵前举撑垫；帮助者分腿站在练习者背后。

图 6－131

【动作方法】

1×8 拍的 1～4 拍，帮助者轻轻地压在练习者的双肩上，5～8 拍静止压着不动。

2×8 拍，在 1×8 拍下压力量的基础上，下压力量加大，一拍一动。

3×8 拍控制不动，施最大力量（练习者能够承受），反复练习，交换。

【动作要求】练习者在做动作时要抬头挺胸，注意呼吸的节奏，同时帮助者施加压力要慢慢由小至大，不能突然发力以免受伤。

第七章 基本姿态控制训练

形体美是一个由多种要素有机组合而成的整体性的动态系统，它体现在肢体比例适度，肌肉均衡、身体丰满，皮肤健康、色泽柔润，体态、身姿优雅四个方面，它们相互作用，相互影响，相映成辉，形成形体的动态美感。而优雅的体态和身姿离不开对身体各部位形态的基本训练，在现实生活中只有进一步改变身体形态的原始状态，提高形体动作的灵活性，才有可能增强站立姿态（简称站姿）、行走姿态（简称走姿）、坐立姿态（简称坐姿）、蹲立姿态（简称蹲姿）的规范，从而获得健康、自然、匀称、美丽的身材，以及结实而富有弹性的肌肉和充满动感的曲线。形体美的锻炼首先要从最基本的姿态开始，它包括站姿、走姿、坐姿，而正确的姿态，不仅使内脏能进行平衡的活动而对人的健康有益，而且能对人们的社会活动产生积极的影响。若姿态不好，就会给人没有朝气或不可信赖的印象，从而影响工作或事业成功。

基本姿态控制是调整形体的基础练习，是改善和提高人体形态控制能力的重要内容。基本姿态控制练习动作难度不大，但必须使动作规范，从严要求，持之以恒，这样才能达到效果。

本章要求通过对各种基本姿态的训练，掌握各种基本姿态的动作要领和不同形式的站、走、坐、蹲的姿态，并能发现自己的错误，纠正不良体态，养成良好的习惯，为将来的各项工作打下基础。

第一节 站立姿态

站立姿态的训练主要是进行站姿的基础训练，重点是提高练习者在各种情况下保持良好的身体形态的能力。

站姿是否正确、优美、挺拔，主要受人体脊柱的影响，同时与骨盆位置是否正确也有直接关系。正确的站姿要求练习者既要保持头颈部位、胸腰部位正确的感知觉，使脊柱周围屈伸肌群均匀地收缩，以维持和固定脊柱的正常生理弯曲，又要使下肢部位充分伸展并保持必要的平衡，通过腹部和臀部肌肉的正确用力，使骨盆保持在正确的位置上。站姿练习是一个综合性的练习，是身体各部位感知觉练习效果的综合体现，练习者从中可体会到正确的站立感觉，从而显示出人体的曲线美和高雅的气质。

一、站姿基本要求

站姿基本要求指的是人们在自然直立时的正确姿势，站姿总的要求是“正看一个面，侧看一条线”。它的标准主要是正和直，即从人身体的正面来看，主要特点是头正、眼正、肩正、身正；从人身体的侧面来看，主要特点是颈直、背直、腰直、臂直、腿直。

二、保持标准站姿的要领

人在站立时头部要抬起，下颌微收，双眼平视，面带微笑。颈部挺直，双肩舒展、齐平。面部和身体朝向正前方，胸要微挺，腹部自然地收缩。腰部直立，臀部上提，挺直背脊，双臂自然下垂，双腿并拢立直。采取这种站姿，会表现出女性的恬静、端庄的阴柔美，男性的刚健、威严的阳刚美。

在站立时身体要保持直和高。直，就是脊柱尽量与垫面垂直。高，就是身体重心要尽量提高，两腿不宜分得过开。同时，还要注意收腹紧臀，提气立腰，使身体的重心尽量向上拔高。重心向上就显得精神饱满，风姿绰约；重心偏低的就会显得衰老和懒散。

三、在不同行业服务中的几种规范站姿

不同的工作岗位对站姿有不同的要求，如空乘、航空地面服务及其他服务类等，但任何一种形式的站姿都是在基本站姿的基础上变化的，服务人员在实际中应选择适合的站姿来为客人服务。服务工作中常见的站姿有以下几种。

1. 侧放式站姿（图 7－1）

侧放式站姿是男女通用的站立姿势。其要领是：脚掌分开呈"V"字形，脚跟靠拢，两腿并拢立直，双臂放松，自然下垂于体侧，虎口向前，手指自然弯曲。

2. 前腹式站姿

（1）站姿一

要领是：脚掌分开呈"V"字形，脚跟靠拢，两腿并拢立直，两手握指交叉于腹前。这是女性常用的站姿，同图 7－2，唯脚呈"V"字形。

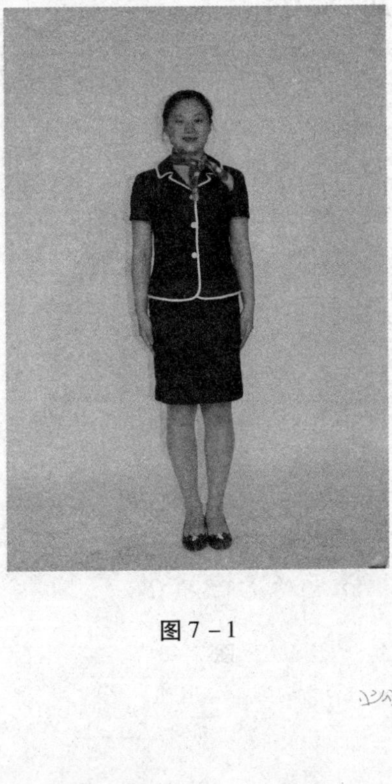

图 7－1

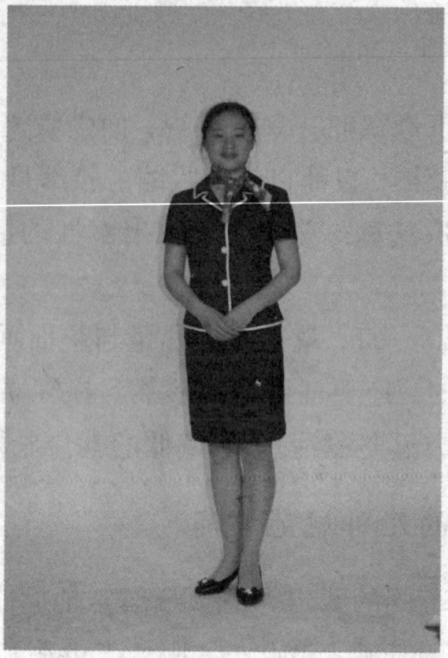

图 7 – 2

(2)站姿二(图 7 – 2)

要领是:两脚脚尖向外略展开，一脚在前，将一脚跟靠于另一脚内侧前端，形成“丁”字，两手握指交于腹前，此站姿又称丁字式站姿，是只限于女性使用的站立姿势。

3. 后背式站姿(图 7 – 3)

后背式站姿是男性常用的站立姿势。

要领是:两脚打开，略窄于肩宽，两脚平行，身体立直，身体重心放在两脚上，两臂肘关节自然内收，两手相握放在后背腰处。

4. 单臂式站姿(图 7 – 4)

单臂式站姿是男女通用的站立姿势。

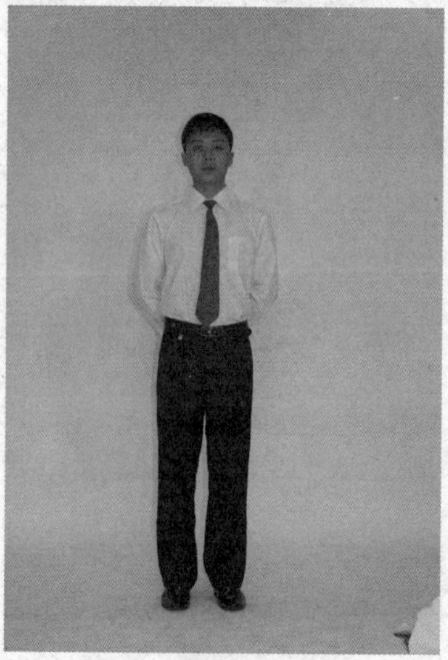

图 7 – 3

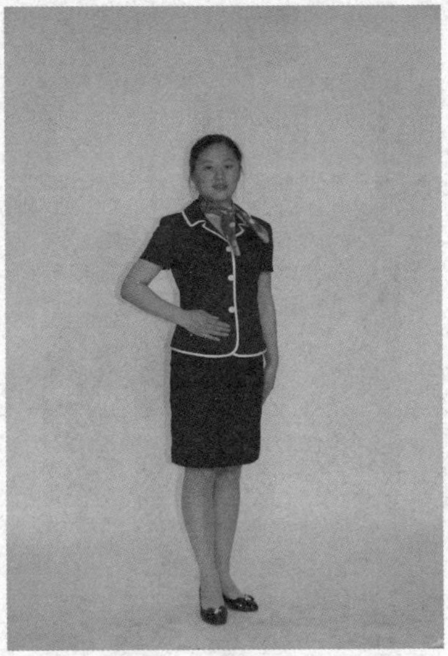

图 7－4

要领是:因工作的需要，选择将两脚打开或成丁字步，工作中常见到的是左臂单臂后背，右手来完成如斟酒服务等工作。

站立太累时，可变换为调节式站姿，即身体重心偏移到左脚或右脚上，另一条腿微向前屈，脚部放松。无论转变成何种站姿，都要注意做到“万变不离其宗”，即不能离开站姿的基本要领。

四、克服几种不良站姿

站姿不良指的是人们在生活或者工作中不应当出现的站姿，因此要尽量注意避免以下一些不良的站姿出现。

(1)头。头部左、右歪斜或低头，仰头，左顾右盼，东张西望。

(2)肩。肩不平，身体不正，含胸或过于挺胸。

(3)手。手臂插兜或叉腰，双臂交叉抱于胸前，手腕抖动。

(4)腰、背。腰部弯曲，背部弓起，腹部挺出。

(5)腿。弯曲，抖动，交叉，叉开过大。

(6)脚。内八字或外八字，蹬踏，抖动。

同时，还有趴伏倚靠、半坐半立、浑身抖动、身体歪斜等不良站姿。

五、站姿的控制练习

1. 靠墙立(7－5)

在立正姿态的基础上，双腿夹紧，收腹，挺胸立腰，立背，紧臀，双肩后张下沉，下颌略回收，头向上顶，脚跟、腿、臀、肩胛骨和头紧靠墙。此练习是借助于墙的平面来培养和训练站立时上体挺拔，保持头、躯干和腿在一条垂线上的良好习惯，一次控制 4×8 个拍，反复做 8～10 次。

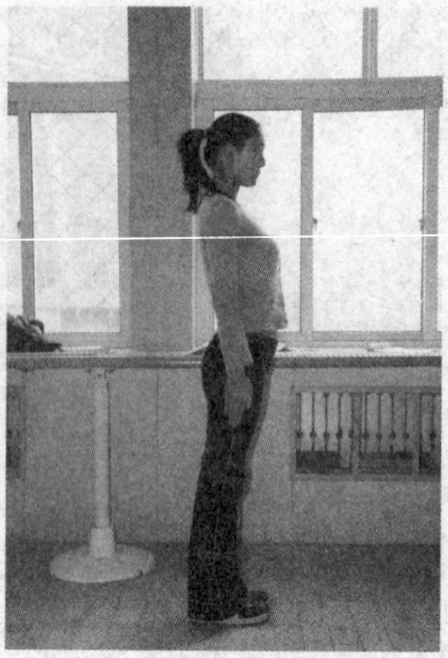

图 7－5

2. 分腿立（图 7－6）

两腿在小八字立的基础上分开与肩同宽，双手叉腰，双肘微向前扣，收腹，挺胸，立腰，立背，双肩后张下沉。此练习主要训练臀、腹及上体的正确感觉，夹臀与收腹同时进行。

图 7－6

3. 单腿立

在保持正确立姿的基础上，一腿支撑，另一腿屈膝上抬绷脚尖，贴于支撑腿，双手叉腰，上体微微向侧转。此练习主要训练腿的挺直与控制力。

4. 双手叉腰，前、侧、后点地练习（图 7－7）

在基本站姿的基础上，保持上体形态和重心稳定，双腿伸直；前点地和后点地时动作力求绷脚尖，脚面外翻；开胯侧点地时，脚面向侧绷脚尖点地。每做一个方向的点地，都是先擦地出去，控制 1 个 8 拍后换方向练习，反复 8～10 次。此练习主要训练腿的控制能力和重心的稳定性。

前点地　　侧点地　　后点地

图 7 – 7

5. 移重心站姿练习

1 × 8 拍的 1 ~ 2 拍，双腿屈膝，向前移动重心。

3 ~ 4 拍，呈右脚在前直立，左脚后点地姿势。

(1) 面向镜子，按照动作要领体会站立姿势。

(2) 头顶可放本书，练习颈直和头颈部的稳定性。

(3) 靠墙站立或两人一组背靠背站立，要求脚跟、小腿、双肩、后脑勺都贴紧墙或另一个人，练习身体直立，腰身挺拔。

以上训练每次应坚持 30 分钟左右，女性穿半高跟鞋进行练习，以增强训练的实效性。训练时，可以配上优美的音乐，有利于保持愉快的心境，塑造自然的笑容，减轻单调、疲劳之感。

5 ~ 8 拍，同 3 ~ 4 拍（图 7 – 8）。

2 × 8 拍，同 1 × 8 拍，但方向相反（图 7 – 9）。

3 × 8 拍，右脚 1 ~ 2 拍，向侧擦地或侧点地，3 ~ 4 拍，动作同 1 × 2 拍，但方向相反，5 ~ 8 拍，双腿半蹲，两手叉腰（图 7 – 10）。

4 × 8 拍同 3 × 8 拍，但方向相反。反复练习 6 ~ 8 次。

此练习主要训练在移动时腿的控制力和身体的正确姿态。

图7-8

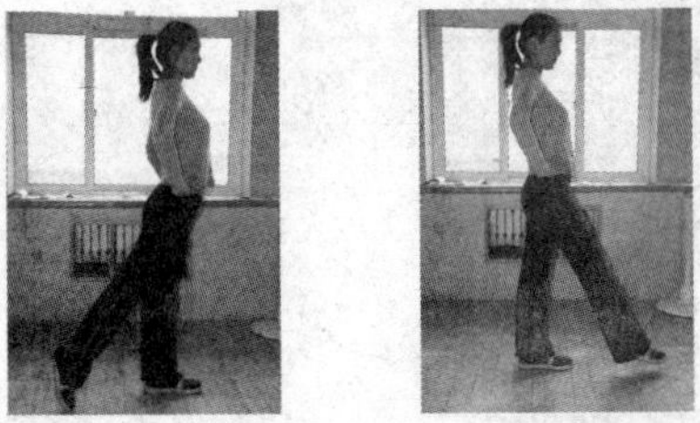

图7-9

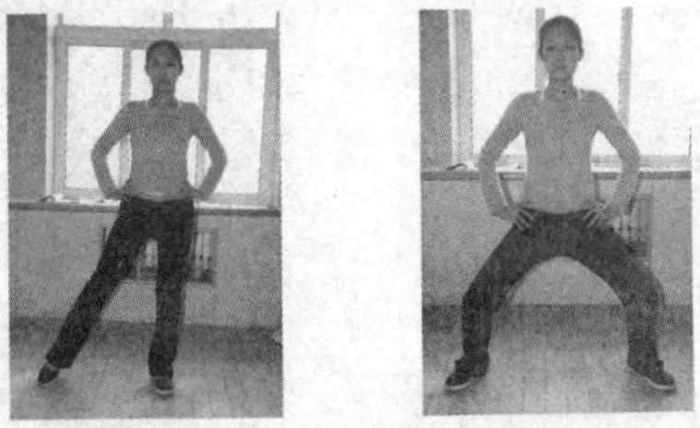

图7-10

第二节 行走姿态

行走是以文雅、端庄的站姿为基础的，是人的基本动作之一，是人体最自然、最频繁的一种周期性的位移运动，属于动态姿势，具有节奏感和流动感。行走姿态的好坏，能直接反应一个人的健康状况、气质、文化修养和审美层次，良好的姿态虽然有一定的遗传，但关键在于后天的培养和训练。只有通过专门训练，增强腰、背、胸、腿、手臂的力量和控制能力，改进原始自然行走状态，才能使行走的姿态更规范、更优美、更有风度。

一、走姿规范的标准

正确的走姿基本要领是:步履自然、稳健，抬头挺胸，双肩放松，提臀收腹，重心稍向前倾，两臂自然摆动，目光平视，面带微笑。

走路时用腰力，要有韵律感。走路时腰部松懈，会有吃重的感觉，不美观;拖着脚走路，更显得难看。走路的优美姿态应以胸带动肩轴摆，提髋提膝小腿迈，跟落掌接趾推送，双眼平视背放松。走路的美感产生于下肢的频繁运动与上体稳定之间所形成的对比和谐，以及身体的平衡对称。

(一)男士走姿标准

男士在行走中要注意挺胸、收腹、抬头平视，这样全身成一条直线，给人以精神振奋之感。行走时双肩平行，脚掌朝前，步幅与身高相适应。身体的重心点落在前脚的大脚趾和二脚趾上。不要摇晃上体，两臂要自然地前后摆动与脚步节奏吻合(图7－11)。

(二)女士走姿标准

女士在行走时要注意走直线，身体平直，步幅不要太大，以不超过腿长的1/3为佳。起步时，胸部要向前挺出，千万不要给人一种让脚拖着全身向前的感觉。迈步时，脚尖要避免内八字和外八字步，脚跟要先着地，双手前后自然摆动，注意身体摆动的幅度不要过大(图7－12)。

图7－11

图 7－12

（三）穿平跟鞋的走姿标准

女士在行走时要注意身体平直，步幅不要太大，穿平跟鞋时，步幅可稍大些。

（四）穿高跟鞋的走姿标准

两腿迈步要自然、轻柔、飘逸、轻盈、匀称，两腿并拢，走路时膝盖正对前方，两脚微向外展，落地时脚跟先着地，双腿几乎踏在同一条直线上，显示出女人端庄、文静、温柔、娴雅的窈窕美，给人一种轻、灵、巧的美感。标准的步幅是：前脚迈出一步落地时，脚跟离后脚尖恰好是一只脚的长度。当然也不能"一刀切"，身材修长，腿也会长些，步幅自然大些；身体娇小玲珑，步幅也就小些。穿高跟鞋的女人，步幅则宜"纤纤作细步"；穿平跟鞋的女人，步幅则会大些。只有这样才显得娉婷、婀娜多姿。

二、不良走姿

行走时要防止八字步，不要低头驼背、摇晃肩膀、双臂大甩，不要扭腰摆臀、左顾右盼，脚不要擦地面。以下是不雅观的走姿应注意克服。

（1）肚子腆起，身体后仰。

（2）脚尖出去方向不正，呈明显的外八字脚或内八字脚。

（3）两脚不落在一条直线上，明显地叉开双脚走。

（4）迈大步，身子上下摆动，像鸭子一样。

（5）双手左右横着摆动，像小学生走"一二一"。

（6）腿部僵直或身子死板僵硬。

（7）只摆动小臂。

（8）脚步拖泥带水，蹭着地走。

（9）耷拉眼皮或低着头走。

（10）在正式场合，手插在口袋、双臂相抱、倒背双手。

（11）不因场地而及时调整脚步的轻重缓急，把地板踩得"咚咚"作响。

研究表明，不良的走姿，给人体的健康和发育造成不良的影响，而优美的步态给人的身心健康带来更大的益处。

三、行走礼仪规范

（1）走路要抬头挺胸、目视前方，肩臂自然摆动，步速适中，忌八字步、摇摇晃晃。

（2）上下楼梯、过楼道要靠右行，纵队排列，而不要并排行走。不拥不抢，不在楼梯上打闹。出入教室、办公室时要轻声慢步，不影响他人。

（3）遇到熟人要打招呼，互致问候，不能视而不见；需要交谈时，应靠路边谈话，不能站在道路当中或人多拥挤的地方。

（4）在公路上应靠右边行走；过公路时应左右看车，不得快速奔跑。

（5）在狭窄的道路上应互相礼让，主动给长者、残疾人让路。

（6）向别人打听道路，先用礼貌用语打招呼，然后再问路；听完回答之后，一定要致谢。

四、走姿控制练习

不良的走姿绝大多数是后天不良习惯形成的，但要有毅力，如坚持不懈地练习，是完全可以改变的。在体现步态美的诸多因素中，除了颈、肩、腰、四肢等有正确的姿势外，脚踝起着极其重要的作用，但常常被人忽视。脚踝对人体起着支撑、维护平衡和缓冲的作用，拥有一双稳固、灵活而强有力的脚踝，走起路来才能支撑有力，步履优美稳健，灵活自如。因此，加强脚踝的力量练习，提高脚踝的灵活性，对于矫正走姿和体现步态美是非常必要的。

（1）坐在椅子上，用脚趾夹起地上的小卵石或笔，抛向远处。

（2）站立提踵或负重提踵。用力踮起脚尖，膝关节伸直，尽量提起脚跟至最大限度，然后脚跟下落还原。可连续做，或提踵后稍停顿再继续做，做25～30次后放松。

（3）足尖、足跟、足外侧交替走。直立，双手叉腰，用足尖、足跟、足外侧交替行走，膝关节伸直，每个动作走5～6米后放松。

（4）做垫上练习。直角坐在垫上，双手撑垫，进行脚背屈伸练习：两腿并拢伸直，脚背屈伸。接着进行脚踝绕环练习：两脚由内向外或由外向内绕环，绕环时脚踝幅度尽量加大。

（5）平衡感训练。练习平衡感是为了在走路时让背部挺直，使上半身不摇晃。练习时，在头顶放一个小布垫，眼睛看前方。

（6）修正线条训练。进行修正线条训练时，可用一条5厘米宽的长带子放在地上，首先踏出一步，注意此时只有脚跟内侧踩到带子，接着让大脚趾也踩在带子上。另外一脚也以同样的方法踏出，必须记住只能踏到带子边缘，使双脚呈倒八字形，以脚掌内侧接触带子。此外，还需避免翘着臀部走路。

以上动作若有音乐伴奏，则练习效果更好，练习的次数及距离因人而异，只要持之以恒，就定能使步态更健美，走出美的神韵、健的风采。

第三节　坐立姿态

坐立姿态美是体现形体美的重要组成部分，也是个性、气质、风度、修养及健康的一种表征。如果有一付漂亮的面容和优美的体型，再加上端庄、大方的坐姿，更能增添魅力。良好的坐姿对保持健美的形体大有好处。

一、规范的坐姿标准

入座后，上体保持自然挺直，肩部放松。两臂自然下垂，高度相同，或两臂屈放在桌面，或小臂平放在座椅两侧的扶手上；也可轻轻放在两膝上，或两手相交握放在膝上。颈部梗直前倾。两膝自然弯曲，大腿保持在水平部位，两脚掌均匀着地。臀部坐在椅子的中后部，腰部始终要挺直，也可使颈、胸、背、腹、腰等部位的肌肉得到锻炼。

(1)挺腰，收腹，双膝紧靠，脚尖朝外。

(2)坐下时，可采用双腿交叠斜放的姿势。方法是：膝盖不可往上举，一腿横向斜靠拢于另一腿上，这种坐姿相当优雅。

(3)伸出下巴，拉长颈部。

二、几种规范的坐姿

1. 女士的几种规范坐姿

优雅的坐姿传递着自信、友好、热情的信息，同时也显示出高雅、庄重的良好风范。我们经常会见到一些不雅坐姿，如两腿叉开，腿在地上抖个不停，而且腿还跷得很高，让人实在不敢恭维。女士应在站立的姿态上，后腿能够碰到椅子，轻轻坐下来，两个膝盖一定要并起来，腿可以放中间或放两边。如果想跷腿，两腿需并拢，假如穿的裙子较短，一定要小心盖住。一些经常走动工作或要上高台坐下的女士，都不适合穿太短的裙子，并且不能两腿分开。女士的几种规范坐姿如图 2－13 所示。

图 7－13

2. 男士的几种规范坐姿

男士坐姿讲究稳重感。一个有风度的男人，其基本的坐姿应该是上体挺直、肩平头正、目光平和，坐立的时候还要注意双腿分开的宽度不要超过肩膀的宽度，两脚保持平行，两手自然放置。

三、不雅的坐姿

在别人面前落座时，一定要遵守律己敬人的基本规定，避免以下一些不雅的坐姿。

(1)双腿叉开过大。双腿如果叉开过大，不论是大腿叉开还是小腿叉开，都非常不雅。

(2)架腿方式欠妥。坐后将双腿架在一起，应有正确的方式:两条大腿相架，并且一定要使两腿并拢。如果把一条小腿架在另一条大腿上，两腿之间还留出大大的空隙，就显得有些放肆了。

(3)双腿直伸出去。这样既不雅观也会妨碍别人。身前如果有桌子，双腿尽量不要伸到外面来。

(4)将腿放在桌椅上。有人为图舒服，喜欢把腿架在高处，甚至抬到身前的桌子或椅子上，这样的行为是非常粗鲁的。把腿盘在座椅上也不妥。

(5)抖腿。坐在别人面前，反复抖动或摇晃自己的腿部，不仅会让人心烦意乱，而且也给人以极不安稳的印象。

(6)脚尖指向他人。不管具体采用哪一种坐姿，都不要将脚尖指向别人，因为这一做法是非常失礼的。

(7)脚踩他物。坐下来后，脚部一般都要放在地上。如果用脚在别处乱蹬乱踩，是非常失礼的。

(8)用脚自脱鞋袜。在外人面前就座时，用脚自脱鞋袜显然是非常不文雅的。

(9)手触摸脚部。就座以后用手抚摸小腿或脚部，既不卫生也不雅观。

(10)手乱放。就座后，双手要放在身前，有桌子时放在桌上。单手、双手放在桌下，或是双肘支在面前的桌子上、夹在两腿间都是不允许的。

(11)双手抱在腿上。双手抱腿，是一种惬意、放松的休息姿势，在工作中是不可以的。

(12)上身向前趴伏。坐后上身趴伏在桌椅上或本人大腿上，都仅能用于休息，而不要在工作中出现。

四、坐姿控制练习

1. 盘腿坐(地面)

中心落在臀部上，挺胸收腹，立腰提气，肋骨上提，头颈向上伸，微收下颌，两腿弯曲，两脚脚心相对盘于腹前，双肘放松，手腕搭于膝上，也可以双手背于身后。

2. 正步坐

上体姿势同盘腿坐。两脚并拢，脚尖正对前方，两膝稍稍分开，两臂自然弯曲，两手自然扶于大腿处，上体正直，微向前倾，肩放松下沉，立腰，头、肩、臀应在一条线上。

3. 侧坐

上体姿势同盘腿坐。上体微向侧转，两臂自然放松，扶于腿处，两腿弯曲并拢，双膝稍移向一边，靠外侧的脚略放在前面，这样臀部和大腿看起来比较苗条，给人以美的感觉。

第四节　蹲立姿态

蹲姿是常见的一种姿态，如站久了，一般都会用蹲姿缓解一下。蹲姿和坐姿不同，但都是由站姿或走姿变化而来的相对处于静态的体位。

一、几种规范的蹲姿

1. 高低式

高低式蹲姿如图(图7－14)所示，它的基本动作是，双膝一高一低。要求在下蹲时，左脚在前，右脚稍后。左脚应完全着地，小腿基本上垂直于地面。右脚脚掌着地，脚跟提起。这时右膝低于左膝，右膝内侧可以靠在左小腿内侧，形成左膝高右膝低姿态。女性应靠紧两腿，男性可以适度地分开。臀部向下，基本上以右腿支撑身体。一般情况下，高低式蹲姿会被广大的服务人员采用。而男性服务人员在工作时选用这一方式，往往更为方便些。

2. 交叉式

交叉式蹲姿(图7－15)通常适用于女士，特别是穿短裙的女士，优点在于造型优美典雅。基本特征是蹲下后双腿交叉在一起，即右脚在前，左脚在后，右小腿垂直于地面，全脚着地。右腿在上、左腿在下，两腿交叉重叠。左膝由后下方伸向右侧，左脚脚跟抬起，脚掌着地。两腿前后靠近，合力支撑身体。上身略向前倾而臀部朝下。

3. 半蹲式

半蹲式蹲姿一般是在行走时临时采用。它的正式程度不及前两种蹲姿，但在需要应急时也采用。基本特征是身体半立半蹲。要求在下蹲时，上身稍许弯下，但不要和下肢构成直角或锐角；臀部务必向下，而不是撅起；双膝略为弯曲，角度一般为钝角；身体的重心应放在一条腿上；两腿之间不要分开过大。

图7－14

图7－15

4. 半跪式

半跪式蹲姿，又称单跪式蹲姿，它也是一种非正式蹲姿，多用在下蹲时间较长，或方便用力时。基本特征是双腿一蹲一跪。要求在下蹲后，改为一腿单膝点地，臀部坐在脚跟上，以脚尖着地。另外一条腿应当全脚着地，小腿垂直于地面。双膝应同时向外，双腿应尽力靠拢。

在日常生活里采用蹲姿的场合较少。在工作场合，除了捡拾地面物品、整理鞋袜外，一般不用蹲姿。

二、采用蹲姿时的注意事项

(1)不要突然下蹲。蹲下来的时候，不要速度过快。当自己在行进中需要下蹲时，要特别注意这一点。

(2)不要离人太近。在下蹲时，应和身边的人保持一定距离。和他人同时下蹲时，更不能忽略双方的距离，以防彼此“迎头相撞”或发生其他误会。

(3)不要方位失当。在他人身边下蹲时，最好是和他人侧身相向。正面他人，或者背对他人下蹲，通常都是不礼貌的。

(4)不要毫无遮掩。在大庭广众面前，尤其是身着裙装的女士，特别要防止大腿叉开。

(5)不要蹲在凳子或椅子上。有些人有蹲在凳子或椅子上的生活习惯，但在公共场合这么做是不能被接受的。

三、蹲姿的训练方法

(1)加强腿部、膝关节、踝关节的力量和柔韧性训练，具体方法是:压腿、踢腿、活动关节。

(2)有意识、主动、经常地进行标准蹲姿的练习，以形成良好习惯。

第五节　笑　容

一、职业中的笑容标准

在服务工作中，微笑有重要意义。微笑服务是一种美德，是热情待客的表现，笑迎天下客是服务工作的宗旨，是与客人打交道的最基本态度。

嘴唇:上下嘴唇应以脸部中间线为基准对称。

牙齿:应该整齐，且没有明显修补痕迹。让大部分上排牙齿外露，而最好把下排牙齿隐藏在唇内。

宽度:嘴唇咧开宽度应达到脸部的1/2。

牙龈:尽量少露出，如果露出牙龈，应在2毫米以内。

二、笑容训练的基本方法

笑脸中最重要的是嘴型。要想展现美丽自然的笑容，必须锻炼脸部肌肉。

1. 放松肌肉

放松嘴唇周围肌肉就是微笑练习的第一阶段，它又称为“哆来咪练习”。嘴唇肌肉放松运动是从低音哆开始，到高音咪，大声清楚地将每个音说三次。不是连着练，而是一个音节一个音节地发音，为了正确发音应注意嘴型。

2. 给嘴唇肌肉增加弹性

微笑时最重要的部位是嘴角。如果锻炼嘴唇周围的肌肉，能使嘴角快速移动到位，也可以有效预防皱纹出现。

挺直背部，坐在镜子前面，反复练习。

(1)张大嘴。使嘴周围的肌肉最大限度地伸张。张大嘴能感觉到颚骨受刺激的程度，并保持这种状态 10 秒。

(2)使嘴角紧张。闭上张开的嘴，拉紧两侧的嘴角，使嘴唇在水平上紧张起来，并保持 10 秒。

(3)聚拢嘴唇。在嘴角紧张的状态下，慢慢地聚拢嘴唇。出现圆圆地卷起来的嘴唇聚拢在一起的感觉时，保持 10 秒。

(4)保持微笑 30 秒。反复进行这一动作 3 次左右。用门牙轻轻地咬住木筷子。把嘴角对准木筷子，两边都要翘起，并观察连接嘴唇两端的线是否与木筷子在同一水平线上。保持这个状态 10 秒。在第一状态下，轻轻地拔出木筷子之后，练习维持此时状态。

3. 微笑

这是在放松的状态下，根据所需嘴的大小练习笑容的过程，练习的关键是使嘴角上升的程度一致。如果嘴角歪斜，表情就不会太好看。在练习各种笑容的过程中，可以发现最适合自己的微笑。

(1)小微笑。把嘴角两端一齐往上提，使上嘴唇有拉上去的紧张感。稍微露出 2 颗门牙，保持 10 秒之后，恢复原来的状态并放松。

(2)普通微笑。慢慢使肌肉紧张起来，把嘴角两端一齐往上提，使上嘴唇有拉上去的紧张感。露出上门牙 6 颗左右，眼睛也笑一点。保持 10 秒后，恢复原来的状态并放松。

(3)大微笑。一边拉紧肌肉，使之强烈地紧张起来，一边把嘴角两端一齐往上提，露出 10 颗左右的上门牙，也稍微露出下门牙。保持 10 秒后，恢复原来的状态并放松。

4. 保持微笑

一旦寻找到满意的笑容，就要进行至少维持那个表情 30 秒的训练。

5. 修正微笑

虽然认真地进行了训练，但如果笑容还是不那么完美，就要寻找其他部分是否有问题。但如果能自信地敞开地笑，就可以把缺点转化为优点，不会成为大问题。

(1)缺点——嘴角上升时会歪。两侧的嘴角不能一齐上升的人很多，这时利用木制筷子进行训练可以有效改善。刚开始会比较难，但若反复练习，就会矫正过来。

(2)缺点——笑时露出牙龈。笑的时候露很多牙龈的人，往往在笑的时候没有自信，不是遮嘴，就是腼腆地笑。自然的笑容可以弥补露出牙龈的缺点，但由于本人太在意，所以很难笑得自然。通过嘴唇肌肉的训练可以弥补这个缺点。

(3)挑选满意的笑容。以各种形态尽情地试着笑，在其中挑选最满意的笑容，然后确认能看见多少牙龈。大概能看见 2 毫米以内的牙龈，就很好看。

(4)反复练习满意的笑容。照着镜子，试着笑出前面所选的笑容。在稍微露出牙龈的程度上，反复练习。

如果希望在大微笑时，不露出很多牙龈，就要给上嘴唇稍微加力，拉下上嘴唇。保持这一状态10秒。

6. 修饰有魅力的微笑

如果认真练习，就会发现只有自己拥有最有魅力的微笑，并能展现那微笑。挺直背部和胸部，用正确的姿势在镜子前面边敞开笑，边修饰自己的微笑。

三、练习笑容的要领与注意事项

(1)放松面部肌肉，然后使嘴角微微向上翘起，让嘴唇略呈弧形。最后，在不牵动鼻子、不发出笑声、不露出牙齿，尤其是不露出牙龈的前提下，轻轻一笑。

(2)闭上眼睛，调动感情，并发挥想象力，或回忆美好的过去，或展望美好的未来，使微笑源自内心，有感而发。

(3)对着镜子练习，使眉、眼、面部肌肉、口形在微笑时和谐统一。

(4)当众练习法。按照要求，当众练习，使微笑规范、自然、大方，克服羞涩和胆怯的心理。可以请同学之间互相评议后再对不足进行纠正。

四、微笑的拓展练习

(1)加强心理素质的锻炼，增强自控力。每个人不可避免都会有烦恼和痛苦，但是这种情绪不能无所顾忌地带到工作中去。因此，心理素质的修养是必不可少的。

(2)情绪记忆。将生活中最美好的情绪牢记在心，在需要微笑的时候，经常回忆这些美好的东西，会使微笑更加自然和大方。

(3)对镜练习。对着镜子练习微笑，调整自己的嘴形、面部其他部位和眼神，找到自己认为较为完美的状态，经常进行练习，形成习惯。

(4)加强必要而严格的训练。除上述思想、心里素质培养外，还可以适当地借助于某种技术上的辅助，如借助普通话中的“茄子”、“田七”、“前”等的发音来进行口型训练。

第八章　器械形体训练

第一节　颈肩部

一、肩部肌肉及基本功能

三角肌大而厚，拥有三个头，是一个底向上而尖向下的三角形的肌肉，肩部的膨隆外形即由该肌形成。三角肌结构比较复杂，其前部和后部的肌纤维是梭形的；中部的肌纤维则是多羽状的，它中部的这种结构，使肌肉具有较大力量而不需要很大体积。

三角肌起于锁骨的三角肌粗隆、肩胛骨的肩身和肩胛冈。前、中、后三束肌纤维向外下方逐渐集中，止于肱骨的三角肌粗隆。

基本功能：近固定时，上部下行纤维收缩，使肩胛骨上提，上回旋，后缩；中部横行纤维收缩，使肩胛骨后缩；下部上行纤维收缩，使肩胛骨下降、上回旋。上下两部纤维同时收缩，则使肩胛骨向上转动，如臂上举动作。远固定时，一侧收缩使头向同侧屈和向对侧回旋。两侧斜方肌收缩使头和脊柱伸直。提拉杠铃、耸肩可发展斜方肌的力量。

二、三角肌的训练

训练肩部有两种基本方法，即侧平举和推举。

侧平举的方法是以一个宽弧将伸展的臂膀上举，为使三角肌三束肌纤维都得到锻炼，侧平举练习还可做成前平举和屈体侧平举。

推举则是从屈臂开始，手持杠铃或哑铃与肩同宽，将杠铃或哑铃举过头，由于是朝上举又伸直手臂，因此推举练习既涉及到三角肌又涉及到肱三头肌，通过做不同的颈前或颈后杠铃、哑铃推举练习或各种练习器的练习，来全面发展三角肌的各个部分。

三、锻炼三角肌的常见练习

1. 杠铃站立提拉（图 8－1）

主要锻炼肌肉：三角肌前部、肩侧斜方肌、肱二头肌。

动作要领：两脚左右开立，与肩同宽。两手窄握杠铃，上体正直，两臂下垂于腿前，然后以肩带肌群向上收缩的力量带动两上臂贴身向上提拉杠铃至下颌位置，稍停，再慢慢下放杠铃还原。重复练习。

动作要点：拉引杠铃应贴近体前，两肘尽力上抬，高于肩，前臂和手腕下垂。每次上提杠铃要比放下时还要慢。

提示：该动作也可以用哑铃来锻炼。

图 8－1　杠铃站立提拉

2. 哑铃站立前平举（图 8－2）

主要锻炼肌肉：三角肌前束、中束、肱三头肌。

动作要领：两脚左右开立，上体正直，挺胸收腹，塌背，两手掌心向上，中握杠铃，使横杠置于胸前锁骨和两肩上，然后将杠铃垂直向上推起至两臂伸直，稍停下放杠铃还原。

动作要点：上推时，上体不要后仰。

图 8－2　哑铃站立前平举

3. 杠铃坐姿颈前推举（图 8－3）

主要锻炼肌肉：三角肌前束、中束、肱三头肌。

动作要领：坐在凳子上，上体正直，挺胸收腹，塌腰，两手中握距正握杠铃，屈肘，使横杠置于胸前锁骨和两肩上，然后将杠铃垂直向上推起至两臂伸直，稍停下放杠铃还原。

动作要点：上推举时，上体不要后仰。

图 8－3 杠铃坐姿颈前推举

4. 杠铃坐姿颈后推举(图 8－4)

主要锻炼肌肉:三角肌后束、斜方肌和肱三头肌、上胸部等。

动作要领:坐在凳上，上体正直，挺胸收腹，塌腰，把杠铃置于颈后肩上，两手比中握距略宽握住横杠，然后将杠铃垂直向上推起至两臂伸直，稍停慢慢放下还原。

动作要点:握距不同，锻炼部位也有所不同，宽握对锻炼三角肌有利，窄握则集中锻炼肱三头肌。

提示:可用哑铃做坐姿推举或站立哑铃推举。两手持铃应置于肩外侧。此外可以直立做推举练习。采用直立做推举练习，应尽量避免借助腿部等力量练习，以影响锻炼效果。

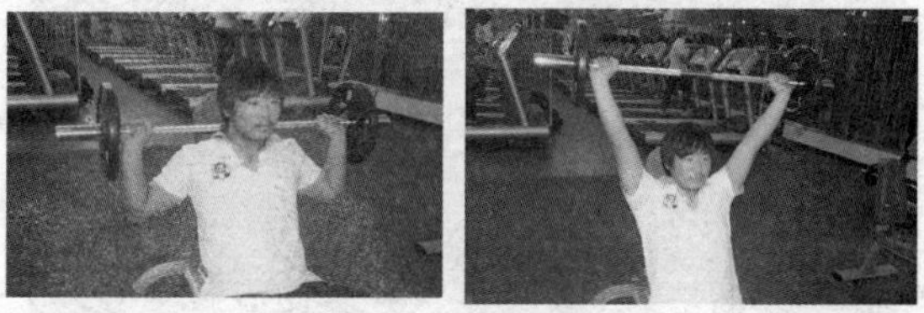

图 8－4 杠铃坐姿颈后推举

5. 哑铃站立侧平举(图 8－5)

主要锻炼肌肉:三角肌中束

动作要领:站立式或坐式均可进行。两手持哑铃下垂于体前，上体正直，然后两肘微屈，两手持铃向两侧上方提起至于头部最高位置，稍停，两臂慢慢下落还原。

动作要点:向两侧上方举起时，两肘和腕部始终微屈，这样有利于三角肌的收缩。此外，持铃举起时上体不得前后左右摆动。

提示:可用橡皮条或拉力器侧平举，见图 8－6。也可采用单手进行练习。

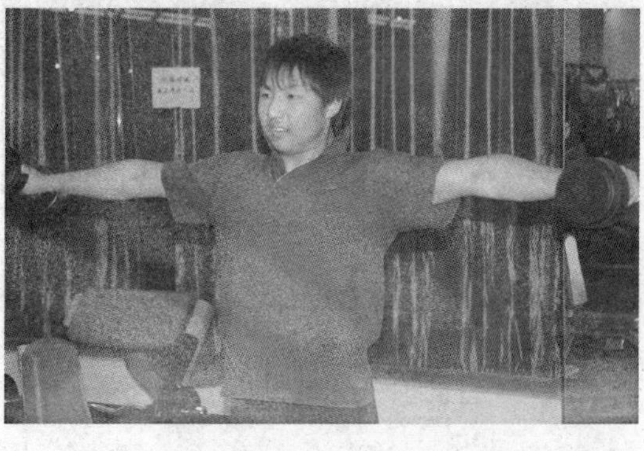

图 8－5 哑铃站立侧平举

图 8－6　橡皮条站立侧平举

6. 哑铃俯立飞鸟(图 8－7)

主要锻炼肌肉:三角肌后部和上背部肌群。

动作要领:两脚左右开立略比肩宽，上体前屈与地面平行，挺胸立腰，两手持哑铃，拳眼向前，放松直臂下垂于腿前，然后两肘微屈，两臂向两侧提举至最高点，稍停再慢慢放下还原。

动作要点:两手持铃举起，举起时使肘和腕部微屈。

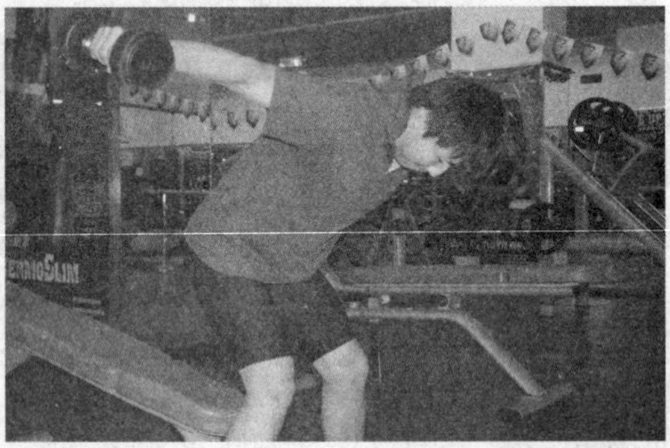

图 8－7　哑铃俯立飞鸟

提示:也可用橡皮条或拉力器进行练习(图 8－8)。为了减少腰背肌的压力，还可采用俯卧飞鸟。

图 8－8　橡皮条俯立飞鸟

第二节 胸 部

一、胸部肌肉

（一）胸大肌

胸大肌位于胸前皮下，为扇形扁肌。

基本功能：将臂和肩拉至体前。

（二）锁骨下肌

锁骨下肌是位于锁骨和第一根肋骨之间的一小块呈圆桶形肌肉。

基本功能：将肩朝前拉。

（三）前锯肌

前锯肌是位于胸廓的外侧面，肋骨和肩胛间的一块薄的肌肉，其前上部被胸大肌和胸小肌所覆盖，是一宽大的扁肌。

二、胸部训练

胸部训练有两个基本的练习是飞鸟和卧推。在飞鸟动作中，扩展的两臂以胸肌的收缩力量将哑铃以某种“抱”的动作在胸上相交。在卧推动作中，将杠铃上推离开胸部，在此过程中除胸肌的主要力量外，还调动了三角肌前束和肱三头肌的力量。卧推是健美运动员百练不厌的练习，也是力量举竞赛中三大动作之一。如果卧推做得正确，握距适当，尽可能用全程动作，将能发达胸部的全部肌肉。然而，如果改变卧推的角度，如在上斜凳上做这一练习，会将更多的力从胸肌的中部转移到胸肌的上部及三角肌前束上。

同训练其它部位一样，胸肌练习的动作幅度越大，肌肉的收缩力就越强，最终会导致最大量的肌肉增长。因此，特别是当你做飞鸟动作时，尽力扩展胸肌是很重要的，这有助于发展灵活性。

三、胸部的常见练习

1. 卧推：卧推根据体位可分平卧推、上斜卧推、下斜卧推三种，而根据握距又可分为窄握卧推、中握卧推和宽握卧推三种。不同的握距与体位、不同的用力方法其锻炼部位也有所不同。

窄握卧推——两手间的握距小于肩宽，主要发展胸部的厚度和发达肱三头肌。

中握卧推——两手间的握距同肩宽或稍宽于肩，主要发达胸大肌、胸小肌等。

宽握卧推——两手间的握距比肩约宽 20 ~ 30 厘米，主要扩展胸廓，发达胸部肌群。

⑴杠铃平卧推（图 8 –9）

主要锻炼肌肉：胸大肌中部、肱三头肌和三角肌前束。

动作要领：仰卧在卧推架或长凳上，两手握杠铃，虎口相对，握距与肩同宽或稍宽于肩。杠铃横杠置于乳头以上约 1 厘米处。以胸大肌发力将杠铃向上推起，然后，将杠铃慢慢下落复原位。重复练习。

动作要点：①杠铃推起直臂支撑时，胸廓挺起两肩胛向下沉。

②上背部、臀部、后脑接触凳面，腰部应始终紧张，不可触及凳面，身体成“桥形”。

图 8－9　杠铃平卧推

⑵杠铃上斜卧推（图 8－10）

主要锻炼肌肉：胸大肌上部、肱三头肌和三角肌前束。

动作要领：头高脚低仰卧在与地面成 30°～40°角的斜卧推凳上。其它动作要领同平卧推举。

动作要点：横杠放在锁骨处。

注意：斜凳与地面夹角不应小于 30°，如小于 30°角的斜卧推，用力点集中于外侧翼中上部；大于 40°时用力点转移到三角肌前束。

图 8－10　杠铃上斜卧推

⑶杠铃下斜卧推(图 8－11)

主要锻炼肌肉:胸大肌下部、肱三头肌、三角肌前束。

动作要领:头低脚高仰卧在地面约成 20°左右的斜凳上。其它动作要领同平卧推。

动作要点:横杠下放置于乳头下约 2 厘米处,这样能使胸肌用得上力。

注意:下斜卧推适宜于有一定锻炼水平的人练习。

图 8－11　杠铃下斜卧推

提示:平卧推、上斜卧推和下斜卧推也可利用哑铃进行练习,动作要领、动作要点等基本上都相同,但持铃则分别置于胸廓两外侧,如图 8－12、图 8－13、图 8－14 所示。

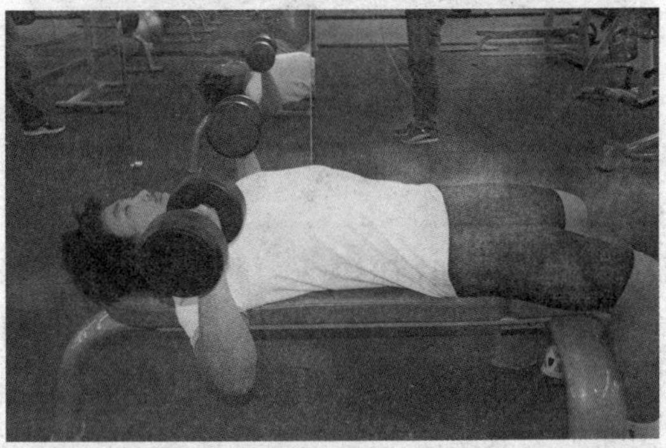

图 8－12

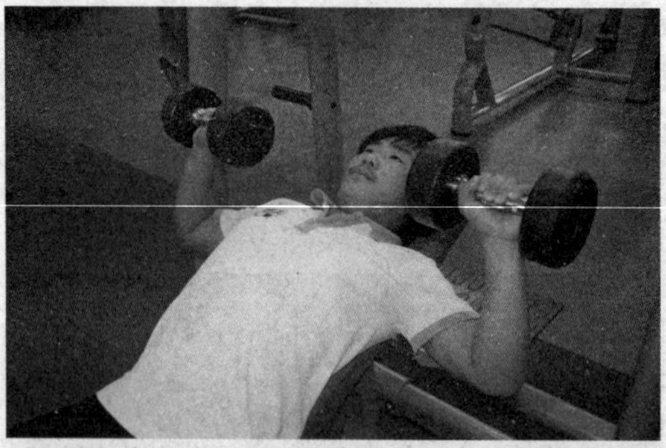

图 8－13

图 8－14

2. 仰卧飞鸟

⑴平卧飞鸟（图 8－15）

主要锻炼肌肉：胸大肌中部和三角肌前部。

动作要领：平仰卧在长凳上，两手握哑铃，掌心相对，两臂自然伸直于胸部上方，挺胸沉肩，然后两手持哑铃向体侧慢慢屈肘下落，直至两臂不能再降为止，使胸部充分拉开。接着，以胸大肌的收缩力量持铃由原下降线路向上举起成直臂还原，重复练习。

图 8－15

动作要点：

①仰卧于凳上应以背部、臀部、后脑接触凳面，腰部要收紧用力悬空挺起。

②两臂持铃应屈肘下降，下降时速度要缓慢平稳，随下降幅度加大两上臂与前臂之间的夹角约为 120°。

⑵斜卧飞鸟：斜卧飞鸟可分为上斜飞鸟（图 8－16）和下斜飞鸟（图 8－17），其主要锻炼部位同上斜卧推和下斜卧推，动作要领、要点则同平卧飞鸟。

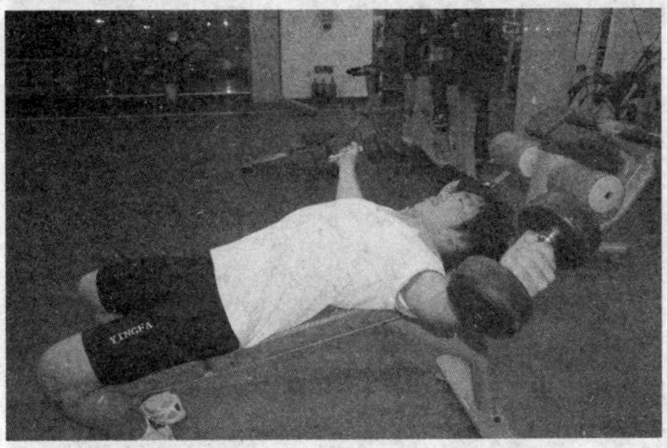

图 8－16　上斜飞鸟

图 8－17　下斜飞鸟

3. 仰卧屈臂上拉（图 8－18）

主要锻炼肌肉：胸大肌上部、前锯肌、肱三头肌和三角肌。

动作要领：仰卧在长凳上，两手窄握杠铃，两臂伸直于胸部上方，然后两臂屈肘向头后落至最低点，使胸部充分拉开，随即以胸大肌的收缩力使两臂屈肘向上拉起至原位。

动作要点：

①杠铃下落速度应缓慢，两肘始终弯曲。

②充分拉伸胸大肌。

③上拉利用胸大肌力量，动作过程不得借力。

提示：该动作也可用哑铃或壶铃等器械进行练习。

4. 站立拉力器夹胸（图 8－19）

主要锻炼肌肉：胸大肌、三角肌前束。

动作要领：把拉力器一端固定在身体左（右）侧斜上方，两脚左右分开站立，躯干挺直右（左）臂屈置于背后，左（右）臂微屈肘握把，手腕稍内扣，使臂成侧平举，然后胸大肌收缩，使手由体侧向下拉至腹部（此时可略为含胸）缓慢放松成侧平举还原，重复练习。

动作要点：

①整个动作过程始终微屈肘松握拉力器。

②由胸大肌发力拉引拉力器，不要弯曲身体等借力拉引。

提示：可两臂同时练习，器械也可采用橡皮条等。动作要领等同单臂练习。

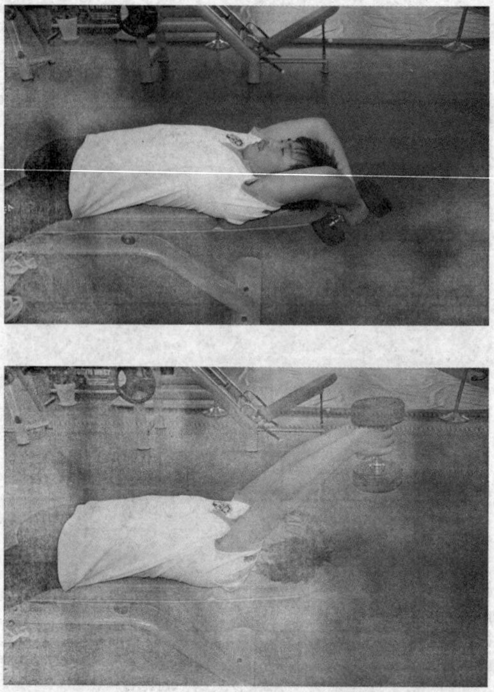

图 8－18　仰卧屈臂上拉

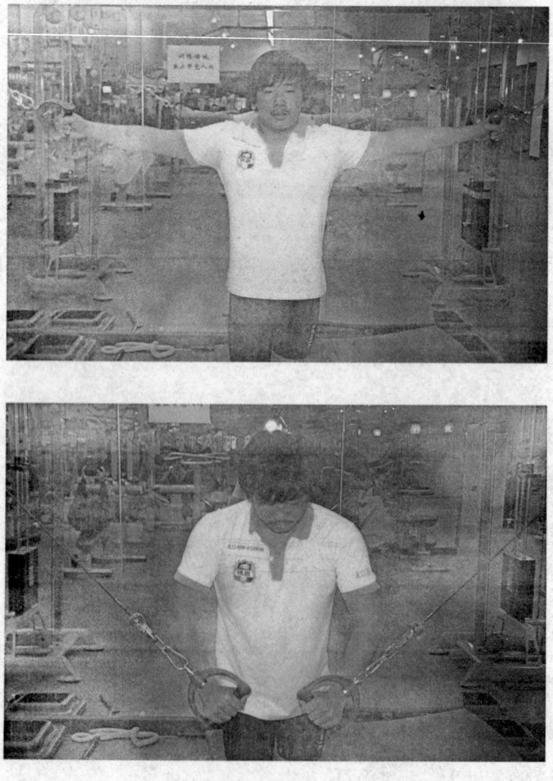

图 8－19　站立拉力器夹胸

5. 双杠双臂屈伸

主要锻炼肌肉：胸大肌、肱三头肌。

动作要领：握双杠两臂伸直支撑在双杠上，两腿自然弯曲，躯干放松下垂，然后两臂屈肘使身体降至最低点，以胸大肌收缩的力量伸臂撑起身体。重复练习。

动作要点：

①身体下降至最低点时两肩关节及胸部以下部位均应放松。

②必须用胸大肌的收缩力量伸臂撑起。

注意：如果伸臂撑起时抬头挺胸、全身伸直后移，则用力点转移到肱三头肌上，对发展肱三头肌有利。

提示：如徒手能做15次以上，则可在腰间负重物练习。

6. 俯卧撑（图8－20）

主要锻炼肌肉：胸大肌、肱三头肌、三角肌前部。

动作要领：直臂两手支撑在地上，手指向前，两手间距与肩同宽或略宽于肩，两上臂贴近体侧。两腿微屈，以脚尖支地，两脚并拢，全身挺直，头稍抬起，然后屈臂使身体下降至两臂完全弯曲，随即以胸大肌发力，以胸带臂使两臂伸直还原。

动作要点：

①直臂支撑时两肩应略超前过两手掌的支撑点。

②以胸大肌发力向上伸臂时，应使两肩向前、向上成弧线上下，两臂伸直时应挺胸，不能耸肩。

③在整个动作过程中身体始终挺直，不能有含胸、塌腰、耸肩等动作。

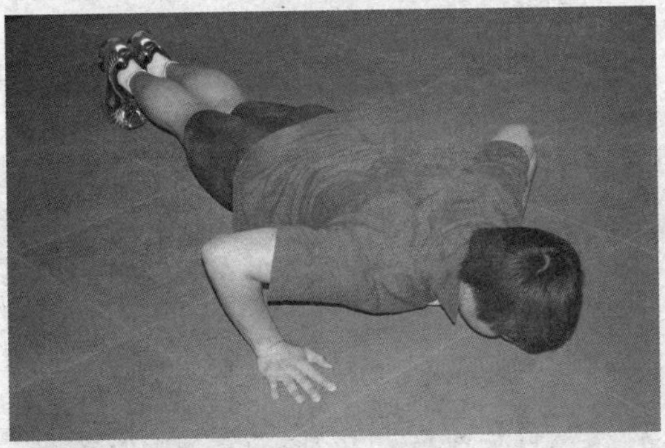

图8－20　俯卧撑

提示：

①根据不同运动水平和锻炼目的还可做：斜立俯卧撑（头高脚低）、下斜俯卧撑（头低脚高）、支架俯卧撑和跪姿俯卧撑等多种，“斜立”和“跪姿”俯卧撑适合于女子初练时做。见图8-21、图8-22、图8-23、图8-24。

②做一般俯卧撑时在直臂上下时和下斜俯卧撑时用力点集中在三角肌前部和肱三头肌上。

③男子徒手俯卧撑能准确做15次以上时，可提高练习难度，做下斜俯卧撑或背上负重俯卧撑。

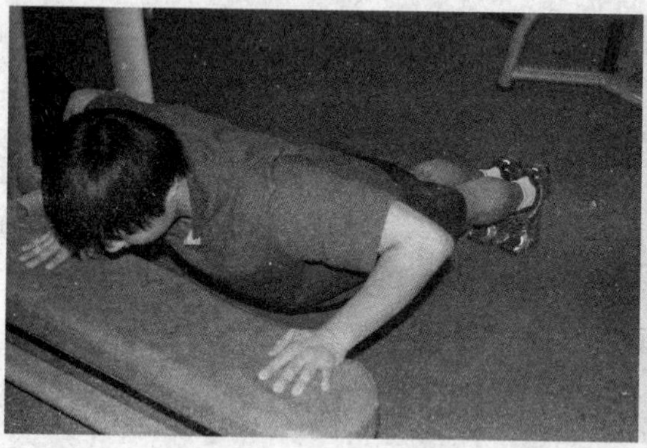

图8-21　斜立俯卧撑

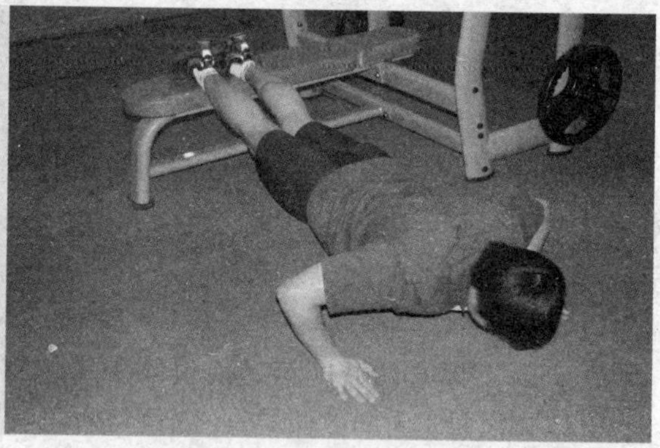

图8-22　下斜俯卧撑

图8-23　支架俯卧撑

图8-24　跪姿俯卧

第三节 背 部

一、背肌

(一)背阔肌

背阔肌位于腰背部和胸部后下外侧的皮下，为最大的阔肌，上部被斜方肌遮盖。

起点:第七胸椎至额骨所有椎骨棘、髂嵴后部和第 10 ~ 12 肋骨表面。

止点:肌纤维向上方斜行，止于肱骨小结节嵴。

基本功能:近固定时，使上臂伸。远固定时，可拉引躯干向上臂靠拢，如单杠引体向上动作，由于背阔肌有部分纤维起于肋骨，故可提起肋骨，辅助吸气肌。

(二)骶棘肌

骶棘肌位于躯干脊椎两侧，从骶骨到枕骨，是一强大的脊椎伸肌。

起点:骶骨背面，髂骨髂嵴后部，腰椎棘突和腰背盘膜。

止点:颈椎与胸椎突、颈椎与胸椎的横突、颓骨乳突和肋角。

机能:下方固定时，两侧同时收缩，使头及脊椎伸，如抬头、挺胸、直腰动作;一侧收缩时使躯干向同侧屈，如体侧屈动作。

发展骶棘肌力量的辅助练习有提拉杠铃、俯卧两头起、负重挺身。这块肌肉是力量锻炼后恢复最慢的肌肉。

二、背部训练

塑造出一个宽阔、强健而有力的背是高质量体格不可缺少的。高度发达的背肌一直被认为是男子力量的象征。当裁判员评判参赛者的背部时，有三个明确的概念。

1. 上背部的肌肉密度和厚度。
2. 背阔肌的宽度是否呈“U”形。
3. 下背部和背阔肌下部的肌肉发达程度和线条分明度。

三、背部的常见练习

1. 杠铃俯立划船

⑴杠铃宽握俯立划船(图 8 - 25)

图 8 - 25 杠铃宽握俯立划船

主要锻炼肌肉:背阔肌中下部、斜方肌、冈下肌、三角肌后部等。

动作要领:两脚左右开立与肩同宽，上体前屈与地面平行，两手直臂下垂，宽握杠铃于腿前，肩关节放松，挺胸、塌腰，略抬头，上体不动，然后以背阔肌用力，贴身将杠铃经腹提至胸下，接着慢慢下放杠铃，从原路还原。重复练习。

⑵杠铃并握俯立划船

动作要领:挺胸、收腹、塌腰，略抬头，杠铃置于两腿之间，两臂伸直，两手靠近铃片的横杠一端并握，肩关节放松，然后上体不动，利用背阔肌的收缩力量，提起杠铃的一端至铃片触及胸腹部(提铃时两上臂贴近体侧)稍停，缓慢放下杠铃还原。动作要点基本同宽握俯立划船。练习时还要垫高两脚，以加大练习幅度，提高练习效果。

提示:杠铃俯立划船根据握距的宽窄除上述两种外还有中握俯立划船(两手握距同肩宽)和窄握俯立划船(两手握距约20厘米)两种，中握俯立划船重点锻炼背阔肌上部肌群，窄握俯立划船锻炼部位同中握俯立划船。

2. 哑铃单跪单臂划船(图8－26)

主要锻炼肌肉:上背肌、肱二头肌。

动作要领:成单侧跪撑，上体前屈与地面平行，单手持铃，肩关节放松下垂，持哑铃一侧的腿伸直支撑地面，然后集中用背阔肌的收缩用力把哑铃由腿侧向上提起至肩高度，稍停慢慢下放还原。重复练习，一臂练完，再换另一臂。

动作要点:当哑铃提起至最高点时，同时使上体稍向另一侧转体，以利于上背部肌群的彻底收缩。

提示:为集中背阔肌的用力，减少两腿和腰背肌肉群的负担，还可采用杠铃俯卧划船和俯卧拉，以提高锻炼效果。

图8－26　哑铃单跪单臂划船

3. 单杠胸前引体向上(图8－27)

主要锻炼肌肉:背阔肌和肱二头肌。

动作要领:悬垂正握单杠，两手与肩同宽，腰部以下放松，直腿并拢悬垂或两小腿交叉向后弯起，然后集中背阔肌和肱二头肌收缩力量屈肘引体向上到横杠至胸为止，稍停，两臂伸肘缓慢下落还原。

动作要点:在引体上升过程中，尽可能把两块肩胛骨紧紧向后撞向一处，然后让身体慢慢下降。

图 8－27　单杠胸前引体向上

提示:做单杠颈后引体向上，即在做引体时将横杠拉至颈后肩部，动作过程和用力特点同胸前引体向上，女子力量较弱，引体向上可做仰式引体向上(图 8－28)。

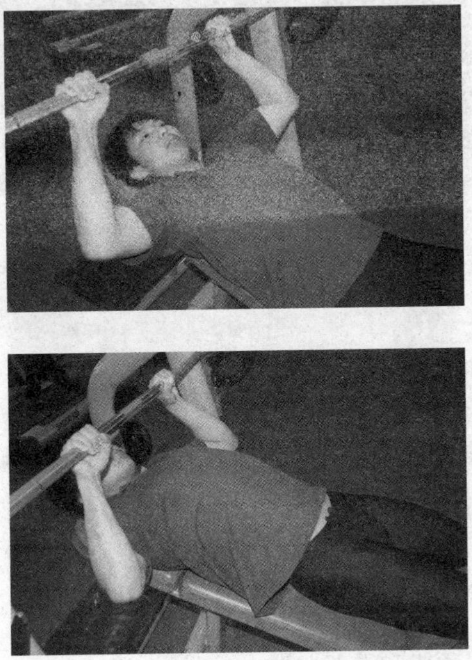

图 8－28　仰式引体向上

4. 重锤坐姿颈后下拉(图 8－29)

主要锻炼肌肉:背阔肌、肱二头肌。

动作要领:盘腿正坐，或两脚自然伸直放置，两手分别握住吊棍的两端，直臂持棍高举头顶，肩关节放松。然后以背阔肌的力量屈肘将吊棍拉下至颈后肩上，此时头应稍前低，稍停缓慢伸直两臂还原。

动作要点:要用背部肌肉收缩的力量将吊棍下拉至颈后(胸前)，用力过程中注意力集中，尽量把两肩胛骨和两臂向后、向下拉。

提示:也可做坐姿重锤胸前下拉。主要锻炼肌肉及动作要领同颈后重锤下拉，所不同的是在将吊棍拉至胸前时上体应稍后仰。

图 8－29　重锤坐姿颈后下拉

四、斜方肌

(一)斜方肌解剖位置及功能

斜方肌位于颈部及背上部的皮下，为三角形扁肌，两侧相合为斜方肌，起自上颈线、枕外隆凸、项韧带、第七颈椎和全部胸椎棘突，止点有锁骨外侧端、肩峰和肩胛冈上缘及肩胛冈下缘的内侧。

功能:可使肩向上、向下活动，使肩胛骨后缩并可让头向后偏倾。

(二)锻炼斜方肌的常见练习

杠铃耸肩(图 8－30)

主要锻炼肌肉:斜方肌、颈肌和上背肌群。

动作要领:两脚左右开立，两手握杠同肩宽，上体正直，持杠铃下垂于腿前，两肩放松下垂，然后以斜方肌的收缩力量持铃向上，耸起两肩、下落，或做前后旋转。重复练习。

动作要点:两臂在动作过程中始终不动，两手腕稍屈，两肘向外转。

提示:可采用哑铃做耸肩练习，用力方法同杠铃耸肩。

图 8－30　杠铃耸肩

五、竖脊肌

（一）竖脊肌的解剖位置及功能

竖脊肌位于躯干背面深层长肌，起自骶骨背面和髂脊后部，纤维向上分为三列，外侧列止于肋骨，称髂肋肌；中间列附于横突，向上可达到颞骨乳突，称最长肌；内侧列附于棘突，称棘肌。

功能：可使躯干伸直，仰头，并可使身体侧屈。

（二）锻炼竖脊肌的常见练习

1. 山羊俯卧背伸（图 8－31）

主要锻炼肌肉：竖脊肌、骶棘肌等腰背部肌群。

动作要领：小腹和大腿上部俯卧在山羊（或长凳）上，两腿向后伸直，固定两脚跟，上体向下弯曲放松。然后以腰背肌群的收缩力量使上体向上挺起超过水平位，稍停上体慢慢下降还原。

提示:俯卧背伸也可在凳子或垫子上练习。练习过程中两臂伸直或抱于后脑或置于背部，在背伸过程中也可以附加左右转体。此外练习到每组能做 20 次以上时，可以在颈后负杠铃片来进行练习。

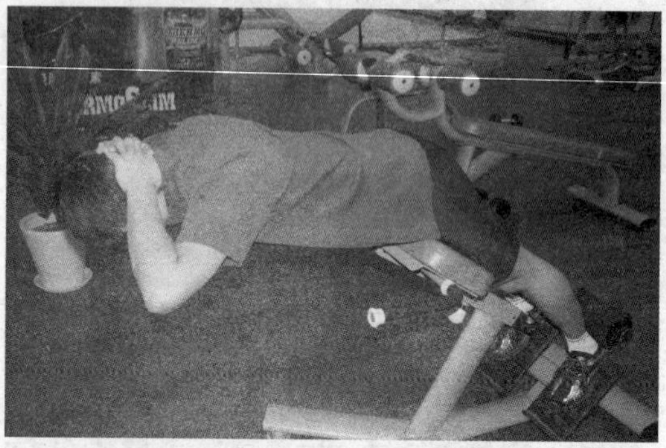

图 8－31　山羊俯卧背伸

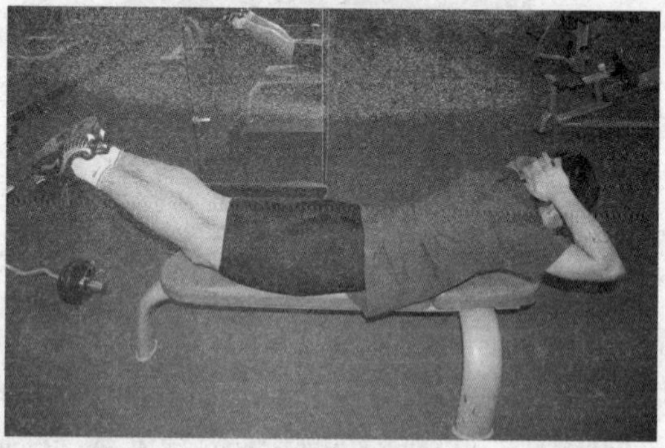

图 8－32　俯卧背伸

2. 负杠铃俯身背伸(图 8－33)

主要锻炼肌肉:竖脊肌、骶棘肌等腰背肌群。

动作要领:两脚左右开立，肩负杠铃(或铃片等重物)，上体保持挺胸立腰，头稍抬起，然后以腰背肌群力量控制上体慢向前屈与地面平行，稍停即以腰背肌群力量使上体抬起还原。

动作要点:腰背肌始终紧张，挺胸立腰，身体重心略向后移，上体在前屈和下降时速度要缓慢平稳，避免引起腰背扭伤。

图 8－33　负杠铃俯身背伸

3. 杠铃直腿硬拉(图 8－34)

主要锻炼肌肉:竖脊肌、骶棘肌等腰背肌群。

动作要领:两脚左右开立与肩同宽,双手正握杠，握距略比肩宽，上体前屈与地面平，挺胸紧腰，然后直腿用腰背肌群力量慢慢把杠铃拉至全身立状，挺胸向前送髋，稍停慢慢下降杠铃至开始状态。

动作要点:上体前俯过程中速度要慢，始终要保持挺胸收腹紧腰。

提示:可采用屈膝来做硬拉。

此外，在做“引体向上”“杠铃俯力拉”“杠铃耸肩”“硬拉”等背部动作时最好使用助力带，这样有助于集中注意力和使用较大的重量，达到较好的训练效果。

图 8－34　杠铃直腿硬拉

第四节 臂 部

一、臂部的结构

臂有三部分主要的肌肉群。

(一)肱二头肌

它位于上臂前面，有长、短二头，呈梭形。它的长头起自肩胛骨盂上粗隆，短头起于肩胛骨喙突；止于桡骨粗隆、前臂筋膜。

基本功能：近固定可使上臂在肩关节处屈，前臂在肘关节处屈和旋外；远固定可使上臂向前臂靠拢。

(二)肱三头肌

它位于上臂后面，有长头、外侧头和内侧头三个头。它的长头起于肩胛骨盂下粗隆，外侧头起于肱骨体后面桡神经沟外上方，内侧头起于桡神经沟内下方。三个头在肱骨中点合成一个坚韧的腱止于尺骨鹰嘴。

基本功能：使前臂在肘关节处伸，上臂在肩关节处伸。

(三)前臂肌群

前臂肌群涉及到控制手、腕、前臂活动的各块肌肉。

基本功能：使肘、腕、指屈，使指、腕伸和前臂旋内或旋外。

二、臂部训练

同胸和背一样，健美运动员一直认为肌肉发达的手臂是最能给人留下深刻印象的。由于大肌肉常常与粗大的手臂联想起来，所以自己从思维想象到进入臂部训练一点也不难。如果到全国各地健身房看看，你也许会看见年轻的健美锻炼者，经一段时间的训练，就会使臂部肌肉有很大的发展。

产生这种现象的原因之一是健美运动员，尤其是刚开始训练的健美运动员，不管他意识到还是没有意识到，总是根据优先法则训练手臂。他们投入大量的精力和时间首先训练手臂，总是使手臂不断地屈伸、造型，不断地测量，看看是否取得了进步。于是，自然而然地会看到手臂的进步。如果对身体的其它部位有同样的看法，那么我们毫无疑问地会看到他们的小腿和手臂一样有进步。

但是，发展高质量的手臂以参加比赛则不仅仅是肌肉的问题了。手臂应该在大量的造型中，从一系列不同的角度看好才行。这意味着臂部肌肉的每一部分，每一轮廓都必须充分地练出来，这需要大量的思考和规划。因此，臂部锻炼仅仅做加重杠铃弯举及其它弯举动作是不够的。

除具有发达的肱二头肌和肱三头肌之外，还需要增强塑造前臂肌肉，使之与上臂的肌肉相和谐。

三、锻炼臂部常见练习

(一)锻炼肱二头肌的常见练习

1. 杠铃站立弯举(图 8－35)

主要锻炼肌肉:肱二头肌。

动作要领:两脚自然开立，上体正直，两手中握杠铃于体前，直臂下垂，上臂紧贴体侧并微前移，然后以肱二头肌的力量屈肘弯起前臂，使肱二头肌完全收缩，稍停，两臂慢慢伸肘下放还原，重复练习。

①动作要点:在整个动作过程中，整个上体与上臂不得移动，手腕与前臂保持水平，不要弯曲。

图 8－35　杠铃站立弯举

②肱二头肌收缩的同时可使躯干稍微后仰。

③两手松握杠铃，放下杠铃动作要慢。

提示:除杠铃练习外，还可以采用哑铃、拉力器等的单手或双手练习。

2. 坐式弯举

主要锻炼肌肉:肱二头肌。

(1)哑铃正坐弯举(图 8－36)

动作要领:正直坐在凳子上，双手(或单手)握哑铃，直臂放松下垂体侧，弯起过程的用力方法、动作要点等同直立弯举。

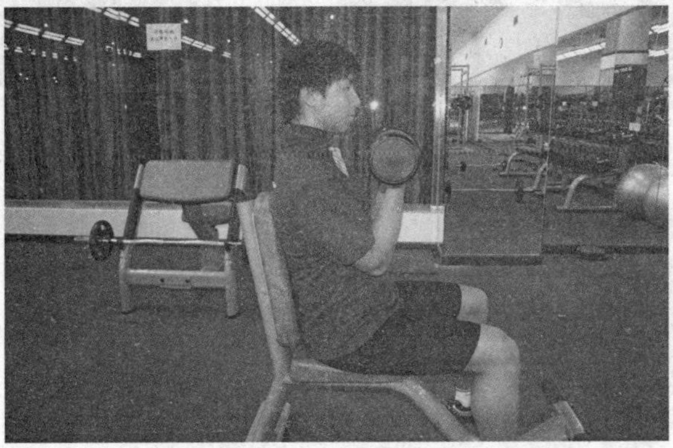

图 8－36　哑铃正坐弯举

⑵哑铃俯坐弯举(图 8－37)

动作要领:俯身坐在凳子上，两脚左右分开略比肩宽着地，一手持哑铃下垂，上臂外侧贴于持铃侧大腿内侧面，另一手支撑在另一腿上，持铃向上弯起至胸前。弯起时前臂外旋掌心向上，上臂不准移动，紧贴大腿内侧，稍停再慢放下还原。左右交替练习。

动作要点:肱二头肌收紧时要保持静止约 3 秒钟。

图 8－37　哑铃俯坐弯举

3. 杠铃托肘弯举(图 8－38)

主要锻炼肌肉:肱二头肌。

动作要领:站立(或坐姿)两手中握杠铃，两肘及上臂靠在斜托垫上，两臂伸直，然后做弯举，用力方法等同直立弯举。

动作要点:弯起时两肘不可离开托垫。

提示:可以采用哑铃做单手或双手的托肘弯举动作。

图 8－38　杠铃托肘弯举

4. 杠铃俯立弯举(图 8－39)

主要锻炼肌肉:肱二头肌。

动作要领:两腿左右开立略比肩宽，上体前屈与地面平行，直臂下垂两手中握杠铃。持铃弯举的用力方法同直立弯举。

动作要点:持铃弯举过程中，上臂锁紧垂直于地面，不得前后移动。

提示:可采用哑铃做双手的俯立弯举。做俯立弯举时，为了减轻腰背的负担，更好地集中力量做弯举，还可以采用俯卧弯举。

图 8－39 杠铃俯立弯举

(二)锻炼肱三头肌的常见练习

1. 杠铃颈后臂上拉(图 8－40)

主要锻炼肌肉:肱三头肌。

动作要领:站立或坐立,两手窄握(正握或反握)杠铃,两臂伸直上举,然后上臂固定不动,慢慢屈肘,使杠铃下落至头后最低点,接着,肱三头肌用力,两臂伸肘上举还原。重复练习。

动作要点:伸肘时上臂固定不动,贴近耳侧,肘尖朝上。

提示:还可采用哑铃或拉力器进行单手练习。

图 8－40 杠铃颈后臂上拉

2. 哑铃俯立臂屈伸(图 8－41)

主要锻炼肌肉:肱三头肌。

动作要领:两脚前后开立,上体前屈与地面平行,一侧手握哑铃,上臂紧贴体侧与背部平行,前臂下垂屈肘 90°持铃,拳眼向前;另一侧手扶同侧腿或凳子,然后固定臂;肱三头肌用力伸肘至手臂伸直为止,保持静止数秒钟,然后屈肘还原。重复练习。

动作要点:练习时,肘关节固定不动。

提示:为减轻腰背的负荷,可采用俯卧在长凳上做臂屈伸。

图 8－41　哑铃俯立臂屈伸

3. 杠铃仰卧臂屈伸（图 8－42）

动作要领：仰卧在长凳上，两手中握或窄握杠铃，两臂伸直于胸部上方，然后上臂固定不动，两臂屈肘，使前臂缓慢向头部方向落下，至肱三头肌用力完全伸展，接着肱三头肌伸肘上举还原。重复练习。

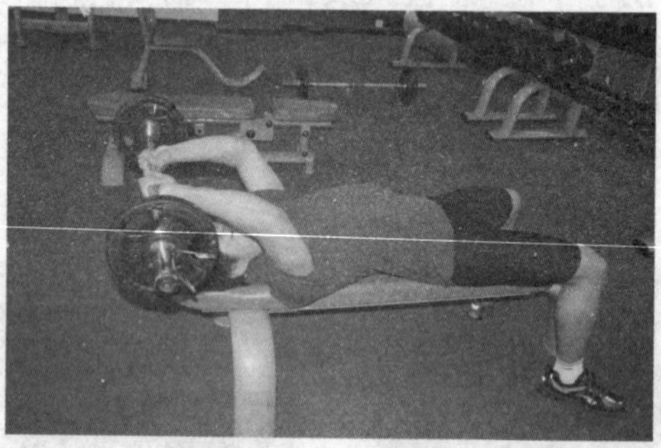

图 8－42　杠铃仰卧臂屈伸

4. 杠铃窄握卧推

主要锻炼肌肉：肱二头肌、三角肌前部、胸大肌内侧。

动作要领：仰卧凳上，两手窄握，间距为一掌宽，固定肘，横杠置于胸前，然后两上臂靠近体侧内夹，用三头肌的收缩力量将两臂完全伸直，接着慢慢屈肘下放杠铃至预备姿势，重复练习。

提示：宽卧推主要发展胸大肌，由内侧向外发展

5. 窄距俯卧撑（图 8－43）

主要锻炼肌肉：肱三头肌、胸大肌内侧、三角肌前束。

动作要领：与普通式俯卧撑基本相同，只是两手撑地距离比肩窄，两臂屈肘时两上臂靠近体侧内夹。

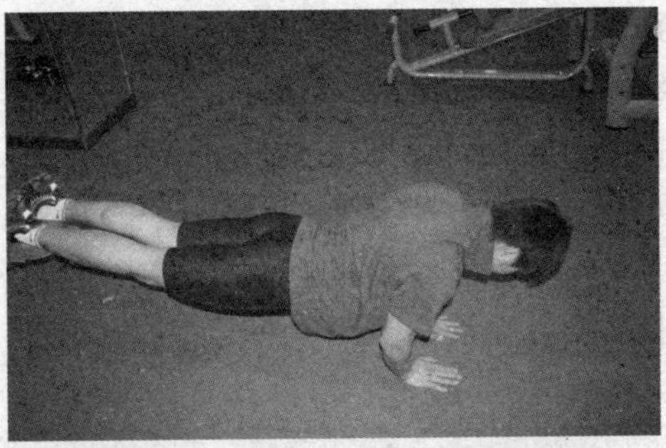

图 8－43　窄距俯卧撑

（三）锻炼前臂屈腕肌的常见练习

1. 站立背后腕弯举（图 8－44）

图 8－44　站立背后腕弯举

主要锻炼肌肉：前臂屈腕肌群。

动作要领：自然开立，两臂放松下垂背后，与肩同宽握杠，掌心向后，前臂屈肌群收缩、屈腕，然后慢慢放松还原。重复练习。

2. 坐姿正握腕弯举（图 8－45）

主要锻炼肌肉：前臂屈腕肌群。

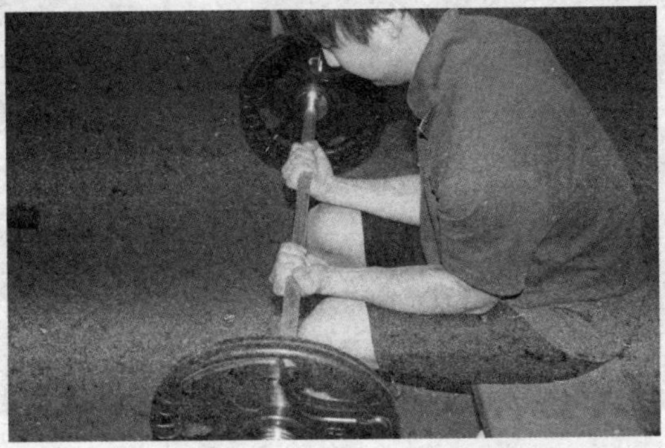

图 8－45　坐姿正握腕弯举

动作要领：坐在凳上，两脚分开与肩同宽着地，上体略前倾，两手掌心向前正握杠铃，屈肘前臂贴住大腿，手腕下垂，然后两腕向上弯起做屈伸动作。重复练习。

（四）锻炼前臂伸腕肌的常见练习

1. 站立反握腕弯举（图 8 – 46）

主要锻炼肌肉：前臂伸腕肌群及上臂肱肌。

动作要领：自然直立，直臂，两手手背向前，反握杠铃，握距与肩同宽，然后，持铃向上弯起做弯举，稍停慢慢放下还原。重复练习。

动作要点：做弯举过程中，两上臂紧贴体侧，不得前后移动。

图 8 – 46　站立反握腕弯举

2. 坐姿反握腕弯举（图 8 – 47）

主要锻炼肌肉：前臂伸腕肌群。

动作要领：坐在凳上，两脚分开与肩同宽，两前臂放在大腿上，手背向前，持铃，手腕下垂，然后前臂伸腕肌群用力收缩，使两手腕向 ± 举，稍停，慢慢放下还原。重复练习。

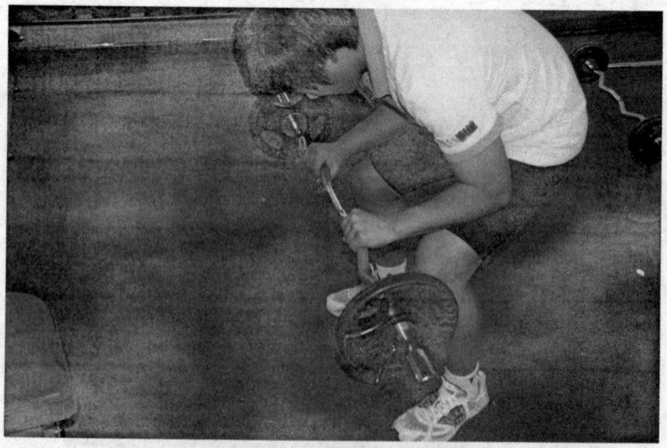

图 8 – 47　坐姿反握腕弯举

第五节　大　腿

一、腿部肌肉

股四头肌是人体最有力的肌肉之一。位于大腿前外侧，由四个头，即位于大腿中前部的股直肌、股中肌，位于大腿内侧的股内肌和位于大腿外侧的股外肌构成。

基本功能:可使大腿屈，小腿伸，也可维持人体站立姿势。

股二头肌位于大腿后面外侧，有长短二头。

基本功能:使小腿在膝关节外屈和旋外。

其它重要的大腿肌还包括阔筋膜张肌，它包在大腿筋膜鞘内，位于髋关节前外侧。缝匠肌，这是人体最长的肌肉，斜位于股四头肌的前部。

二、锻炼股四头肌

具备卓越的大腿，需要肌肉围度、形态及股四头肌(包括股直肌、股中肌、股内肌、股外肌)之间的分离。这需要增加大腿的整个肌肉围度与上体相和谐的程度。增加肌肉围度只有通过举加重重量，尤其是用下蹲和腿举这样的练习。

增加股四头肌的肌肉围度最基本的练习是下蹲。从初级到高级和赛前每一训练程序中都会发现这一练习，并且是每一名卓越的健美运动员都依靠的练习。下蹲对人体影响很复杂，当开始做下蹲练习时，大腿承担了大多数的压力，越朝下蹲，压力就越大;如前所述，下蹲的效果可能会因人而异，或多或少。有时，也需要像下蹲这样的练习来更直接地锻炼股四头肌以减少或避免背下部肌肉参与做功。

加重腿举练习也有助于锻炼厚实的大腿。腿屈伸练习是分离股四头肌本身的练习，多属于塑造肌肉和增进线条练习。

如果不节食、没有采取严格的饮食结构，那么优良的肌肉分离和线条明显度显然是不能得到的，同时还需要用腿屈伸、弓步蹲、腿弯举这样的练习来分离大腿每一具体的区域。在训练中加入斜蹲也有助于得到最终的硬度和线条明显度(有时，下蹲和弓步蹲实际上也锻炼股二头肌)。

三、锻炼股二头肌

像肱三头肌一样，股二头肌在众多的各种各样的造型中起着主要的作用。当你做侧展胸部或侧展肱三头肌造型时，股二头肌十分明显。在任何显示背部造型中，强大而又分明的三角肌肌束、斜方肌及背阔肌并不会补偿落后的股二头肌。从背后看，需要看到股二头肌清晰的两个头及分开的小腿三头肌来产生一种平衡，与像背展双肱二头肌或背展背阔肌这样的造型中所展示的背、肩、臂的肌肉相呼应。

股二头肌越是发达，两条腿越趋向于在中间相遇、相融(即使这两条腿分开站立，中间有一定的距离)。从侧面看时，一个发达的股二头肌会有一条清晰的线，将腿的前部和后部分离开来，这有力地证明了一名健美运动员在获得高质量的腿部训练方面的成功。

发展股二头肌的主要练习是腿弯举。腿弯举可俯卧着做（通常同时用两条腿）或站着做（每次用一条腿获得额外的分离）。而这一肌肉在下蹲练习中也发挥作用，特别是当通过下半程动作的时候。

为得到股二头肌全面的伸展，做直腿硬拉或体前屈练习，这些都是在初级大强度训练程序中用以发展背下部的练习，但这些练习也有助于发展大腿的后部。对各种各样的集中练习，如递减法、部分重复法、重叠组等也反应极好。越集中练习这一重要的肌肉，就越有希望看到更多的发展。

四、锻炼大腿的常见练习

1. 坐姿腿屈伸（图 8－48）

主要锻炼肌肉：股四头肌。

动作要领：端坐在高凳上，小腿下垂，在腿上固定重物（绑沙袋、杠铃片、铁鞋等），然后股四头肌用力收缩伸直膝关节，稍停再慢慢屈膝放小腿还原。重复练习。

动作要点：练习过程中把脚跟转向内或转向外侧练，使股四头肌全面得到锻炼。

提示：在专用健身器械腿屈伸架上进行练习更为方便、有效。

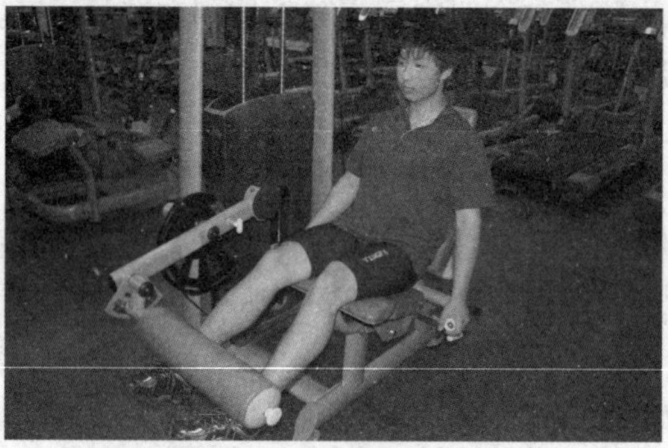

图 8－48　坐姿腿屈伸

2. 负重深蹲

主要锻炼肌肉：股四头肌、臀大肌和下背肌群、小腿肌等，对全身大肌群都有好处。

动作要领：肩负杠铃，挺胸立腰，略抬头，两脚开立与肩同宽，脚尖稍向外分开，然后两腿下蹲至最低点，紧接着股四头肌用力将两腿蹲起还原。重复练习。

动作要点：股四头肌用力蹲起时必须始终保持挺胸、收腹、立腰，杠铃运动路线应是直上直下，切勿在蹲起时把臀部先抬起，那样会使杠铃重心前移，增加颈部与腰背肌的负担，影响练习效果。如在深蹲过程中感到很难掌握身体重心平衡，你可在两脚跟下垫一块 5 厘米厚左右的木板进行练习。

3. 负重半蹲（图 8－49）

主要锻炼肌肉：股四头肌、臀大肌、下背肌群、上背肌群、小腿肌等。

动作要领：预备姿势同深蹲，然后慢慢屈膝下蹲至大腿与地面平行为止，稍停，两腿用力蹲起还原。重复练习。

动作要点：动作过程中上体始终保持正直，挺胸收腹、立腰。从下蹲起立至前腿即将伸直时，主要是股四头肌用力。

提示：如要提高锻炼效果增大锻炼难度，可在两腿脚下垫上高15厘米左右的木头或凳子做箭步蹲。

图8－49　负重半蹲

五、股二头肌

（一）股二头肌的位置及功能

股二头肌位于大腿后侧，有长短两个头，长头起自坐骨结节，短头起自股骨粗线，两头合并后，以长腱止于腓骨头。

功能：使大腿后伸和旋外，小腿在膝关节处屈等。

（二）锻炼股二头肌的常见练习

俯卧腿弯举（图8－50）

主要锻炼肌肉：股二头肌。

动作要领：俯卧在长凳上或垫上，两腿并拢伸直，两小腿脚跟处套住拉力器（或橡皮条）的一端，另一端固定住，然后股二头肌用力使两小腿做屈膝上弯起，稍停慢慢伸膝还原。重复练习。

提示：一般可在综合训练器的腿屈伸架上做俯卧弯举。

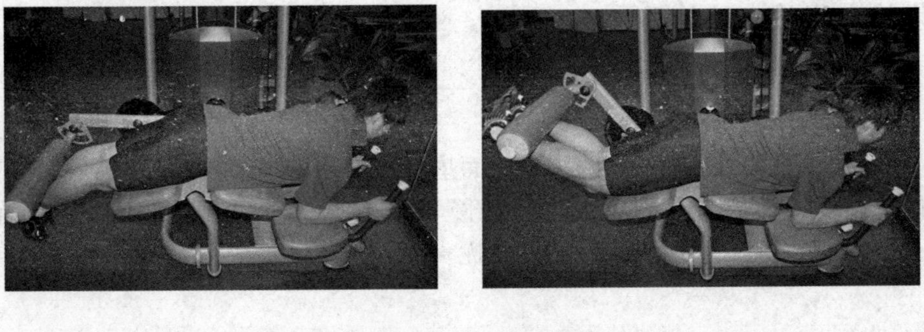

图8－50　俯卧腿弯举

第六节 小 腿

比目鱼肌是两块小腿肌中较大的也是较深的一块，位于腓肠肌的深层，起于胫骨和腓骨的上后部。

基本功能:使小腿屈，足屈。

腓肠肌有两个头，内侧头起于股骨内上髁，外侧头起于股骨外上髁。两头相接盖住了比目鱼肌并与之相连三个头合成强大的肌腱，止于跟结节。

基本功能:使小腿屈，足屈。

胫骨前肌位于胫骨外侧。

基本功能:使足伸。

一、小腿肌的训练

小腿肌和三角肌及腹肌一样是很有审美价值的身体部位。一对秀美的小腿无论是在海滩上、网球场上，还是在舞台上都是很吸引人的。另外突出的小腿肌在历史上曾是男性体格的象征。巨大的三角肌、洗衣板似的腹肌和强有力的小腿肌都是古希腊雕塑家在塑造古典的武士和运动员形象时常用的素材。

小腿的围度大约与上臂围相等才是理想的。如果小腿围小于小臂围，那就应当引起足够的重视。

小腿肌被认为是人体中最难发展的肌肉群。但是小腿肌也和其它肌肉一样，对训练是会有反应的，所以必须明白小腿肌也需要从不同的角度用极其重的重量进行训练。

想想当行走或跑步时首先转动一边的脚和踝，然后再转动另一边。随着起步走、突然停止、转动、变换方向、爬高、走下坡等等所做出的每一种不同的动作，小腿肌都承担着本身的体重，靠脚趾将身体支起，再将身体放到脚跟上，将脚转向不同的方向。在日常生活中，每只小腿已有承担本人体重的能力。因此在小腿训练时，采用的重量必须超过本人的体重。否则不能对小腿产生什么反应。

增加小腿肌肉的主要练习是站姿提踵，对此，额外的重量特别重要。这一练习与骑人式提踵一样既锻炼小腿的腓肠肌又锻炼小腿的比目鱼肌。坐姿提踵用以分离比目鱼肌。

二、锻炼小腿的常见练习

1. 站立负重提踵(图 8 – 51)

主要锻炼肌肉:小腿三头肌。

动作要领:肩负杠铃并脚直立，两脚掌前面垫一块厚约 5 厘米的木板，然后小腿三头肌收缩提踵，使两脚跟向上提起至最高点，稍停慢慢下落脚跟，伸展小腿三头肌。重复练习。

动作要点:提踵过程中，两脚跟应始终并拢。

图 8－51　站立负重提踵

2. 坐姿负重提踵(图 8－52)

主要锻炼肌肉:小腿三头肌。

动作要领:正坐在凳上，两脚约与肩宽或并腿放置，前脚掌站在厚约 5 厘米的木板上，两大腿靠近膝盖处放置重物(杠铃或坐人均可)，然后小腿三头肌用力，尽量将两脚跟提起。稍停顿，再慢慢下落脚跟使小腿三头肌充分伸展还原。重复练习。

图 8－52　坐姿负重提踵

第七节　腰腹部

一、腹部的肌肉

腹直肌位于腹前壁正中线的两侧，在腹直肌鞘内，为上宽下窄的扁长形肌。起于第5～7肋软骨的前面和剑突，止于耻骨上缘。

基本功能：上固定时两侧收缩，使骨盆后倾或保持水平位置，下固定时使脊柱前屈，一侧收缩可使脊柱侧屈。

肋间肌分为肋间外肌和肋间内肌，为短小平行斜向的肌纤维，位于各肋间隙。肋间外肌在外面，肋间内肌在里面。

肋间外肌起于上位肋骨下缘，肌纤维由前面观是自外方到内下方。止于下位肋骨的上缘。

基本功能：收缩时，可上提肋骨，使胸廓的横径扩大，起吸气作用。肋间内肌起于下位肋骨上缘，纤维由前面观是自外到内上方。止于上位肋骨下缘。

二、腹肌训练

强壮的腹肌在几乎所有的体育运动中，当最大限度地发挥竞技水平时都是不可缺少的。要使自己的体格给观众留下深刻的印象，腹肌起着极其重要的作用。因为腹肌实际上是身体的视觉中心，如果在身体上画一个对角线"×"，终端分别是肩和脚，那么两条线在腹肌处相交于一点，这一点是最吸引视觉的地方。脂肪细胞在腹部分布很不均匀。相对于臀部、腰侧，腹部皮下脂肪薄，其肌肉坚硬发达，是腹肌处于极好状态的标志。

如果健美运动员的肩很宽，背阔肌很发达，从宽变窄一直延伸到结实而又细小的腰部，那么他很有可能在比赛中得分。胸和大腿在细腰的衬托下显得更大，更动人，更具有美学价值。

就塑造高质量冠军水平的体格而言，这种传统的"V"形体型和具有全身发达的肌肉同等重要。一些较好的健美运动员为了显得围度更大一些，比赛中不愿去掉多余的脂肪。殊不知其腰间的额外重量损坏了视觉效果，不能展示出腹肌的线条，那么在竞赛中会付出惨重的代价。

腹肌训练在很大程度上取决于体型。如果用加重重重训练腹肌，腹肌就会变得又大又厚。对于增加肌肉量有困难的胖型健美运动员，在其腹肌训练中可采用较轻的重量将腹部脂肪去掉。在近代比赛中，腹肌的发达程度，通常都起决定性的作用。

三、锻炼腹肌的常见练习

1. 仰卧起坐（图8－53）

主要锻炼肌肉：腹直肌上部。

动作要领：仰卧在地上或凳上，两脚并拢伸直（或屈腿），两手抱头后（或双手交叉胸前），然后以上腹部肌群收缩使躯干向上弯起至上体近腿部静止数秒钟，接着上体慢慢后仰还原。重复练习。

动作要点:当屈体收腹时，下背部应紧贴地面。

提示:仰卧起坐如能准确做20次以上，可在颈后负重或头低脚高的斜板上做仰卧起坐练习，也可将两腿搁在凳上做仰卧起坐。

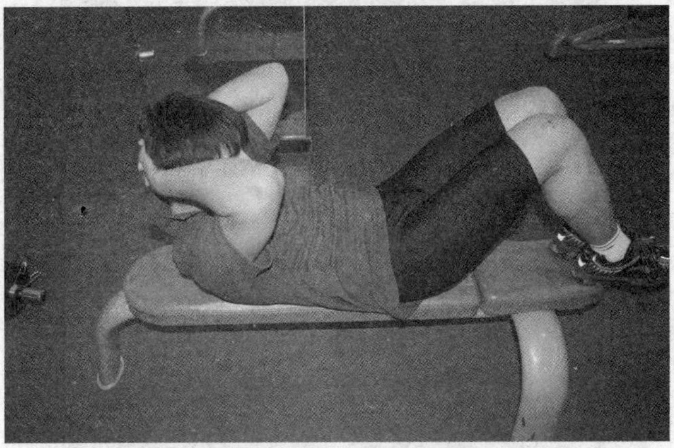

图8－53　仰卧起坐

2. 仰卧举腿(图8－54)

主要锻炼肌肉:腹直肌下部、大腿上部弯曲肌群。

动作要领:仰卧在地上或凳上，两手于头后握住其他固定物，两腿伸直并拢，然后以下腹部肌群收缩的力量使两腿上举至垂直于地面，再慢慢放腿还原。重复练习。

动作要点:举腿时背部应始终紧贴地面。

提示:根据锻炼水平还可选择做头高脚低的斜板仰卧举腿。如图8－55。

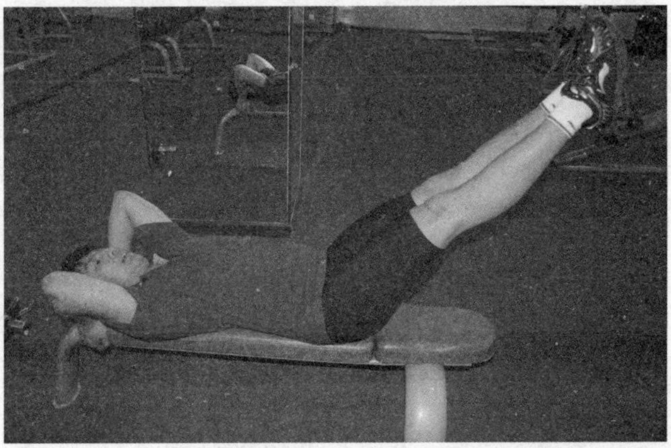

图8－54　仰卧举腿

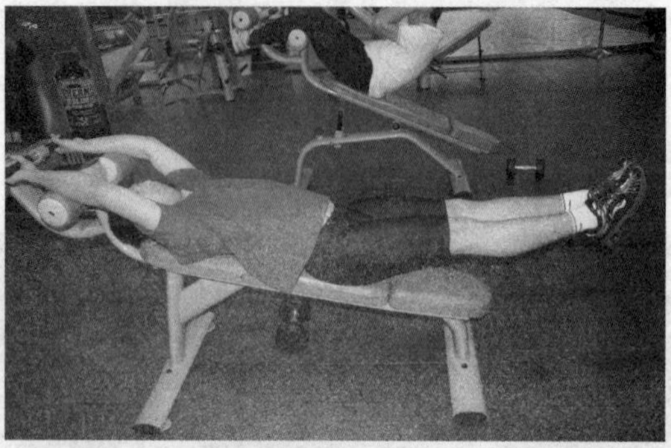

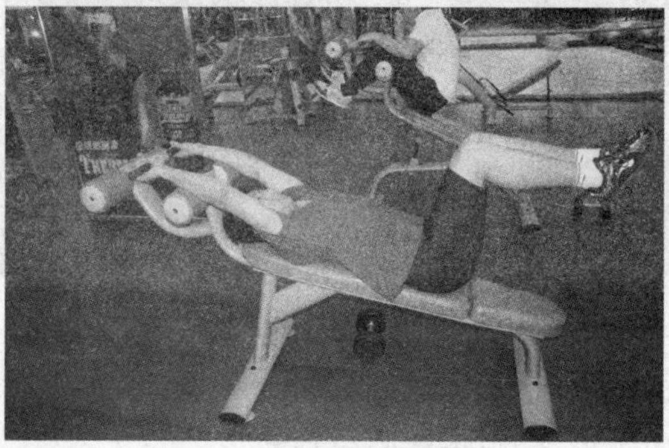

图 8－55　斜板仰卧举腿

3. 仰卧两头起（图 8－56）

主要锻炼肌肉：整个腹部肌群。

动作要领：仰卧在地上或凳上，两腿并拢伸直，两臂伸直置于头后或体侧，然后腹直肌收缩使上体与两腿同时向上弯起至两手触脚尖为止，接着上体与两腿下落还原。重复练习。

动作要点：腹肌收紧应保持 2～3 秒钟，还原时速度要慢。

图 8－56　仰卧两头起

4. 悬垂屈膝举腿(图 8－57)

图 8－57　悬垂屈膝举腿

主要锻炼肌肉:整个腹部肌群特别是腹直肌下部。

动作要领:两手与肩同宽正握单杠，两腿并拢，身体悬垂，然后两腿屈膝向上收腹，使大腿靠近胸部，接着慢慢放腿还原。重复练习。

四、腹外、腹内斜肌

(一)腹外、腹内斜肌位置及功能

腹外斜肌位于腹前外侧的浅面，为扁阔肌。以八个肌齿起于下位八根肋骨外面，肌纤维向前下方斜行，后部肌束止于髂嵴，其余大部分在腹前斜行为腱膜，构成腹直肌鞘的前壁，并在正中线上与对侧腹外斜肌的腱膜交织，形成腹白线。

功能:一侧收缩使上体向同侧屈，和向对侧旋转。两侧收缩使上体前屈。

(二)锻炼腹外、腹内斜肌的常见练习

1. 负重体侧屈(图 8－58)

主要锻炼肌肉:腹外斜肌、腹内斜肌，也包括腹直肌群。

动作要领:肩负杠铃，两脚左右开立略宽于肩，然后上体向左(右)两侧弯曲至不能弯曲时为止。重复练习。

动作要点:侧体时不要向前或后仰，练习次数要多。

提示:可肩负杠铃做负重左右转体练习(见图 8－59)。

图 8－58　负重体侧屈

图 8－59　负重左右转体

2. 侧卧举腿（图 8－60）

主要锻炼肌肉：腹外斜肌、腹内斜肌。

动作要领：侧身卧在地上或凳上，两脚并拢伸直，脚踝上挂重物或橡皮条，然后直腿向上举起至与地面垂直为止，稍停再慢慢下放还原。左右腿交替练习。

图 8－60　侧卧举腿

3. 单屈膝仰卧转体起坐(图 8－61)

主要锻炼肌肉:整个腰腹部肌群。

动作要领:仰卧在地上或凳上,两腿并拢伸直,两手互抱于头后,左(右)腿屈膝向上体靠近的同时两肩离地,上体向上弯起并向左(右)侧转体,以右(左)上臂外侧触及左(右)膝外侧,稍停放腿至上体还原。左右交替,重复练习。

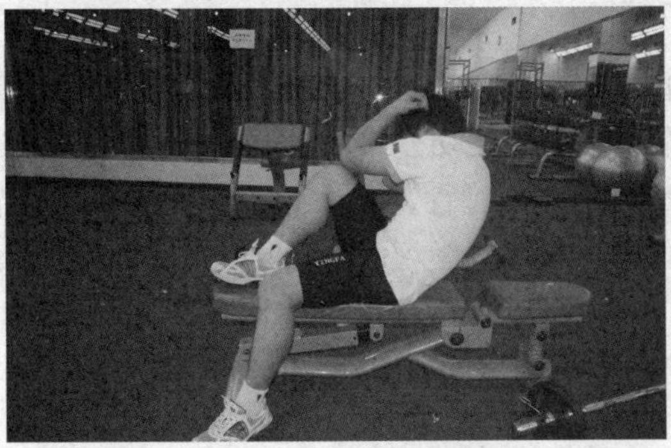

图 8－61 单屈膝仰卧转体起坐

4. 斜板仰卧转体起坐(图 8－62)

主要锻炼肌肉:腹外斜肌、腹内斜肌、腹直肌等。

动作要领:仰卧在斜板上,两脚钩住斜板高端的套带上,两膝微屈,下背部紧贴板上,两手抱头,上体向上弯起至一半时立即使上体向左(右)侧转 90°,使右(左)肘尖触及左(右)侧膝盖外侧,稍停,再向后倒上体还原。重复练习。

动作要点:随着脚位置的提高,练习难度也提高。

图 8－62 斜板仰卧转体起坐

第九章　形体健身操训练——有氧运动健美操

一、健美操概述

健美操是以有氧运动为基础，达到增进健康、塑造形体和娱乐目的的活动。有氧运动健美操，锻炼时间比较长，强度适中，是锻炼效果比较好的一种运动方式，适合年轻人运动。通过有氧锻炼，可以使肌肉和关节功能增强，使身体具有灵活性、弹性，使动作协调、优美，具有节奏感、韵律感，能达到良好的减肥功能，保持良好的形体姿态。学习时，要保持良好的精神状态，仔细观察动作的分解，认真领会动作要领，掌握秘诀，注意保持动作的连贯性，这样，就能让锻炼效果大幅度提升，同时要注意锻炼时穿运动鞋，宽松、吸水的衣服，保护身体不受损伤。

(一)健美操的本质特征

健美操除了具有体操常见的内容丰富、形式多样、易于普及，能全面地、有重点地锻炼身体，有一定的艺术性和不断创新等一般特点外，还有下面四个本质特征。

1. 健身、健美和健心的一体性特征

健美操高度的艺术性，具有“健、力、美”的特征。各种成套健美操，一般都由准备动作，头颈、四肢和躯干动作，跳跃动作和放松动作组成。它包括发展肌肉的力量、速度和弹性；发展关节、韧带的柔韧性；发展心血管系统和呼吸系统的机能等练习。许多髋部动作，不但加强了髋关节的灵活性，而且也大大加强了腹腔运动，使吸收和排泄功能得以改善，并且能有效地减少臀部和腹部的脂肪堆积，提高动作的协调性和灵活性。

健美操动作讲究造型美，动作美观大方，朝气蓬勃；完成动作要有力度，准确到位等。健美操的每一个动作，可有效地训练身体各有关部位的准确姿态，使人体匀称和谐，轮廓线条清晰优美，有利于培养健美的体态、气质和风度，塑造健美的体形。

练习健美操时，音乐的节奏和旋律，不但给健美操带来了生气，也有利于提高动作的节奏性和协调性，使动作富有美的色彩，进而使人们在欢乐的环境中进行自我陶冶，在自娱中陶冶美的情操，培养准确的审美观念及良好的性格和品德。

因此，健美操是以健身为基础，融健美、健心为一体的具有整体效应的锻炼手段。它既注重外在美的锻炼，又强调内在美的培养，较为明显地反映了健身、健美和健心为一体的特征。

2. 动作的多变和协调性特征

健美操吸收了舞蹈、武术中的许多动作，经过加工提炼使之成为健美操的特有动作，使健美操增添了新的活力，丰富了健美操的单个动作。由于健美操的单个动作多，瞬间造型多，动作的节奏变化多，使成套动作丰富而多变。

健美操成套动作的多变性，首先表现在每节操很少是单关节的局部活动，大多为多关节的同步活动。如在完成大幅度的上肢动作时，多伴有腰、髋、膝、踝关节和头部等动作，不仅使身体各关节的活动次数成倍增长，而且可以变换组合形式，形成多种动作，有利于改善和提高身体的协调性。其次表现在动作的节奏和力度上。如用最快的速度完成两臂侧举并使其急速制动于平肩部位，这一动作可以在多种节奏变化中完成。再次是在成套健美操中，不仅有对称动作，而且还有许多非对称的和依次完成的动作。这些动作可有效地提高身体的协调性。这种多变性和协调性特征，不仅使它更富于美感，而且更突出了它的健美价值。

3. 运动负荷大，有针对性和广泛的适应性特征

任何身体训练都要承受一定的运动负荷，只有适宜的运动负荷，才能达到健身、健美、健心的目的。如在全国推广的《大众健美操锻炼标准》，每一级操中上肢各关节、脊柱、腹部、髋部、腿部、踝关节等各主要关节的活动次数 1562 次，运动中的最高心率平均可达 156 次/分。健美操不仅练习密度大，而且还要求在练习的一定阶段里保持较大强度的锻炼，以达到锻炼效果，反映健美操对身体各关节、韧带、主要肌群、心血管系统和呼吸系统等都能施加较大的运动负荷。

健美操的运动负荷，对全身或某些关节、韧带、肌群等进行卓有成效的健美锻炼，根据练习者的年龄、性别和健美程度等有所区别。区别表现在必须根据健美操创编的目的任务和做操者的特点安排全套操的负荷量及其变化。练习者可根据自己的年龄和身体，学习和生活等情况进行自我调节负荷量等，从而保证了它的针对性和广泛的适应性特点。

4. 鲜明的节奏感和韵律性特征

实践证明，在运动中有节奏的活动能使人的身体达到最适宜的协调。节奏是客观现象的延续性、顺序性和规律性的反映。健美操的节奏一般表现为动作力度的增强和减弱，速度加快或减慢等节奏性的变化，就可以出现丰富的内容。如同一个动作可以两拍完成，也可以一拍两动，这是速度的变化。在完成动作时由于肌肉用力的大小、强弱、快慢、刚柔等，就使动作表现了刚柔、绵、脆、韧等多种运动形态，形成不同风格的健美操动作。

健美操不同的动作和风格，配上适宜的音乐，就更能体现出健美操的节奏感、韵律性和风格特征。音乐中音的高低、长短、强弱、快慢等有节奏性的变化，使健美操更富有韵律和动感。旋律清晰、活泼轻快、情绪激奋的音乐，能够振奋练习者的精神，使人产生跃跃欲试的动感。只有按照音乐的节奏做有节律和美观大方的动作，才能表现音乐的优美欢快和激奋的情绪，也才能使练习者得到健美操的节奏感和韵律性的体验，从而得到美的享受。因此健美操的音乐，不仅能使练习者在完成单个或成套动作时准确地把握每一个节拍，更重要的是能激发练习者的情绪，培养做健美操的节奏感和韵律性，陶冶美的情操，提高练习效果。

（二）健美操的作用

健美操主要有增进健康美、塑造形体美和陶冶心灵美三个作用。

1. 增进健康美

健美操主要是指在健体的基础上，所表现出来的良好的精神状态、气质和风度，它比一般理解的身体健康有了更高的目标和追求。在发展身体、增进健康的同时，健美操更强调肌体能力的提高和体质的增强，强调健美外形与身体机能和心理品质的协调统一。

健康是人体美最基础、最本质的表现。美来自身体的健康与强壮，美蕴藏着充沛的精力、焕发着勃勃生机。因此健康就是美。

健美操是通过它特有的练习内容和方法来实现健康美这一目标的。健美操的练习内容不仅能使身体各部位的关节、韧带、肌肉得到发展，提高肌肉的弹性和关节的灵活性，而且对于

形成正确的姿势，纠正不良姿态，培养良好风度有重要作用。健美操还能有效地提高人体的有氧代谢功能，增强各器官、系统的机能，增强身体素质，使人表现出精神饱满愉快，动作协调优美，学习工作效率提高。

在健美操的锻炼中，既注意发达肌肉，又重视提高心血管系统和整个内脏器官的功能，它能使增强体质和塑造健美形体紧密结合起来，使内外统一。正如我国《养生论》中所述"形须神以立，神须形以存"，使人的外形美与内在美融为一体，表现出一个人的勃勃生机和良好的气质与风度。

2. 塑造形体美

形体美主要是指人体外形的匀称、和谐、健美。因此，身体的整体的指数和比例要适度。形体美基本上是由身高、体重和人体各部的长度与围度的比例所决定的，并受肤色、姿态、动作、风度及着装化妆等因素影响。人如果过分肥胖或过分瘦弱，不仅形象不雅，而且容易引来疾病的侵袭。

目前，常用身高指数、体重指数、胸围指数、肩宽指数和腿长指数来评定形体的发展状况。

(1)身高指数，由身高(cm)减去体重(kg)而获得。我国青年中男子为109，女子为104。

(2)体重指数，由体重(g)被身高(cm)除而获得。通常情况是，我国男子应为348g/cm，女子应为335g/cm。若男子超过450g/cm，女子超过420g/cm则表示有些肥胖；低于300g/cm则表示有些瘦弱。

(3)胸围指数，由胸围(cm)减去身高(cm)的1/2而获得。男女均为1，大于这个标准，说明胸廓和胸部肌肉发育良好；反之，则说明胸廓和胸部肌肉发育差。

(4)肩宽指数，应相当于身高的1/4。

(5)腿长指数，应相当于身高的1/2。

人们对形体美各有自己的欣赏与追求，但使身体匀称、和谐健美地发展，使自己有一个丰满的胸部，灵活的脖子，宽厚的肩部，强健的躯干，结实的胳膊和矫健的腿部是共同的愿望。男子希望要身体魁伟，四肢发达，身体呈倒三角形。把健、力、美和谐地统一于身体，生气勃勃，威武雄壮。女子希望既要使身体各部位肌肉匀称和谐地发展，又要保持女性曲线美的自然魅力。长期坚持健美操锻炼就可达到上述目的。

健美操可使少年儿童形成准确的身体姿势；使青年人动作优美、体态矫健；使中年人骨骼结实，肌肉富有弹性，维持良好体形；使老年人延缓身体衰退，保持良好体态；使畸形不良体形得以纠正。

总之，健美操锻炼，可以使人们的身体匀称、和谐、健美地发展，使人动作优美，从而塑造健美的形体，将理想形体的追求转化为现实。

3. 陶冶心灵美

心灵美是指一个人对人体美的认识理解、动机目的、鉴赏标准及锻炼方法的选择等。歌德说："外貌美只能取悦一时，内在美方能经久不衰。"对任何一个人来说，一切活动都离不开思想意识和心理活动。健美操锻炼虽然突出外在的形体美，但决不忽视内在的心灵美。内外的统一才是社会的需要，人类的愿望。

不同的社会、不同的人群，有着不同的审美观，但随着人类文明的发展，人们对美的认识和要求有了很大的提高，所以更喜欢丰满矫健的躯体，端庄大方的容貌，庄重潇洒的风度。人的一举一动处处体现着青春健美和活力，体现着内在的教养和美德。

健美操有助于人们实现心灵美的追求，健美操锻炼要在音乐伴奏下进行，使人们在欢快的乐曲中进行自娱，可使人们忘掉苦闷和忧伤，恢复已经丧失的心理平衡，调剂人们的思想情感。集体环境进行锻炼，有利于相互交流感情，相互鼓舞，增强集体观念，培养意志品质。

由于健美操是在人体生物学、体育美学和人体造型学等科学理论指下导进行的锻炼，它的单个动作和成套动作，在创编时都有明确的目的性、针对性和科学性，对养成动作美、姿态美、形体美和培养正确的审美观念，提高对美的鉴赏能力和陶冶美的情操都有重要作用。

另外，加强健美操运动还有医疗保健功能，能控制好运动范围和运动量，可以帮助恢复健康。

二、健美操基本动作简介

(一)健美操术语

健美操术语是指描述健美操动作的专用语。

1. 动作方法术语:立、蹲、弓步、点地、踢腿、吸腿、平衡、举、屈、伸、摆动、绕环。

2. 关系术语:同侧、异侧、双侧、单侧、移动、向前、向后、向侧、原地、转体等。

3. 基本动作术语:基本步伐名称术语有踏步、走步、一字步、"V"字步、并步、交叉步、点地、吸腿、摆腿、踢腿、跑、双脚跳、开合跳、单脚跳、弹踢腿、半蹲、弓步等。上肢动作术语有常用的手、掌型，包括平掌、立掌、花掌、兰花掌等。常用的上肢动作有屈臂、伸臂、侧举、前举、上举、低摆、冲拳、绕、摆动、交叉等。

4. 动作名称的构成:方向和移动术语 + 基本步伐术语 + 关系术语 + 肢体动作术语(上肢动作 + 下肢动作)。例如:向前点地同时两臂上举。

5. 常用健美操动作名称:

向前/后走3步点地	向前/后走3步吸腿
脚尖前点地(脚跟前点地)	脚尖侧点地(脚跟侧点地)
脚尖后点地	上步吸腿
向前摆腿	向侧摆腿
向后摆腿	向前踢腿
向侧踢腿	向后踢腿
向前弹踢腿跳	向侧弹踢腿跳
向后弹踢腿跳	向前并步跳
向侧并步跳	向后并步跳
向前跑	向后跑
前后双跳步	左右双跳步

(二)健美操基本动作解释

1. 踏步:两腿原地依次抬腿，依次落地。

2. 走步:迈步向前走4步或向后走4步，然后反之。向前走时脚跟先落地，过渡到前脚掌，向后走时则相反。要点:在落地时，膝、踝关节有弹性地缓冲。

3. 一字步:一脚向前一步，另一脚并于前脚，然后再依次还原。要点:向前迈步时，先脚跟着地，然后过渡到前脚掌，前后均要有并腿过程，每一拍动作膝关节始终有弹性地缓冲。

4. "V"字步:一脚向前侧方迈一步，另一脚随之向另一方迈一步，成两脚开立，屈膝，然后再依次退回原位。要点:两腿膝、踝关节始终保持弹动状态，分开后成分退半蹲，重心在两脚之间。

5. 漫步:一脚向前迈出，屈膝，重心随之前移，另一脚稍抬起，然后原地落下，或者向后撤一步，重心后移，另一脚稍抬起，然后原地落下。要点:两脚始终保持交替落地，身体重心随动作前后移动。但始终在两脚之间。变化动作，漫步转体。

6. 跑步:两腿经过腾空，依次落地缓冲，两臂屈肘摆臂。要点:落地屈膝缓冲，脚跟尽量落地。

7. 并步:一脚迈出，另一脚随之并拢屈膝点地;再向反方向迈步。要点:两腿始终保持弹动，动作幅度和力度可随风格而定。

8. 迈步点地:一脚向侧迈一步，两腿经过屈膝移动重心，另一腿在前、侧、后用脚尖或脚跟点地。要点:两膝同时有弹性地屈伸，重心移动轨迹成弧形，上体不要扭转。

9. 迈步吸腿:一脚迈出一步，另一腿屈膝抬起，然后向反方向迈步。要点:经过屈膝半蹲，抬膝时支撑腿稍屈膝。

10. 侧交叉步:一脚向侧迈一步，另一脚在其后交叉，随之再向侧迈一步，另一脚并拢，屈膝点地。要点:第一步脚跟先落地，身体重心快速随着脚步而移动，保持膝、关节的弹动。

11. 脚尖点地:一腿稍屈膝站立，另一腿伸出，脚尖点地，然后还原到并腿姿势。要点:支撑腿始终保持屈膝站立，并且随动作有弹性地屈伸。(脚跟点地略)

12. 吸腿:一腿屈膝抬起，落下还原。要点:支撑腿保持屈膝弹动，大腿上抬超过水平;上体保持正直。

13. 弹踢腿:一腿站立(跳起)，另一腿先向后屈，然后向前下方弹踢，还原。通常以高冲击力的形式出现。要点:腿弹出时要有控制，保持上体正直。

14. 开合跳:由并腿跳起，分腿落地，然后，再由分腿跳起，并腿落地。要点:分腿屈膝蹲时，两脚自然外开，膝关节沿脚尖方向屈，膝关节夹角不小于90°，脚跟落地。

15. 半蹲:两腿有控制地屈和伸。可分为并腿半蹲和分腿半蹲。分腿半蹲时，两腿左、右分开稍大于肩(或与肩同宽)，脚尖稍外开，屈膝时关节角度不得小于90°，膝关节对准脚尖方向，臀部向后45°方向下蹲，上体保持直立。

16. 弓步:两腿前后分开，两脚平行站立，蹲下、起来。要点:半蹲时后腿膝关节向下，大腿垂直于地面，重心始终在两脚之间。

三、基本动作分解

(一)准备动作

音乐2/4拍中速。

准备姿势:头看前方，双手自然下垂，大八字位。

准备拍4拍:慢慢吸气、呼气。

头部

1~2拍低头，还原(图9-1)。

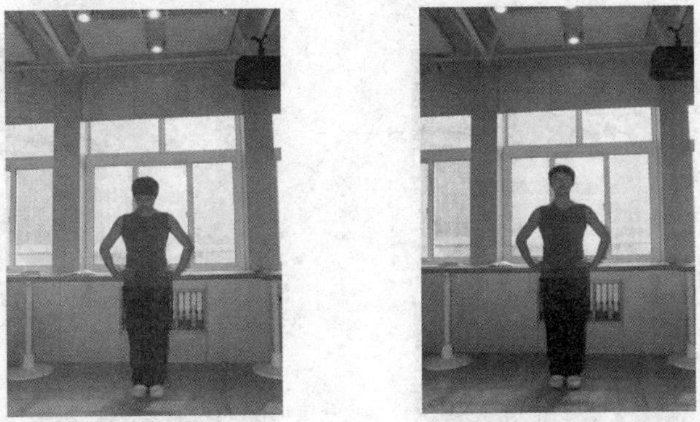

图 9－1

3～4 拍仰头，还原(图 9－2)。

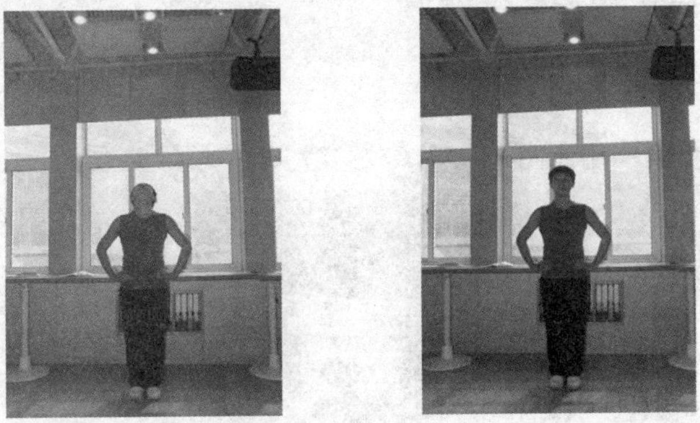

图 9－2

5～6 拍左摆头，还原。

7～8 拍右摆头，还原。

2×8 拍。

1～2 拍左转头，还原(图 9－3)。

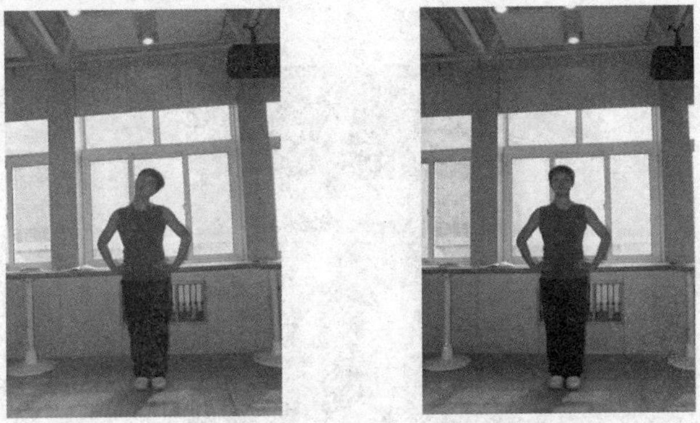

图 9－3

3 ~4 拍右转头，还原(图 9 –4)。

图 9 –4

5 ~6 拍左转头，还原。

7 ~8 拍右转头，还原。

2 ×8 拍。

1 ~8 拍头部左绕环，一次(图 9 –5)。

图 9 –5

1 ~8 拍头部右绕环，一次(图 9 –6)。

图 9 –6

2×8 拍(图 9－7)。

肩部

慢:提肩，压肩各两次。

快:

第 1 拍提肩。

第 2 拍压肩。

第 3 拍提肩。

第 4 拍压肩。

5～8 拍重复。

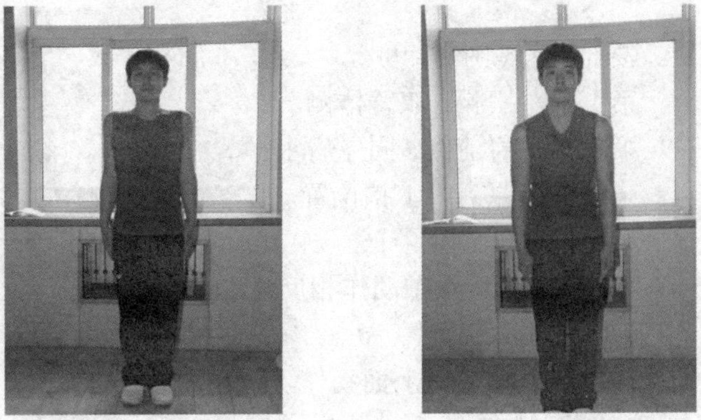

图 9－7

2×8 拍。

1～8 拍前绕肩 4 次。

1～8 拍后绕肩 4 次。

1～4 拍前绕肩 2 次。

5～8 拍后绕肩 2 次。

3×8 拍。

胸部(图 9－8)。

1～4 拍垂臂，含胸 2 次。

5～8 拍垂臂，腆胸 2 次。

2×8 拍(慢)。

1～2 拍垂臂，含胸 1 次，腆胸 1 次。

2×8 拍(快)。

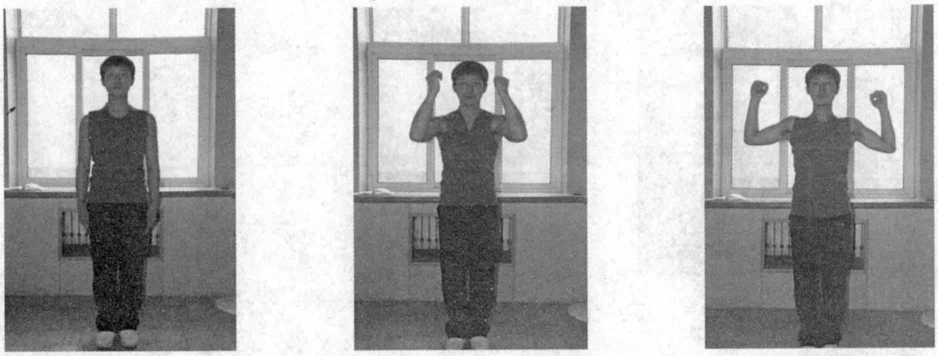

图 9－8

1～4 拍屈肘，含胸 2 次。

5～8 拍屈肘，腆胸 2 次。

2×8 拍拍(慢)。

1～2 拍屈肘，含胸 1 次，腆胸 1 次。

2×8 拍(快)。

1～4 拍直臂，含胸 2 次。

5～8 拍直臂，腆胸 2 次。

2×8 拍(慢)。

1～2 拍直臂，含胸 1 次，腆胸 1 次。

2×8 拍(快)。

腰部(慢)(图 9－9)。

第 1 拍左摆腰，双臂体侧。

第 2 拍右肩前倒，同左肩水平。

第 3 拍还原到第 1 拍位置。

第 4 拍正位。

5～8 拍同 1～4 拍动作相反。

2×8 拍(快)。

2×8 拍，重复做上面动作。

踏步 2×8 拍。

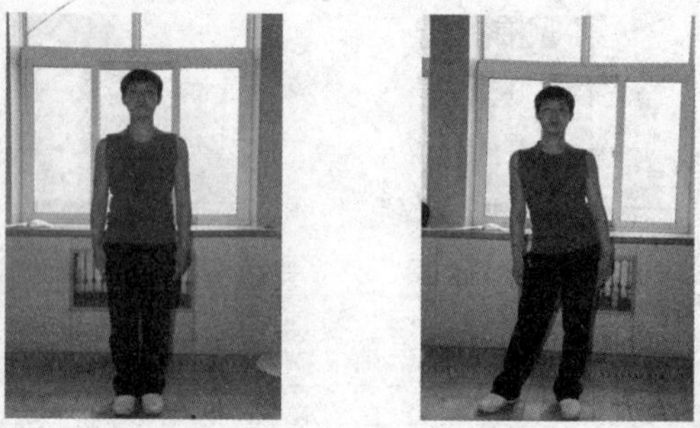

图 9－9

(二)跑跳操

第一组合

走步，吸腿，并步，V 字步，开合跳小组合 4×8 拍。

1×8 拍的 1～4 拍左脚起向前走 3 步，左腿吸腿(图 9－10)。

5～8 拍左脚向后走 3 步，左腿吸腿。

1×8 拍的 1～2 拍向左并步，双臂左摆(图 9－11)。

3～4 拍向右并步，双臂右摆。

5～8 拍向左跳并步，双臂大幅度绕环，摆至左方。

7～8 拍向左跳并步,双臂大幅度绕环,摆至右方,还原。

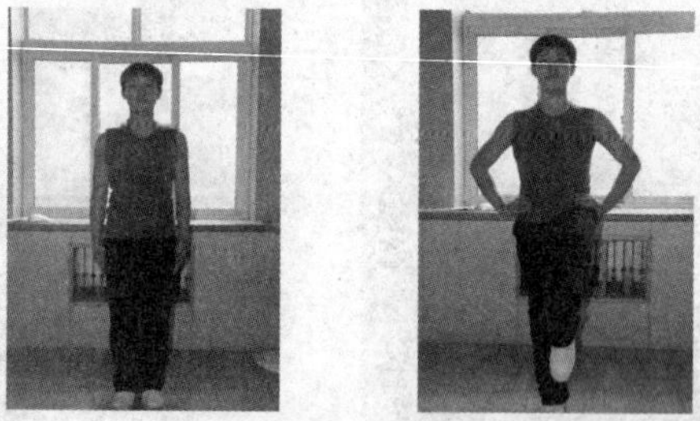

图9-10

图9-11

3×8 拍的 1~4 拍右脚起“V”字步(图 9-12)。

5~8 拍叉腰，开合跳，两次慢。

4×8 拍的 1~4 拍叉腰，开合跳，一次慢。

5~8 拍叉腰，开合跳，两次快。

右脚起做上面的反方向动作。4×8 拍。

2×8 拍，踏步放松。

图 9-12

第二组合

并步，吸腿 1×8 拍(图 9-13)。

1~2 拍向左跳并步，双臂左摆。

3~4 拍向右跳并步，双臂右摆。

5~6 拍叉腰，右腿吸腿。

7~8 拍左腿吸腿。

走步顶髋 2×8 拍(图 9-14)。

1~4 拍左脚向前走 4 步。

5~8 拍左右顶髋。叉腰或屈肘左右摆动。

1~4 拍左脚向后 4 步。

图 9-13

5~8 拍左右顶髋。叉腰或屈肘，左右摆动。走步，吸腿，转身 2×8 拍(图 9-15)。

1~4 拍左脚向前走 4 步。

5~6 拍左踮步，吸右腿同时左转身并击掌。

7~8 拍右踮步，吸左腿同时右转身并击掌(5~8 拍转身 180°)。

2×8 拍，做以上反面动作，回到原地位置。

V 字步，并步 2×8 拍(图 9－16)。

1～4 拍 V 字步，双脚收回时击掌 2 次。

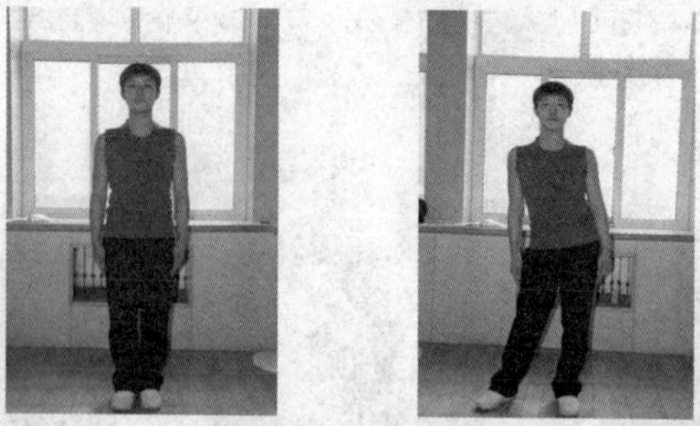

图 9－14

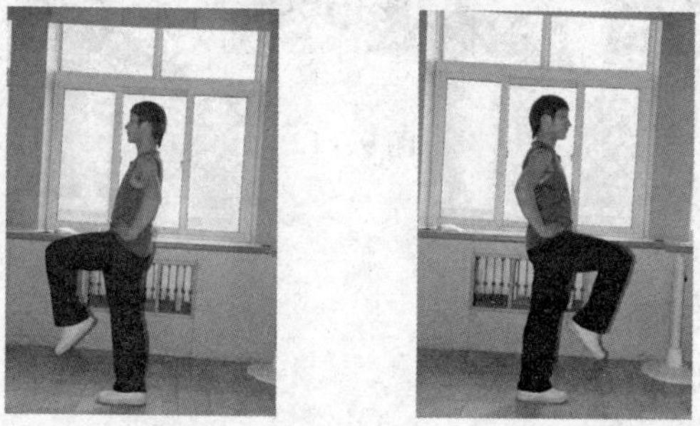

图 9－15

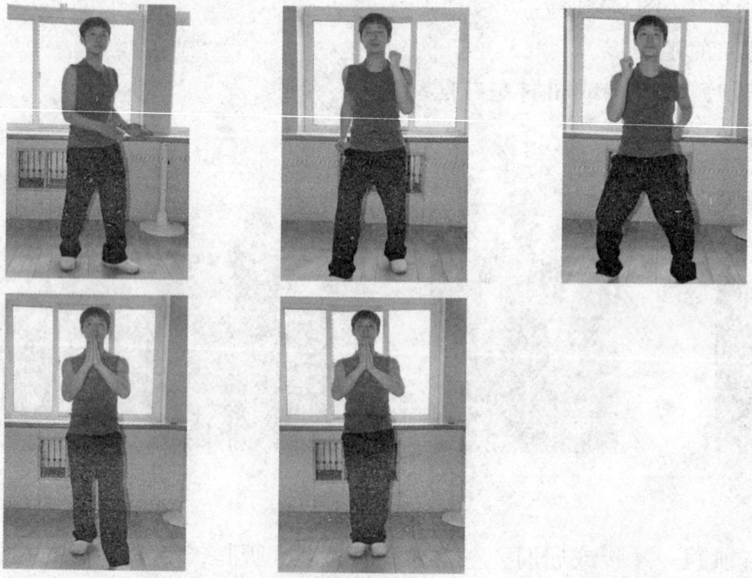

图 9－16

5～8 拍并步，双臂半握拳，屈肘向上，进行左右打开，小臂相合动作。

2×8 拍，重复动作。

前、后并步跳，摆腿跳 2×8 拍(图 9－17)。

1～4 拍向前并步跳 2 次，手臂自然弯曲。
5～8 拍摆腿跳 2 次，手臂斜前方伸展。
1～4 拍向后并步跳 2 次，手臂自然弯曲。
5～8 拍摆腿跳 2 次，手臂斜前方伸展。

图 9－17

左、右并步跳，摆腿跳 2×8 拍(图 9－18)。
1～4 拍向左并步跳 2 次，手臂自然弯曲，向左划 2 圈。
5～8 拍摆腿跳 2 次，手臂斜前方伸展。
1～4 拍向右并步跳 2 次，手臂自然弯曲，向右划 2 圈。
5～8 拍摆腿跳 2 次，手臂斜前方伸展。
踏步放松。

图 9－18

(三)健美操
音乐:2/4 拍，节奏稍快。
准备动作:左脚起踏步动作 1×8 拍。

一字步，吸腿跳 2×8 拍(图 9－19)。

图 9－19

第 1 拍:左脚向前一步，重心随之前移，双手握拳，胸前交叉。

第 2 拍:左腿屈膝，踮跳一次，右腿吸腿，双臂打开上举。

第 3 拍:右脚还原，双手握拳，胸前交叉。

第 4 拍:左脚还原，双臂下摆。

5～8 拍:同 1～4 拍动作，但脚的方向相反。

V 字步，2×8 拍(图 9－20)。

第 1 拍:右脚向右前方迈一步，同侧伸直右臂。

第 2 拍:左脚向左前方迈一步，同侧伸直左臂。

第 3 拍:左脚还原，双臂胸前半直臂交叉。

第 4 拍:右脚还原，双臂还原正位。

5～8 拍:重复 1～4 拍动作。或者改变方向做“V”字步动作。

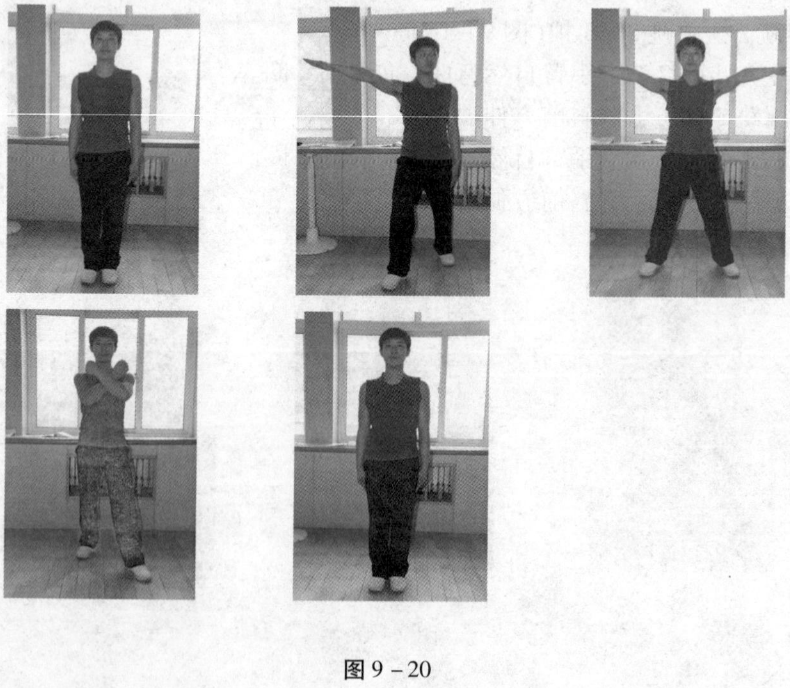

图 9－20

小马跳，2×8 拍(图 9－21)。

第 1 拍:左脚向左侧跳一步，左移重心，右脚立半脚尖随之跟上，双臂侧平举，随之右小臂向头部摆动，立掌。

第 2 拍：左脚踮跳，右脚脚掌随之踏地，重心在左脚。

3 ~4 拍：与 1 ~2 拍动作相同，但方向相反。

5 ~8 拍：重复 1 ~4 拍动作。

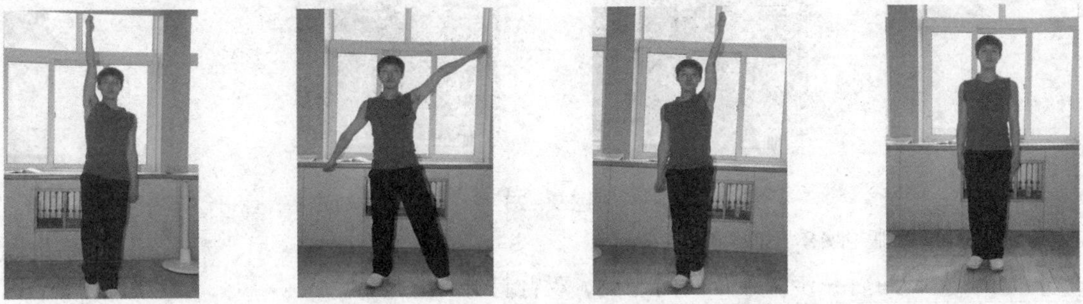

图 9 －21

迈步，点地 2 ×8 拍（图 9 －22）。

第 1 拍：左脚向左侧迈一步，同时双臂握拳于两侧腰间。

第 2 拍：右脚点地，右臂左上方冲拳。用力蹬直右腿，重心在左腿。

3 ~4 拍：与 1 ~2 拍动作相同，但方向相反。

5 ~6 拍：分腿跳，半蹲，双手握在膝盖上部。

7 ~8 拍：并脚跳，击掌。

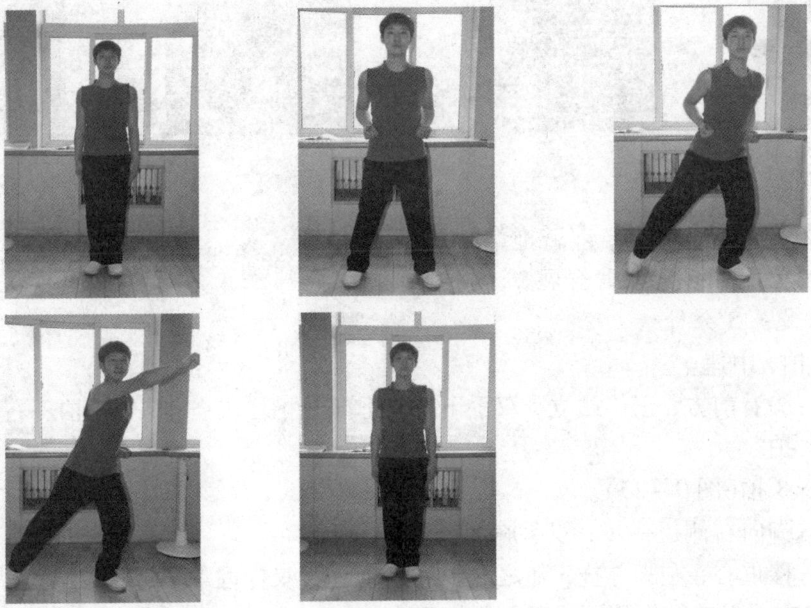

图 9 －22

走步、弹踢腿 2 ×8 拍（图 9 －23）。

1 ~4 拍：左脚向前走 4 步。

5 ~8 拍：左右脚依次弹踢腿，双臂前摆随之还原。

图 9－23

后并步，摆单腿 2×8 拍(图 9－24)。

第 1 拍:左脚向后一步，身体面向左侧，双臂打开，立掌。

第 2 拍:右脚并步，同时于胸前击掌。重心在左脚。

第 3 拍:身体转向右侧，随之右脚向后一步，双臂打开，立掌。

第 4 拍:左脚并步，击掌。重心在右脚。

5～6 拍:左脚向侧一步，重心左移，双腿稍屈，随之跳起，摆右腿。同时双臂打开上举。

图 9－24

7～8 拍:右脚左前方漫步，双臂抱拳。

踏步放松，调整呼吸，双臂舒展 2×8 拍

(四)轻松健美 5 分钟

音乐 2/4 拍，中速。

准备姿势:头看前方，正位站立，双手下垂，听准节拍。准备拍 1×8 拍。右脚起踏步。

踏步 1×8 拍。

并步跳 4×8 拍(图 9－25)。

第 1 拍:右脚向右侧迈一步，双手胸前击掌。

第 2 拍:右移重心，左脚并拢，随之双腿屈膝弹动，双臂握拳，向后自然摆动。

3～4 拍:与 1～2 拍动作相同，但方向相反。

5～8 拍:重复 1～4 拍动作。

图 9－25

侧后点地，叉腰位 2×8 拍(图 9－26)。

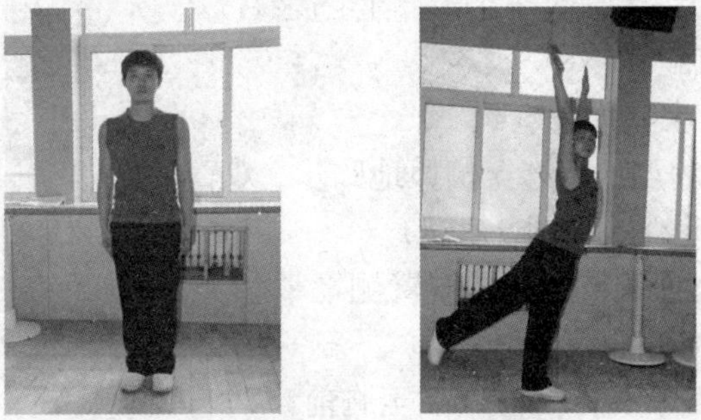

图 9－26

1～2 拍:右脚向右侧迈一步，随之左脚在后面点地，脚掌用力蹬，使左腿伸直。

3～4 拍:与 1～2 拍动作相同，但方向相反。

5～8 拍:重复 1～4 拍动作。

侧后点地(扩展动作 1)2×8 拍(图 9－27)。

1～2 拍:下肢动作相同。双手握拳于胸前交叉，拳心向外。双臂打开，体侧下摆，掌心朝前。

3～4 拍:下肢动作与 1～2 拍相同，但方向相反。上肢动作相同。

5～8 拍:重复 1～4 拍动作。

侧后点地(扩展动作 2)2×8 拍

第 1 拍:下肢动作相同。叉腰。

第 2 拍:右手臂握拳，由体侧向上大幅度摆动。

3～4 拍:与 1～2 拍动作相同，但方向相反。

5～8 拍:重复 1～4 拍动作。

图 9－27

分退半蹲，叉腰位 2×8 拍

第 1 拍：右脚向右侧迈一大步，半蹲。重心随之右移。

第 2 拍：左脚并步，双腿立直。

第 3～4 拍：同第 1～2 拍动作。

第 5～8 拍：右脚在右侧点地，第 6 拍原地踏步，双臂前后摆动，依次进行踏步动作。

分退，半蹲，侧摆臂 4×8 拍（图 9－28）。

第 1 拍：下肢动作与上面相同，同时双臂侧平举。

第 2 拍：右手小臂向胸前摆动。

3～4 拍：右小臂向侧摆动，随之再次摆至胸前。

5～8 拍：同上一节 5～8 拍动作。

图 9－28

走步，脚尖点地，叉腰位 4×8 拍（图 9－29）。

1～2 拍：右脚脚尖前点地随之落地，重心前移随之稍向右转体。

3～4 拍：左脚脚尖前点地随之落地，重心前移随之稍向左转体。

5～8 拍：依次重复 1～4 拍动作。

2×8 拍。

1～4 拍：左手臂侧平举，右脚起踏步走，左绕圆，回到原地。

5～8 拍：原地踏步，左手叉腰，右手小臂依次向上、向侧摆动。

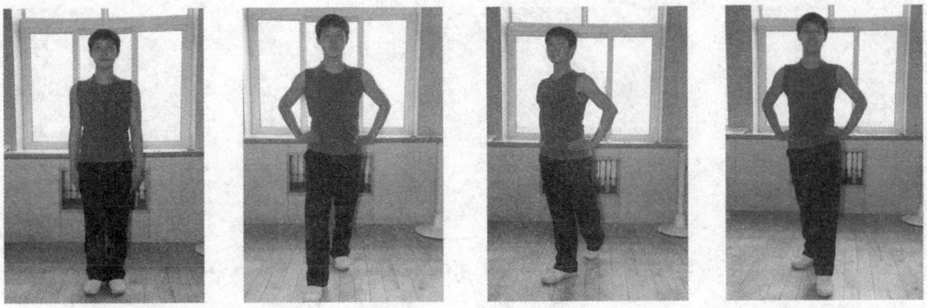

图 9－29

绕单臂（下肢动作与上一节 1～2 拍动作相同）4×8 拍（图 9－30）。

1～2 拍：屈右臂，肘关节带动顺时针在胸前绕一下，随之放下。

3～4 拍：屈左臂，肘关节带动顺时针在胸前绕一下，随之放下。

5～8 拍：依次重复 1～4 拍动作。

2×8 拍动作同上一节 2×8 拍动作。

图 9－30

绕双臂（动作同上一节基本相同）4×8 拍（图 9－31）。

在 1～8 拍中双臂同时屈臂顺时针绕。其余动作相同。

重复动作，顺序如下：

1. 侧后交叉，点地（扩展动作 1）4×8 拍；
2. 侧后点地（扩展动作 2）4×8 拍；
3. 分退、半蹲，侧摆臂 4×8 拍；
4. 绕单臂 4×8 拍；
5. 绕双臂 4×8 拍，结束。

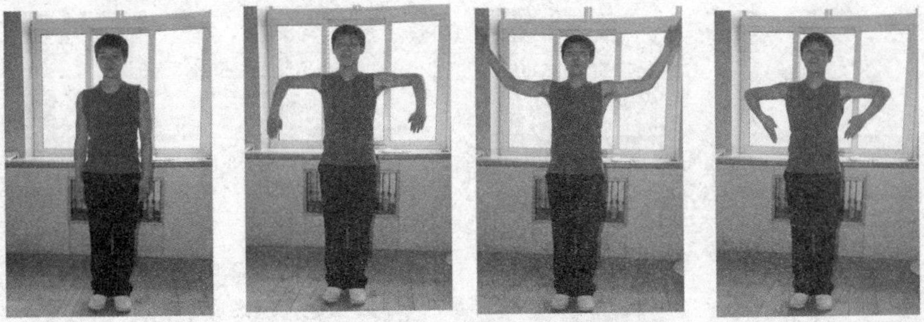

图 9－31

读者反馈意见

亲爱的读者：

感谢您对《形体训练》的学习和热爱！为了今后能给您提供更优质的服务，请您抽出宝贵时间填写下面意见反馈表，以便我们更好地对本教材做进一步的改进。同时如果您在使用本教材的过程中遇到了什么问题，或者有什么好的建议，也请您来信、来电告诉我们。

地址：北京市丰台区科学城南极星大厦 108 室

电话：010－61229894 /83794403

电子邮箱：caikai6223@263. net　　QQ:649319527　　QQ:1694299827

网址：WWW. KFHWH. CN

教材名称：《形体训练》

个人资料：

姓名：＿＿＿＿＿＿年龄：＿＿＿＿＿所在院校/专业＿＿＿＿＿＿＿＿＿

文化程度：＿＿＿＿＿＿通讯地址：＿＿＿＿＿＿＿＿＿＿＿＿＿＿

联系电话：＿＿＿＿＿＿电子信箱：＿＿＿＿＿＿＿＿＿＿＿＿＿＿

您使用本书是作为：□指定教材、□选用教材、□辅导教材

您对封面设计的满意度：

□很满意、□满意、□一般、□不满意　改进建议＿＿＿＿＿＿＿＿＿＿

您对本书印刷质量的满意度：

□很满意、□满意、□一般、□不满意　改进建议＿＿＿＿＿＿＿＿＿＿

您对本书的总体满意度：

从语言质量角度看：□很满意、□满意、□一般、□不满意

从科技含量角度看：□很满意、□满意、□一般、□不满意

本书最令您满意的是：

□指导明确 □内容充实 □讲解详尽 □实例丰富

您认为本书在哪些地方应进行修改？（可附页）

＿＿＿＿＿＿＿＿＿＿＿＿＿＿＿＿＿＿＿＿＿＿＿＿＿＿＿＿＿＿

＿＿＿＿＿＿＿＿＿＿＿＿＿＿＿＿＿＿＿＿＿＿＿＿＿＿＿＿＿＿

您希望本书在哪些方面需进行改进？（可附页）

＿＿＿＿＿＿＿＿＿＿＿＿＿＿＿＿＿＿＿＿＿＿＿＿＿＿＿＿＿＿

＿＿＿＿＿＿＿＿＿＿＿＿＿＿＿＿＿＿＿＿＿＿＿＿＿＿＿＿＿＿